Gerhard von Scharnhorst

Handbuch für Offiziere, in den anwendbaren Teilen der Kriegeswissenschaften

Von der Artillerie worin von der Einrichtung, der Bedienung und den Ausrüstungs- und Erhaltungskosten des Geschützes, und von der Wirkung und dem Gebrauch desselben im Freien

Gerhard von Scharnhorst

Handbuch für Offiziere, in den anwendbaren Teilen der Kriegeswissenschaften
Von der Artillerie worin von der Einrichtung, der Bedienung und den Ausrüstungs- und Erhaltungskosten des Geschützes, und von der Wirkung und dem Gebrauch desselben im Freien

ISBN/EAN: 9783743603110

Hergestellt in Europa, USA, Kanada, Australien, Japan

Handbuch
für
Officiere,
in den
anwendbaren Theilen der Krieges-Wissenschaften.

Erster Theil
von
der Artillerie,
worin
von der Einrichtung, der Bedienung und den Ausrüstungs- und Erhaltungskosten des Geschützes, und von der Wirkung und dem Gebrauch desselben im freyen Felde gehandelt wird.

Von
G. Scharnhorst,
Lieutenant im Königl. und Churfürstl. Artillerie-Regiment.

Mit Kupfern.

Hannover,
in der Helwingschen Hofbuchhandlung.
1787.

Dem

Allerdurchlauchtigsten, Großmächtigsten
Könige und Herrn,

Herrn

Georg dem Dritten,

Könige von Großbritannien, Frankreich
und Irrland, Herzog zu Braunschweig
und Lüneburg, des Heil. Röm. Reichs
Erzschatzmeister und Churfürst ꝛc.

Meinem allergnädigsten Könige und Herrn!

Allerdurchlauchtigster,
Großmächtigster König!
Allergnädigster König und Herr!

Als die Militairschule bey dem Artillerie-Regiment ihren Anfang vor sechs Jahren nahm, erhielt ich von dem Obersten von Trew den Befehl: einen eigenen zu dem Zweck dieser Schule eingerichteten Unterricht aufzusetzen. Und da derselbe meine geringe Arbeit durch seine Erfahrung unterstützt hat: so hoffe ich, daß sie zu dem künftigen Unterricht zum Grunde gelegt werden kann.

Nur

Nur diese Veranlassung und die unbegränzte Nachsicht, welche Ew. Königl. Majestät jeden Ihrer Unterthanen bey allen Gelegenheiten erzeigen, hat mich so kühn gemacht, Höchstdenenselben diese Arbeit, als ein Zeichen der tiefsten Ehrfurcht und Dankbarkeit unterthänigst vorzulegen, mit der ich in der größten Unterwerfung bin

Ew. Königl. Majestät
Meines allergnädigsten Herrn

Hannover, den 24sten März 1788.	allerunterthänigst-gehorsamster Knecht Gerhard Scharnhorst.

Vorbericht.

Ich habe hier die Absicht, einen kurzen Unterricht in allen Theilen der Kriegeswissenschaften zu liefern, der dem jungen Officier überhaupt, insbesondere aber den Schülern der hiesigen Militairschule, zu einem Handbuche dienen kann.

Ich wurde zu diesem Unternehmen durch die Vorlesungen, die ich über diese Wissenschaften in der erwähnten Militairschule seit 4 Jahren halte, veranlasset.

Ich fand kein Buch, daß mir zum bequemen Leitfaden in denselben, und meinen Schülern zum Nachlesen oder zum Repetiren dienen konnte; *) und gleichwohl war dieß ihnen unentbehrlich, weil man in den öffentlichen Examen von ihnen verlangte, daß sie das, was gelehrt war, wissen sollten. Dies zwang mich nach einen Plan, der mir zu befolgen gleich beym Anfang der Schule, von dem Directeur derselben, dem Herrn Obersten **von Treu** aufgegeben war, selbst Entwürfe zu machen; und daraus ist dieß Buch entstanden.

Das weit umfassende dieser Unternehmung, und die geringe Zeit die ich auf jeden Theil habe verwenden können, läßt mich vermuthen, daß es dieser Arbeit, bey meinen Kräften, noch in manchem fehle; und nur der Mangel, den jeder junger Officier, insbesondere aber unsere Schüler, an einem Buche dieser Art leiden, hat mich bewogen es drucken zu lassen.

Der

*) **Struensees** Krieges-Baukunst ist gewiß ein gutes Handbuch, allein es enthält nur eine der 4 Wissenschaften die ich vortrug; überdies hat die Krieges-Baukunst, seit Struensee schrieb, manche Berichtigung erhalten. Wäre aber auch alles dieß nicht, so

wäre

Der erste Theil handelt von der Artillerie, der 2te von der Verschanzungs-Kunst, dem Angriffe und der Vertheidigung der Schanzen, der 3te von der Tactik, der 4te von der Einrichtung und Vertheidigung der Festungen, der 5te von dem Angriff der kleinen Städte und der Festungen, und der 6te von den Lägern, von den Anordnungen der Märsche, Schlachtordnungen und Winterquartieren, und giebt zugleich durch die Beschreibung zweyer Feldzüge einen Begrif von dem Kriege im Ganzen.

Was die Behandlung betrift, so habe ich die Verhaltungs-Regeln erst aus der Natur der Sache zu entwickeln, und dann durch Beyspiele zu erläutern gesucht. Hätte ich meinen Zweck erreicht, so würde ich hierdurch die Erlernung und Anwendung der vorgetragenen Gegenstände erleichtert, und manchen andern Vortheil dieser Wissenschaft geleistet haben. Bloße Regeln ohne ihre Gründe, oder solche, die auf Erfahrung oder Autorität sich gründen, bilden auf keine Art die Beurtheilungskraft, worauf es

wäre doch Struensees Werk als ein Theil des Handbuchs schon für manchen Anfänger zu kostbar.

es bey dem Officier doch mehr, als aufs bloße Wissen ankömmt, und führen überdies nicht selten irre, wie die Widersprüche unter ihnen beweisen. Ohne Beyspiele die ein gewisses Local und eine gewisse Lage der Sache voraussezzen, erhält der Anfänger hier nie klare Begriffe, von dem was er gelernt, und weis es auch nicht anzuwenden.

Man wird in den Vorreden der verschiedenen Theile, das, was ich Neues gesagt, oder mehr ins Licht gesetzt zu haben glaube, bemerkt finden. Ich meine, daß jeder Schriftsteller, der nicht auf mehr, als er geleistet hat, Anspruch machen will, ein solches Bekenntniß schuldig sey. Es kann sehr wohl seyn, daß ich mir oft verspreche mehr gethan zu haben, als ich wirklich gethan. Denn ich weiß aus der Erfahrung, daß ich mich auch oft geirrt, wo ich vor andern Wahrheit zu sehen glaubte.

Man findet oft Gegenstände in diesem Buche, welche meinen Lesern, nemlich jungen Officieren, vors erste nicht nützlich seyn können, welche mehr die Verrichtung höherer Officiere betreffen. Ohnedies hätte ich aber den Zusammenmenhang verlohren, und Regeln gelehrt, ohne ihre Gründe.

Ueberdies ist die Jugend die beste Zeit, eine Wissenschaft zu erlernen, und wer in der Jugend richtige Begriffe von seinen Verrichtungen erhält, kann in der Folge die Erfahrungen besser benutzen, als ein anderer.

Der Subaltern-Officier welcher die höhern Theile der Kriegeswissenschaften studirt, und seinen Verrichtungen nicht gehörig vorstehet, thut ohne Zweifel unrecht; denn er könnte das erstere thun, ohne das leztere zu unterlassen.

Diejenigen, welche glauben, daß durch das Studiren der Dienst an sich leidet, daß dadurch der wahre Dienst von dem jungen Officier, als eine Kleinigkeit angesehen werde, irren sich. Denn wenn der junge Officier eine richtige Theorie hat, so wird er die Nothwendigkeit der Genauigkeit, mit der jede Kleinigkeit des Dienstes ausgeführet werden muß, einsehen, und sie eifriger und genauer ausrichten, als ohnedies; denn es ist wahrscheinlich, daß man sich einer zweckmäßigen Arbeit gutwilliger, als einer andern, von der man glaubt, daß man ihrer überhoben seyn könnte, unterwirft. Nur erst dann, wenn er Theorie hat, kann der Officier das

Noth-

Nothwendige von dem Entbehrlichen unterscheiden, und weiß mit Zuverläßigkeit was er thun muß.

Da die Kriege jetzt selten sind, und viele Officiere zu ansehnlichen Posten kommen, ehe sie die geringste Erfahrung haben: so bleibt ihnen auch in der That beinahe kein ander Mittel übrig, als, daß sie die Erfahrungen und Einsichten anderer benutzen, d. h. daß sie den Krieg studiren; damit sie dereinst in jedem Fall sich einigermaßen zu helfen wissen, wenn ihnen auch eine gewisse Fertigkeit, welche erst die Ausführung giebt, alsdann noch fehlte.

Vielleicht beschuldigt man mich in diesem Handbuche einer zu großen Weitläuftigkeit; man muß aber bedenken, daß es kein Taschenbuch seyn soll, daß man in demselben über die am meisten vorkommenden Gegenstände muß nachsehen können, und daß oft dem einen etwas interessant seyn kann, was der andere gern entbehrte. Vielleicht werden die meisten Officiere der Infanterie und Cavalerie, in dem ersten Theile nur die beiden letzten Abschnitte von der Wirkung und dem Gebrauch des Geschützes lesen; so ist es aber nicht mit jedem und mit dem Artillerie-Officier. Hannover, im Aug. 1787.

Von

Inhalt

des ersten Theils des Handbuchs für Officiere, welcher von der Artillerie handelt.

Seite

Einleitung.

Erster Abschnitt. Von der Einrichtung der Artillerie.

Erstes Kapittel. Einrichtung des Geschützes.

Inhalt.

Zwey-

)(2 V.

Be-

Viertes Kapittel. Belagerungs-Artillerie.

Seite

Zweyter Abschnitt. Ausrüstungs- und Erhaltungskosten des Geschützes.

Dritter Abschnitt. Bedienung des Geschützes.

Erstes Kapittel. Von der Bedienung des Geschützes im freyen Felde.

Zwey-

Schuß-

Sechstes Kapittel. Kartätschschüsse.

Sie

Wie

Fünfter Abschnitt. Gebrauch der Artillerie im freyen Felde.

Erstes Kapittel. Marsch.

Zweytes Kapittel. Placirung des Geschützes.

I. In Rücksicht des Terrains.

II. In Rücksicht der Vertheilung.

Virt-

Inhalt.

1)

VIII.

Erster

Von dem Studiren und der Lecture.

Nachdem man einen gewissen Theil dieses Handbuchs, es sey bey mündlichem Unterricht oder für sich durchgegangen ist, und von den darin vorkommenden Dingen richtige Begriffe hat: muß man denselben nach dem beygefügten tabellarischen Inhalte repetiren; theils um das Ganze zu übersehen, und theils um sich mit dem Einzelnen mehr bekannt zu machen. Kann man sich bey dieser Repetition nicht den Inhalt eines jeden §. erinnern: so lieset man ihn wieder nach.

Man muß nicht damit zufrieden seyn, daß man von den Dingen Begriffe hat; sondern man muß selber auch durch mehreres Betrachten derselben in ihrem Zusammenhange, es zu einer gewissen Klarheit der Begriffe zu bringen suchen.

Beym ersten Durchlesen bekömmt man Begriffe, bey dem zweyten lernt man die Folge in der die Begriffe zur Wahrheit führen, und bey dem dritten übersiehet man erst die Sache; so daß man nun durch die bloße Vernunft, ohne Hülfe, die Wahrheit sich selbst entwickeln kann. Von nun an kann man erst Nutzen von seiner Arbeit erwarten. Vorher war noch das Gedächtniß so sehr bey der Sache beschäftiget, daß man weder Schlüsse noch Anwendungen dem Ganzen gemäß, machen konnte.

Da diese Repetition, wenn man etwas gründliches lernen will, also unentbehrlich ist: so muß man zu ihr eben sowol, als zu dem ersten Unterrichte gewisse Stunden festsetzen; und bey diesen, weil sie weniger Interesse als der anfängliche Unterricht haben, eine gewisse Strenge gegen sich selbst beobachten, welche bey jenem nicht immer erfordert wird.

Gehet man ohne Ordnung von einer Sache zur andern, oder rückt man geschwinder fort, als es die Begriffe und die Thätigkeit erlauben: so macht man sich verwirrt und hat keinen Nutzen von seiner Arbeit. Ueberdieß erfordert die Ausfühführung immer klare Begriffe; und man kann behaupten, daß ohne diese alle erlangten Kenntnisse von keinem wesentlichen Nutzen sind.

Wenn man das hier gegebene Handbuch studiert, und von jedem Gegenstande desselben klare Begriffe erlangt hat: so fängt man an, die Beurtheilungen und Erfahrungen anderer zu benutzen, das ist, man fängt an zu lesen. Und damit dies mit mehrerem Interesse geschiehet, als die Sache an sich hat, so lieset man jeden besondern Gegenstand, in jedem Buche nacheinander; oder man nimmt sich vielmehr jedesmal vor, über einen gewissen Gegenstand nachzulesen, was die verschiedenen Schriftsteller darüber gesagt haben. Man bearbeitet alsdenn oft mehre Tage einen Gegenstand, und wird zu Betrachtungen veranlasset, welche die Beurtheilung bilden, und die Einsicht erweitern.

Es scheint in verschiedener Rücksicht am vortheilhaftesten zu seyn, daß man die Lectüre, nachdem man den hier gegebenen Cours der Wissenschaften vollbracht hat, mit der Kriegesgeschichte anfange. Denn da siehet man das in Beyspielen, wovon man vorher sich erst Begriffe gesammlet

let hat; und ausser daß diese dadurch erläutert werden, lernt man sie auch in den verschiedenen Umständen anzuwenden.

Tempelhofs Geschichte des siebenjährigen Krieges, ist theils wegen des Krieges selbst, theils aber auch wegen des Vortrages, der Zergliederung und den Erläuterungen, und vorzüglich wegen der eingestreueten Bemerkungen hier bey weiten das beste Werk. Die Lectüre dieses Buchs ist, ohne daß man es merkt, ein beständiges Studium des Krieges; vorausgesetzt, daß man es mit Aufmerksamkeit lieset, und daß man die Special-Karte der Länder worin der Krieg geführt ist, zur Hand nimmt.

Tielks Beyträge zur Krieges-Kunst und Geschichte des Krieges enthalten in der Belagerung von Schweidnitz, dem verschanzten Lager bey Bünzelwitz und Kollberg, vortrefliche Beyspiele

---

Erster Theil

des

Handbuchs für Officiere.

Von

der Artillerie.

Vorbericht.

Dieser Theil des Handbuchs ist in 5 Abschnitte getheilt. Der 1ste, 2te und 3te handeln von der Einrichtung, Bedienung und den Ausrüstungs- und Erhaltungskosten des Geschützes. Der 4te und 5te, welche den vornehmsten Gegenstand dieses Theils des Handbuchs für Officiere ausmachen, enthalten die Wirkung und den Gebrauch des Geschützes im freyen Felde.

Die Einrichtung des Geschützes habe ich hier nur historisch vorgetragen, weil das Wissenschaftliche dieses Gegenstandes in die angewandte Mathematik gehört und auch in derselben in unserer Militairschule und bey andern Artillerien gelehrt wird.

Da die Verfertigung der Ernstfeuerwerksachen mündlichen Unterricht, oder doch wenigstens einige Handanlegung erfordert: so habe ich es überflüßig gehalten, die Handgriffe und jede andere Kleinigkeit, welche sich durch einiges Nachdenken und durch Uebung von selbst ergeben, hier zu beschreiben. Auch habe ich hier, wie in einigen andern Abschnitten, nur das gelehrt, was allgemein bekannt ist, und das, was nur allein bey unserer Artillerie eingeführt, übergangen. In dem Abschnitt von der Bedienung des Geschützes habe ich mich nicht auf die Commandowörter und andere zur Erhaltung der Ordnung dienliche Vorkehrungen eingelassen; indem diese willkührlich, für den, der den Zweck beständig vor Augen hat, sich von selbst ergeben, und bey unser, wie bey jeder Artillerie, durch ein Reglement bestimmt sind.

Die Ausrüstungs- und Erhaltungskosten scheinen zwar nicht eigentlich in den Plan des Werks begriffen zu seyn. Da man aber nicht von dem Werth eines Geschützes richtig urtheilen kann, ohne daß man die Kosten desselben mit seinem Gebrauch vergleicht: so hielt ich sie we-

wenigstens für den höhern Officier, oder den, der es einst zu werden denkt, nicht ganz überflüßig. Sie nehmen überdies nur einen geringen Raum, und sind nicht anderswo gedruckt. Denn daß was man in St. Remie Memoirs und Antoni Artillerie Dienst im Felde und in Belagerungen über diesen Gegenstand findet, kann auf keine Art auf deutsche Armee angewendet werden, und vielleicht auch jetzt auf gar keine.

Der 4te Abschnitt handelt, wie erwähnt, von der Wirkung des Geschützes. Es war bisher in unsern Artillerie-Büchern dieser Gegenstand nicht eigentlich behandelt; und ich glaube hier etwas nützliches gethan zu haben, indem man nicht von dem Gebrauch des Geschützes, und also auch nicht von manchen militairischen Vorfällen richtig urtheilen kann, ohne daß man die Wirkung desselben in Anschlag zu bringen weis.

Ich meine durch die Untersuchung, welche ich hier über die Wahrscheinlichkeit des Treffens angestellt habe, Begriffe von dem was ein Geschütz auf verschiedene Distanzen thun kann, zu geben. Die bloße Erfahrung verläßt hier den Artilleristen. Wir sehen Fälle, wo das Geschütz fast gar keine Wirkung geleistet hat, und dann wieder andere, wo es von mörderischer Wirkung gewesen ist. Der Major von Tempelhof erzählt in seiner **Geschichte des 7jährigen Krieges**, (im 2ten Bande, S. 279.) daß er in demselben 5 heftigen Kanonaden beygewohnt, in deren jeder durch 5000 Schüsse nicht mehr als 30 Menschen getödtet wären. In der Bataille bey Kesselsdorf setzte hingegen jede Kanone beynahe 100 Menschen außer Stand zu fechten, wie man in **Sammlungen ungedruckter Nachrichten** (1 Theil S. 426. ꝛc.) findet.

Diese große Verschiedenheiten würden nicht statt finden können, wenn alle Umstände sich bey den Vorfällen gleich gewesen wären. Man muß daher die Umstände, in denen ein Geschütz sich befindet, in Erwägung ziehen, und den Einfluß derselben in Anschlag bringen können, wenn man seine Wirkung in jedem Fall bestimmen will. Dies kann man aber nicht, ohne daß man die Kugelbahn und verschieschiedene andere Gegenstände, welche weder die bloße Vernunft, noch die bloße Erfahrung lehren, näher untersucht; und so kann man also ohne diese, nicht zu einer richtigen Beurtheilung der Wirkung und Anwendung des Geschützes gelangen.

Da die Wirkung eines bestimmten Kalibers von der Schußweite unter 1 bis 3° abhängt, und diese bey den verschiedenen Artillerien beträchtlich verschieden ist: so mußte ich, wenn ich auch hier so allgemein als möglich war, seyn wollte, die Schußweiten von dem Geschütz der Armeen geben, in denen ich allenfalls gelesen werden kann; ich meine der Hannöverschen, Sächsischen, Preußischen und Dänischen. Ob es gleichwohl manchen scheinen mag, daß ich in den Angaben welche die letztern betreffen, unzuverläßig seyn werde: so hoffe ich doch nicht, daß man mich einer großen Unrichtigkeit wird überführen können.

In dem Abschnitt von dem Gebrauch des Geschützes im freyen Felde, kommen erst die allgemeinen Regeln, und dann ihre Erläuterung durch Beyspiele vor.

Ich habe hier mir erst einen Entwurf von den möglichen Vorfällen gemacht, und für jeden die Verhaltungs-Regeln aus der Natur der Sache herzuleiten gesucht; nachher bin ich die verschiedenen Actionen und Schlachten, besonders des 7jährigen Krieges durchgegangen, um in meinen Entwurf noch hin und wieder Lücken, auf die nur die bloße Erfahrung führt, auszufüllen; endlich habe ich die Bücher welche über den Gebrauch der Artillerie *) im freyen Felde geschrieben sind, aufmerksam durchgelesen, und da wo es mir nöthig schien, benutzt. Wo sie aber der Natur der Sache und der Erfahrung nach meiner Einsicht widersprachen, bin ich ihnen nicht gefolgt, wie dies im 5ten Abschnitte die Anmerkungen ergeben.

Ich habe oft in einem entscheidenden Ton geredet — ich wäre ohnedies weitläuftiger geworden, und es ist ja ohnehin auch nur alles relativ auf die Einsicht desjenigen, der es gesagt. Auch Milderungen hätten manche Behauptungen vielleicht noch bedurft, und auch noch erhal-

*) Die in der Einleitung erwähnten.

halten, wenn ich das Manuscript mehr hätte durchsehen können.

Die Schritte, welche sich auf im Hannövrischen gemachte Versuche beziehen, haben $2\frac{1}{3}$. Calenb. Fuß.

Von den bey französischen Schuß- und Wurfweiten angenommenen Schritten gehen $2\frac{1}{2}$ auf die Toise.

Der Schritt, welcher bey dem preußischen Geschütz erwähnt, hält $2\frac{1}{2}$ Rheinl. Fuß.

Der sächsische Schritt ist kleiner als die genannten und $1\frac{59}{209}$ oder etwa $1\frac{1}{4}$ sächsische Elle groß.

Der Schritt welchen man sich bey der dänischen Artillerie bedienet, soll $2\frac{1}{2}$ dänischen Fuß ausmachen.

Demnach der

Hannövr. Schritt	346	par. Linien.
Der Französische	345	= =
= Preußische	347	= =
= Sächsische	314	= =
= Dänische	347	= =

Die

Die Schußweiten des bückeburgischen Geschützes waren in Toisen und die des Englischen in Yards gegeben. Die ersten sind hier in französischen und die andern in hannöverschen Schritten ausgedruckt.

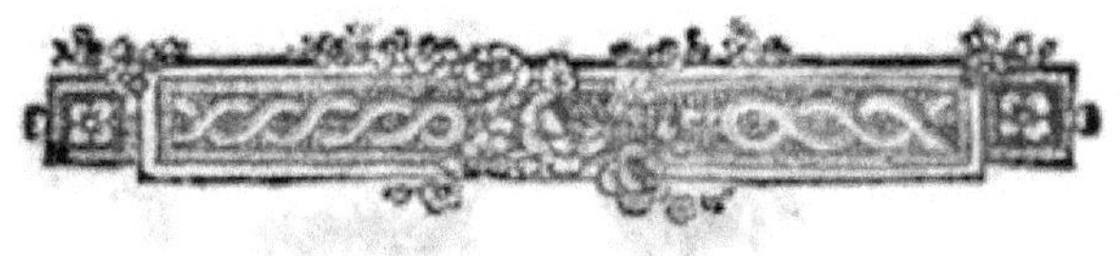

Einleitung.

Nach Struensee giebt die Artillerie eine Nachricht von dem verschiedenen Gebrauche des heut zu Tage üblichen Geschützes.

Da dies nun bey Kanonen, Mortieren, kleinem Gewehr, Minen und in der Lustfeuerwerkerey gebraucht wird: so ist diese Wissenschaft also von grossen Umfange, wenn man sie in diesen Sinn nimmt.

Hier handelt man in der Artillerie von der Einrichtung, der Bedienung, dem Bestande, dem Ausrichtungs- und Erhaltungskosten, der Wirkung und dem Gebrauch des Geschützes im freyen Felde.

Die vorzüglichen Bücher über diese Gegenstände sind folgende:

I. Einrichtung und Bedienung der Artillerie.

1. Struensees Anfangsgründe der Artillerie.

2. A Treatise of Artillery &c. by John Muller. London 1768.

3.

3. L'Artillerie raisonnée. par M. le Blond.

4. Memoires d'Artillerie, contenant l'Artillerie nouvelle, ou les changemens faits dans l'Artillerie çoise en 1765. Recueillis p. de Scheel.

5. De l'usage des Armes à feu par M. le. C. Antoni.

6. Traité des Manoeuvres de l'Artillerie, p. M. Demeuve de Villeparc.

7. Instruction sur le Service des bouches à feu. *)

II.

*) Struensee hat zuerst einen wissenschaftlichen gut geordneten Unterricht von der Artillerie gegeben. Müller ist bey einem guten Vortrage tiefer in die Wissenschaft gedrungen, hat manche Vorurtheile der Artilleristen bestritten, und wesentliche Verbesserungen in der Einrichtung des Geschützes proponirt. Scheel hat eine umständliche Nachricht von der Einrichtung der jetzigen französischen Artillerie, größtentheils durch Auszüge aus den Streitschriften, welche über sie geschrieben sind, gegeben, und verschiedene Vorwürfe selbst untersucht. Antoni hat sich bemühet durch Versuche und durch die Theorie die zweckmäßigste Einrichtung des Geschützes ausfündig zu machen. Villeparc hat die Bedienung des französischen Geschützes, insbesondre in den seltenen Vorfällen, nicht allein beschrieben, sondern auch durch sehr gute Zeichnungen dargestellt. 1787 ist von diesem Buche unter dem Titel: **Der Artillerist in Verlegenheit**, eine schlechte Uebersetzung erschienen, die für ein Original ausgegeben ist.

Die Instruction sur le Service enthalten das französische Exercier-Reglement. Man findet darin sowohl

II. Bestand der Artillerie und Ausrüstungs- und Erhaltungskosten.

Vom Bestande einer Feldartillerie giebt Struensee im Anhange seiner Anfangsgründe der Artillerie, und Antoni in seinem Artilleriedienst im Felde und in Belagerungen einige Nachrichten. Von den Ausrüstungskosten findet man einiges in St. Remy memoires d'Artillerie, das Struensee in dem Anhange seiner Anfangsgründe gesammlet hat. Ueber die Erhaltungskosten habe ich nirgend etwas gedruckt gefunden.

III. Wirkung des Geschützes.

Außer einigen beyläufigen Bemerkungen, welche der Major von Tempelhof in seiner Geschichte des Krieges in Teutschland von 1756 bis 1763. im zweyten Theil Seite 60 ꝛc. bey der Geschichte der Belagerung von Olmütz, über die Wirkung des Geschützes niedergeschrieben hat, weis ich nicht, daß über dieselbe etwas gedruckt ist.

IV. Gebrauch der Artillerie im freyen Felde.

1. Versuch über den Gebrauch der Artillerie im Kriege ꝛc. (von Puget)
2. Versuch der Tactik ꝛc. (von Guibert)
3. Tielke Beyträge zur Kriegeskunst und zur Geschichte des Krieges.

4

wohl die Bedienung des Feld- als des Belagerungs-Geschützes.

4. Du Teil nöthiger Unterricht den Gebrauch der neuen Feldartillerie betreffend.

5. Antoni Artilleriedienst im Felde ꝛc.

6. Artilleriedienst im Felde für den Hauptmann und Subalternofficier (von Klette) *).

*) Guibert hat fast nur allein Puget benutzet, und auch Tielke lehret über den Gebrauch der Artillerie im freyen Felde wenig anwendbares, daß nicht schon Puget enthielte. Du Teil hat beynahe nichts was nicht Puget schon gesagt. Antoni handelt meistens nur von dem Bestande einer Artillerie, den Anordnungen der Märsche, Schlachtordnungen, ohne daß er von dem Gebrauch der Artillerie im Felde etwas sehr unterrichtendes sagt; und nur Klette ist nach Puget am meisten original; aber doch nur in dem, was den eigentlichen Dienst betrift.

Erster

Erster Abschnitt.

Von der Einrichtung der Artillerie.

Erstes Capitel.
Einrichtung des Geschützes.

Eintheilung des Geschützes.

§. 1.

Das Geschütz bestehet aus Kanonen, Haubitzen und Mortieren.

Die Kanonen sind 16 bis 24mal so lang, als ihr Durchmesser der Mündung oder Kaliber.

Die Haubitzen haben $4\frac{1}{2}$ bis 6, und die Mortiere 3 bis 4 Kaliber zur Länge.

Aus den Mortieren werden Körper in hohen Bogen geworfen, aus den Kanonen werden sie fast horizontal geschossen, und aus den Haubitzen werden sie geschossen und geworfen.

I. Von den Kanonen.
Eintheilung der Kanonen.

§. 2.

Die Kanonen heissen 3pfünder, oder 3pfündig, wenn sie eine eiserne Kugel von 3 Pfund schiessen; 6pfünder, weun ihre eiserne Kugel 6 Pfund wiegt ꝛc.

Die übrigen Benennungen welche bey einer Kanone vorkommen, ergiebt Pl. 1. Fig. 1 und 2. *)

Schwere der Kanonen.

Allgemein.

§. 3.

Die Schwere der Kanonen ist bey gleichen Kalibern nach der Stärke der Ladung und der Länge verschieden.

Man bestimmt die Schwere gewöhnlich durch die Kugel, man sagt z. B. die Kanone habe auf jedes Pfund der Kugel 150 oder 200 Pfund zum Ge-

*) Bey der englischen, kayserlichen, preußischen und hannövrischen Artillerie, hat man 3, 6 und 12pfünder; bey der französischen und sächsischen 4, 8 und 12pfünder.

Verschiedene französische Schriftsteller schreiben ihren 4 und 8pfündern einen grossen Vorzug zu. Sie irren sich aber hierin, wenn sie sonst gleiche Schwere und gleichen Aufwand voraussetzen. Ein 3pfünder hat mit dem 4pfünder, wenn beyde gleiche Schwere haben, gleiche Schußweite, wie wir in der Folge sehen werden; und da man bey gleicher Schwere den 3pfünder mit eben so viel Trauben als den 4pfünder laden kann: so ist auch hier ihr Effect gleich. Im freyen Felde hat der 4pfünder also keine wesentliche Vorzüge vor dem 3pfünder, ohngeachtet er wegen der schwerern Munition mehr Aufwand, als jener erfordert.

Gewichte; so daß also ein 3pfünder in diesem Falle 150 mal 3 d. i. 450 oder 200 mal 3 d. i. 600 Pf. wöge.

Bestimmt.

§. 4

Folgende Verhältnisse der Länge, Ladung und des Gewichts der Kanonen werden jetzt in den Artillerien ohngefähr befolgt.

Ladung im Gewicht der Kugeln.	Länge in Calibern.	Gewicht des Stücks auf jedes Pfund der Kugel.
$\frac{1}{2}$	16 bis 20	200 Pfund
$\frac{1}{3}$ bis $\frac{3}{8}$	20 bis 24	
$\frac{1}{3}$ bis $\frac{3}{8}$	16 bis 18	150 Pfund
$\frac{1}{4}$	20 bis 28	
$\frac{1}{4}$	14 bis 18	120 Pfund

Schwere, Länge und Ladung der Stücke verschiedener Artillerien.

Artillerie.	Kaliber Pf	Ladung im Gewicht der Kugel.	Ladung Pf.	Länge in Calibern	Schwere auf jedes Pf. der Kugel.	Schwere des ganzen Stücks.
Französische *)	12	$\frac{1}{3}$	4	18	150	1800
	8	$\frac{5}{16}$	$2\frac{1}{2}$	18	150	1200
	4	$\frac{1}{3}$	1	18	150	600
Oesterreichische	12	$\frac{1}{4}$ - $\frac{10}{33}$	3	16	125	1500
	6	$\frac{1}{4}$ - $\frac{1}{3}$	$1\frac{1}{2}$	16	130	790
	3	$\frac{1}{4}$	$\frac{1}{4}$ - $\frac{7}{24}$	16	160	480
Sächsische schw.	12	$\frac{5}{6}$	5	16	200	2400
leicht.	12	$\frac{1}{3}$	4	16	140	1700
schw.	8	$\frac{11}{32}$	$3\frac{1}{4}$	16	200	1600
leicht.	8	$\frac{3}{8}$	3	16	140	1120
	4	$\frac{7}{16}$	$1\frac{3}{4}$	16	170	670
Dänische	12	$\frac{1}{3}$	4	22	200	2400
	6	$\frac{5}{12}$	$2\frac{1}{2}$	22	200	1200
	3	$\frac{1}{2}$	$1\frac{1}{2}$	22	200	600
	3	$\frac{1}{3}$	1	16	130	400
Preußische schw.	12	$\frac{5}{12}$	5	22	233	3100
mittl.	12	$\frac{1}{3}$	4	18	160	1980
leicht.	12	$\frac{7}{24}$	$3\frac{1}{2}$	14	100	1150
schw.	6	$\frac{1}{2}$	3	22	250	1500
leicht.	6	$\frac{3}{8}$	$2\frac{1}{4}$	18	150	910
	3	$\frac{5}{12}$	$1\frac{1}{4}$	20	200	600

*) Bey den Trauben hat der 12pfünder $4\frac{1}{4}$ Pfund, und der 4pfünder $1\frac{1}{2}$ Pfund Ladung.

Folgen wenn man diese Bestimmungen übertritt.

§. 5.

Bey einer geringern Schwere würde:

1) Die Lafete wahrscheinlich schwerer seyn müssen, als das Stück, und also beträchtlich schwerer als es der Transport desselben erfordert; außerdem würde sie durch den Rückstoß bald unbrauchbar werden.

2) Würde das Geschütz nicht in einer kurzen Zeit 100 Schuß, wie dieß oft in Bataillen erfordert wird, aushalten können. *)

Länge

*) Mit dem französischen 4pfünder sind nach Scheel Memoires 900, mit dem 8pfünder 1000, und dem 12 pfünder 780 Schuß, bey der, in der letzten Anmerkung, erwähnten Ladung gethan; und zwar jedesmal 100 Schüsse so geschwind, wie sie in Bataille zu geschehen pflegen, ohne Aufhören nacheinander. Die englische 6pfündige Regiments-Kanone, welche auf jedes Pfund der Kugel nur 70 Pfund wiegt, ist bey ¼ kugelschwerer Ladung, oder bey 1½ Pfund, nicht durch 300 Schüsse, die in 3¼ Stunden geschehen sind, (wie John Müller erzählt) unbrauchbar geworden.

Antoni erzählt (Del' Usage des Armes à feu) daß eine vier und 24pfündige Kanone, die beyde vollgütig (also etwa 250 Pfund auf jedes Pfund der Kugel wogen) bey ⅓ kugelschwere Ladung, durch 800 Schuß (alle Tage 100 oder 120) nicht beschädigt ist.

Eine Belagerungs-Kanone, welche gewöhnlich 300 Pfund auf jedes Pfund der Kugel wiegt, hält 1800 bis 2000 Schuß aus.

Länge und Stärke der Kanonen.

Länge allgemein.

§. 6.

Die Feld-Kanonen macht man 16 bis 22 Kaliber lang. Die Erfahrung scheint zu lehren, daß 3 bis 8pfünder, mit $\frac{1}{3}$ kugelschwere Ladung und 22 Kaliber, oder $\frac{1}{2}$ kugelschwere Ladung, und 18 Kaliber, eine Schußweite geben, die von keiner andern Länge und Ladung übertroffen wird; daß aber eine geringere Länge bey der gegebenen Ladung oder eine geringere Ladung bey der gegebenen Länge, eine kürzere Schußweite geben. *)

Nähere Bestimmung.

§. 7.

Bey dem 12pfündern hat man mit etwas kürzern Stücken, bey der obigen Ladung, oder mit etwas geringerer Ladung bey der obigen Länge, die größ-

*) Man wird sich hiervon durch Schußweiten welche in der Folge gegeben werden, überführen. Verschiedene Artilleristen (der französische Major du Teil in seinem **nöthigen Unterricht den Gebrauch der neuen Feldartillerie betreffend**, und der Verfasser der Anleitung, **wie ein junger Artillerie-Officier in seinem Fache eine richtige Beurtheilungskraft nach Grundsätzen erlangen kann**) scheinen noch der Belidorschen Theorie, daß lange Kanonen größere Ladung als kürzere haben müssen, zugethan zu seyn. Birnbaum hat zuerst in seinem **Unterricht für einen Artilleristen** diese Theorie für unrichtig gehalten.

größte Schußweite; indem eine doppelte Quantität Pulver, mehr als eine doppelte Kraft giebt.

Stärke.

§. 8.

Die Stärke der Kanonen ergiebt sich, wenn die Schwere und Länge bestimmt ist, im Ganzen von selbst. Man macht sie vorne ohngefehr halb so dicke, als hinten, wenn man die Zierathen nicht rechnet. Bey den obengenannten Längen und Schweren wird die hintere Dicke zwischen $\frac{2}{3}$ bis $\frac{11}{12}$ und die vordere zwischen $\frac{1}{3}$ bis $\frac{11}{24}$ Kaliber fallen. Sind die Kanonen hinten Kaliberdick, so nennt man sie vollgütig.

II. Von den Lafeten.

Größe der Feldlafeten.

§. 9.

Die Benennung einer Lafete giebt Pl. 1. Fig. 6, 8 und 9.

Die Länge der Lafetenwand ist bey Stücken verschiedener Länge verschieden. Unsere 3pf. Lafetenwand ist 9 Fuß $3\frac{1}{2}$ Zoll; die 6pf. 11 Fuß 8 Zoll lang.

Die Höhe der Räder ist bey allen Kalibern dieselbe; bey uns 5 Fuß 10 Zoll. Eben die Bewandniß hat es mit der Entfernung der Räder von einander, auch diese beträgt 5 Fuß 1 Zoll; wenn man von der einen Mitte der Felgen bis zur andern Mitte derselben mißt.

Schwere der Feldlafeten.

§. 10.

Die Schwere einer Lafete scheint dem Gewicht des Stücks, wenn dieses nach §. 4. eingerichtet ist, aus den angeführten Gründen bey 3 bis 8pfündern, beynahe gleich seyn zu müssen. Bey den schweren Kalibern kann aber die Lafete leichter, als das Stück seyn, indem eine doppelte Dicke des Holzes und Eisens, mehr als doppelten Widerstand leistet. Die Stärke der Lafeten stehen also nicht mit den Kalibern der Stücke in Proportion; sondern die größern Kaliber haben, nach Verhältniß der Kaliber, schwächere Lafeten, als die kleinern.

Haben die Kanonen für die gegebene Ladung eine größere Schwere, als die angegebene: so brauchen ihre Lafeten ihnen nicht im Gewichte gleich zu seyn; und es ist bey einiger Betrachtung begreiflich, daß sie alsdann in gewissen Fällen, sogar nicht schwerer bey den schweren, als bey den leichten Stücken erfordert werden.

Schwere der Lafeten verschiedener Artillerien.

Caliber	Lafeten	Protze.	Stücke.	Ladung der Stücke.	Schwere der Stücke u. Lafeten
Französis.					
neue 4pf.	717	500	600	$\frac{3}{8}$ Kugschw. od. $1\frac{1}{2}$ Pf.	1317
— 8 —	1112	550	1200	$\frac{5}{16}$ — — $2\frac{1}{2}$ —	2312
— 12 —	1408	600	1800	$\frac{1}{3}$ — — 4 —	3208
alte 4 —	917	350	1150	$\frac{1}{2}$ — — 2 —	2067
— 8 —	1116	350	2100	$\frac{13}{32}$ — — $3\frac{1}{4}$ —	3216
— 12 —	1303	450	3200	$\frac{3}{8}$ — — $4\frac{1}{2}$ —	4503
Dän. 3 —	—	—	600	$\frac{1}{2}$ — — $1\frac{1}{2}$ —	1838 icl. der Pr
— 3R.	—	—	400	$\frac{1}{3}$ — — 1 —	1325
— 6 —	—	—	1200	$\frac{5}{12}$ — — $2\frac{1}{2}$ —	1493
— 12 —	—	—	2400	$\frac{1}{3}$ — — 4 —	3608
Engl. 6pf.	1160	—	610	$\frac{1}{2}$ mit Traube 3 —	1770
Regts St.				$\frac{1}{4}$ — — $1\frac{1}{2}$ —	

Wall-

Wall- und Schiffs-Lafeten.

§. 11.

Man hat ausser den Feld-Lafeten noch die Wall- und Schiffs-Lafeten. Die gewöhnliche Wall-Lafete ist ohngefehr so, wie die Feld-Lafete beschaffen, ihre Räder sind nur niedriger, und ihre Wände höher und kürzer. Die Schiffs-Lafeten haben vorne zwey niedrige, und unterm Schwanz ein oder auch zwey Blockräder, und sind nur so lang, als das Stück von der Schildzapfen bis zur Traube ist, Tab. 1. Fig. 10. Der Augenschein ergiebt, daß die letzten auf Schiffen und in Kasematten, und die erstern auf dem Walle bequemer, als die Feld-Lafeten gebraucht werden können.

III. Mortiere und Haubitzen.

Eintheilung.

§. 12.

Eine 7pfündige Haubitze oder Mortier hat eine Bohrung zu einer 7pfündigen steinern Kugel, ihre Bombe wiegt aber 14 bis 15 Pfund; die Bombe des 30pfündigen Mortiers wiegt 60 Pfund rc. Sonst benennt man auch den Mortier nach dem Durchmesser der Mündung und sagt er sey 6zollig, wenn seine Mündung 6 Zoll im Durchmesser hält.*) Plan 1. Fig. 3 und 4 giebt die übrige Benennung einer Haubitze und eines Mortiers.

Länge

*) Die englische und französische Artillerie hat diese, die preußische, österreichische, sächsische und hannövrische jene

Länge der Haubitzen und Mortiere.

Haubitzen.

§. 13.

Die Länge der Haubitze wird durch die Länge des Arms eines Mannes bestimmt. Die 7pfündige ist etwa $4\frac{1}{2}$ Kaliber bis zur Kammer, und überhaupt 6 Kaliber lang; die 30pfündige ist bis zur Kammer etwa 3 Kaliber lang.

Mortiere.

§. 14.

Die Mortiere sind kürzer als die Haubitzen, weil sie dadurch bequemer geladen werden können, und doch noch die erforderliche Wurfweite haben; indem man mit ihnen nicht, wie mit den Haubitzen, Würfe bey geringer Elevation auf große Distanze thut. Gewöhnlich sind sie 3 Kaliber lang.

Was die Länge zur Schußweite beyträgt.

§. 15.

Was die Länge zur Schußweite contribuirt, ist so viel ich weiß, noch wenig untersucht; unsre 30pfündigen Haubitzen werfen bey 15° und 1 Pfund Ladung 600 Schritt, die 30pfündigen Mortiere 550 bey eben dieser Ladung und Elevation; der Unterschied ihrer Länge beträgt $1\frac{1}{2}$ Kaliber.

Schwere

jene im Gebrauch. Bey der dänischen nennt man eine Haubitze die eine 20pf. Bombe wirft, 20pfündig rc.

Schwere der Haubitzen und Mortiere.

Haubitzen.

§. 15.

Das Gewicht der Haubitzen und Mortiere stehet bey einem Kaliber, mit der Ladung in einem gewissen Verhältniß.

Bey $\frac{1}{8}$ bombenschwere Ladung, giebt man der Haubitze auf jedes Pfund der Bombe 50 Pfund zum Gewicht, und bey $\frac{1}{20}$ bombenschwerer Ladung 35 Pf. Eine 7pfündige Haubitze, welche 1 Pfund, also etwa $\frac{1}{8}$ bombenschwere Ladung hat, wiegt also 50 mal 15 oder 750 Pfund; und eine 30pfündige Haubitze, die $\frac{1}{20}$ bombenschwere Ladung d. i. 3 Pfund hat, wiegt 60 mal 35, oder 2100 Pfund.

Schwere und Ladung verschiedener Haubitzen.

	Gewicht in Pfunden	Ladung
Oesterreichische 7pfünder	580	1 Pfund 28 Loth
— — 10pfünder	820	2 — 16 —
Preußische 7pfünder	800	2 —
Dänische 10pfünder	780	1 — 16 —
Hannövrische 30pfünder	1900	3 —
Englische 5½ Zoll od. 8pfünd.	460	1 —
— 8 — 32 —	1200	3½ —

Mor-

Mortiere.

§. 16.

Bey den Mortieren rechnet man auf jedes Pfund der Bombe, bey $\frac{1}{40}$ bombenschwerer Ladung 15 Pf. aufs Gewicht derselben, bey $\frac{1}{24}$ bombenschwerer Ladung aber 20 Pfund; so daß ein 30pfündiger Mortier, also bey der ersten Ladung 60 mal 15, oder 900, und bey der zweyten 20mal 60 oder 1200 Pfund wiegt.

Schwere und Ladung verschiedener Mortiere.

	Gewicht in Pfunden	Ladung in Pfunden.
Oesterreichische 60 pfündige	2000	2 Pfund 28 Loth
— — 30 pfündige	1000	$1\frac{1}{2}$ —
— — 10 pfündige	350	— — 15 —
Engl. 10 Zoll	1200	$3\frac{3}{4}$ —
— 8 — oder 23 pfünd.	580	2 —
— $5\frac{1}{2}$ — — 8 —	140	— — 18 —
— $4\frac{1}{2}$ — — 4 —	84	— — 12 —

IV. Lafeten der Haubitzen und Mortiere.

Haubitzen.

§. 17.

Die Lafeten der Haubitzen haben die Einrichtung der Stück-Lafeten. Man rechnet bey der im §. 15. erwähnten Einrichtung, daß jede Lafete bey großen Kaliber $1\frac{1}{2}$, bey kleinen Kaliber aber 2 mal so schwer, als die Haubitze wird.

Mor-

Mortiere.

Die Mortierstühle sind etwa so schwer, als die Mortiere selbst.

Die Erklärung Plan 1. giebt einen Begriff von den Mortierstühlen. Die Mortiere werden auf Wagen, (die man Sattelwagen nennt) transportirt.

V. Untersuchung des Geschützes.

Ob es im Nothfall zu gebrauchen.

§. 18.

Wenn man nur blos auf den Gebrauch eines Geschützes im Fall der Noth siehet: so untersucht man nicht ob es concentrisch gebohrt und angemessene Dimensionen hat; alsdann siehet man nur auf die gröbesten Fehler. Diese sind:

1) Gruben die sich ins Metall verlieren, ohne daß man ihr Ende siehet.

2) Beulen, Risse oder Reifen in der Seele, welche über $\frac{1}{4}$ Zoll tief oder eine Linie hervorstehen. Wenn man dies erfahren will: so erleuchtet man die Seele mit einem kleinen Wachslicht, welches man an eine Stange befestigt.

Die Stärke der inwendigen Beulen, Gruben rc. entdeckt man, wenn man an eine Stange Thon oder Baumwachs befestigt, über dasselbe Leinen ziehet, und diese Verbindung mit dem Thon gegen die Gruben drückt.

3) Zündlöcher die bis über $\frac{1}{2}$ Zoll ausgeschossen sind.

Ob es gut gegossen und gut gebohrt.

§. 19.

Eine aus der Stückgiesserey übernommene Kanone wird dann erst angenommen:

1) Wenn sie 3 bis 5 Schuß, wovon der erste und lezte mit gewöhnlicher Ladung, und die mittlern mit einer stärkern geschiehet, ausgehalten hat. Ist die gewöhnliche halbe Kugel schwer: so nimmt man die stärkere zu etwa $\frac{2}{3}$ bis $\frac{3}{4}$ Kugelschwer.

2) Wenn sie nach dem Schuß keinen Dampf durchläßt, indem man das Zündloch zuhält und den Wischer in der Seele herunter schiebt.

3) Wenn sie nicht die mindesten Grübchen zeigt, die vorgeschriebenen Dimensionen und eine grade Seele ohne Reifen hat.

Wenn man untersuchen will, ob eine Kanone grade gebohrt und an den Seiten das erforderliche Metall hat: so bringt man einen gedreheten Pfropf, in dessen Mitte ein Faden feste ist, bis an den Boden. Darauf theilt man die höchsten Friesen in 4 gleiche Theile; so daß 2 Theile in der Vertikal, und die andern beiden in der Horizontal-Linie sich befinden. Man sucht hier mit dem Quadranten oder mit einem Pendel den höchsten Punkt auf den Friesen, schlägt einen Faden um dieselben, und theilt die Länge, welche eben herum gehet, in 4 gleiche Theile, die man an den Faden bemerkt. Bindet man nun den Faden wieder um die Friesen: so hat man die gesuchte Eintheilung. Nun ziehet man erst den Faden, welcher an dem Pfropfe ist, aus der Mündung straff, und befestigt ihn an eine vertikale Scheibe, die mehrere Fuße von der Mündung entfernt ist, so, daß er durch den Mittelpunkt der Mündung gehet.

Zugleich suchet man mit dem Pendel eine Vertikal- und Horizontal-Linie, auf der Scheibe, welche den Punkt, in dem der Faden sich befindet, durchschneidet. Auf diesen setzt man aus den erwähnten Punkte den Halbmesser der höchsten Friesen ab, welchen man erhält, wenn man mit dem Tasterzirkel den Durchmesser nimmt und diesen in zwey gleiche Theile theilt. Jezt bindet man an die Traube vier Faden, ziehet jeden über die bemerkte Punkte der höchsten Friesen, verlängert sie bis über die Mündung hinaus, und befestigt sie hier in die auf der Scheibe bemerkten Punkte. Ist nun jeder Faden gleich weit vom Mittelpunkte der Mündung: so ist die Seele concentrisch gebohrt.

Nun ist es auch leicht die Dicke des Metalls zu untersuchen, denn die Fäden sind allerwärts um die Dicke der höchsten Friesen, von der Seele entfernt. Die Dicke der höchsten Friesen, von der Seele angerechnet, weniger der Weite von den Faden bis an das Metall, giebt die Dicke des Metalls.

§. 20.

Hieraus siehet man nun noch nicht, ob die Seele grade, ohne Reifen und allerwärts gleich weit ist. Dies erfährt man aber auf folgende Art: Man läßt einen Cylinder drehen, der in die Seele paßt, diesen in der Mitte durchschneiden, und auf den ebenen

Theil Papier kleben. Diesen halben Cylinder schiebt man in die Seele, und fährt auf demselben mit einem langen Linial herunter, welches am Ende zwey auswärts gekehrte gefederte stählerne Haken hat, die einem umgekehrten Tasterzirkel ähnlich und mit Bleyfedern versehen sind; so daß im Herunterschieben diese auf dem Papier des halben Cylinders herfahren, und also da von der graden Linie abweichen, wo die gefederten Haken sich weiter ausbreiten, oder wo die Kanone Reifen hat, oder nicht gleich weit ist. *).

*) Es verstehet sich von selbst, daß man sich aller dieser Methoden nicht zu bedienen braucht, wenn man mit unserm neuen Untersuchungs-Instrumente versehen ist oder das von Gribeauval erfundene (in Scheel Memoires d'Artillerie S. 146. beschriebene) haben kann.

Zwey-

Zweytes Capitel.

Dinge deren man sich beym Gebrauch des Geschützes bedient.

I. Kugeln.

Erklärung.

§. 21.

Man schießt auf weite Distanzen aus der Kanone einzelne Kugeln, auf nähere aber mehrere kleinere d. h. Kartätschen, weil es hier nicht so sehr mehr auf die Genauigkeit des Schusses ankömmt, und weil auch hier kleinere die erforderliche Kraft haben.

Materie der Kugel.

§. 22.

Die Kugeln können aus verschiedenen Materien bestehen, Eisen ist jedoch wegen seiner Stärke und des geringen Preises die gebräuchlichste. Bleyerne Kugeln ricochettiren nicht so gut als die eisernen. Bey kleinern Stücken bedient man sich indes der bleyernen, oder einer Vermischung von Bley und Eisen, weil man dadurch einen kleinern Spielraum und gewissere Schüsse erhält, ohne daß die Kosten hier sehr beträchtlich werden. Auch bekommen durch diese Kugeln die Kanonen keine Reifen in der Seele, und bleiben also zu den genaueren Schüssen brauchbar.

Der verstorbene regierende Graf Wilhelm von Bükkeburg bediente sich zu den 1pfündigen Falconets fast beständig der bleyernen Kugeln.

Spielraum.

§. 23.

Bey der französischen Feld-Artillerie ist jede Kugel 1, und bey der Belagerungs-Artillerie $1\frac{1}{2}$ pariser Linien kleiner, als die Mündung des Stücks. Diesen Unterschied des Durchmessers der Kugel und des Stücks, nennt man den Spielraum. Unsere Kugeln haben $\frac{1}{30}$ und die preußischen $\frac{1}{24}$ des Durchmessers des Stücks zum Spielraum, welches bey dem 3pfünder etwa 1 Linie pr. Maaß und bey den übrigen Kalibern etwas mehr beträgt.

Nähere Untersuchnng.

§. 24.

Wenn die Kugeln einen Spielraum haben, welcher stärker als $\frac{1}{20}$ des Durchmessers des Stücks ist: so verliert dadurch wie es scheint die Schußweite; dies beweisen Versuche, die man in Antoni de l'usage des armes à feu S. 79. findet.

Ehedem hatten wir den 21sten Theil des Durchmessers der Kugel, und also den 22sten Theil des Durchmessers des Stücks zum Spielraum. Da aber die Kugeln nicht genau so sind, als man sie verlangt, und die kleinern bey dieser Einrichtung eine kleinere Schußweite geben würden: so hat man den Spielraum vermindern müssen; zumal man dadurch noch

noch den Vortheil erhält, daß die Stücke weniger leiden und die Schüsse genauer ausfallen.

Wenn bey Antoni erwähntem Versuche die Kugel $\frac{1}{28}$ des Kalibers des Stücks zum Spielraum hatte: so betrug die größte Differenz der Schußweite auf 549 Fuß, 93 Fuß. Hatte sie aber $\frac{1}{23}$ Kaliber des Stücks: so betrug diese Differenz schon 138 Fuß. Vielleicht ist der Spielraum, welcher die größte Schußweite giebt, selbst bey den verschiedenen Ladungen verschieden. Nach Antoni erwähnten Versuchen gab ein Spielraum von $\frac{1}{23}$ des Durchmessers der Mündung bey $\frac{5}{16}$ kugelschwerer Ladung eine größere Schußweite, als der Spielraum, welcher $\frac{1}{28}$ des Durchmessers des Stücks betrug. Die Schußweite mit unsern neuen Kugeln, von denen die kleinsten auch nicht unter $\frac{1}{28}$ Durchmesser der Mündung zum Spielraum haben, sind (wie man in der Folge sehen wird, bey $\frac{1}{2}$ kugelschwerer Ladung) größer, wie die mit den alten, welche einen größern Spielraum, (etwa den 21sten bis 24sten Theil des erwähnten Durchmessers) halten.

Kartätsch-Kugeln überhaupt.

§. 25.

Zu den Kartätschen bediente man sich ehedem blos der bleyernen Kugeln. Man hat aber nachher gefunden, daß diese nicht die Wirkung der eisernen haben, indem sie im Stücke zusammen backen, platt werden und nicht ricochettiren. In Scheel Memoires und in Antoni de l'Usage des armes à feu erwähnt man Versuche, die bey der französischen und sar-

sardinischen Artillerie gemacht sind, und dies bestätigen. Es lassen sich indes die bleyernen Kartätschkugeln bey geringer Ladung, etwa bey $\frac{1}{4}$ kugelschwer Pulver, im Nothfall noch brauchen; wenn man nur einen starken Spiegel von Eisen oder ein stark Stück Holz zwischen das Pulver und den Kugeln anbringet. Der erwähnte Graf von Bückeburg bediente sich ihrer bey den 1pfündigen Falconets gewöhnlich, und erhielt eine angemessene Wirkung.

Unterschied der geschmiedeten und gegossenen.

§. 26.

Die eisernen Kartäsch-Kugeln können gegossen oder geschlagen seyn. Man will bey der französischen Artillerie, wie man in Scheel Memoire siehet, gefunden haben, daß die geschlagenen besser, als die gegossenen ricochettiren. Auch bedient man sich der geschlagenen bey der Preußischen Artillerie.

Dieser Unterschied ist wahrscheinlich gering, weil auch die gegossenen, selbst im ebenen Terrain sehr weit ricochettiren, wie unsere Versuche bey Wülfel, Vahrenwalde rc. gezeigt. Vielleicht breiten sich aber die geschmiedeten nicht so weit aus, vielleicht beschädigen sie auch weniger die Stücke, als die gegossenen.

Untersuchung der Kugeln.

§. 27.

Eine gute Kugel muß rund, ohne Gruben und Nath seyn, und die erforderliche Größe und Schwere haben.

Die

Die Ründe und Größe untersucht man leicht durch einen Tasterzirkel; man läßt auch die Kugel durch eine metallene Röhre laufen, welche ½ Linie kleiner als der Kaliber des Stücks ist, um zu sehen, ob sie auch sicher in dasselbe gebracht werden können. Endlich versucht man, ob sie durch eine Schabelone fällt, welche bey dem 3pfünder ¾ bis 1 und bey dem 12pfünder 1 bis 1 ¼ Linie kleiner ist, als die obige metallene Röhre; fällt sie durch: so ist sie zu klein. Die Nath und die Gruben sind zwar sichtbar, damit man aber weiß, wie weit dieselben zu vermeiden sind: so muß man die Güte der Kugeln aus den besten Gießereyen sich genau bemerken.

II. Pulver.

Bestand-Theile.

§. 28.

Hundert Pfund bestehen aus 75 Pfund Salpeter, 15 Pfund Schwefel und 15 Pfund Kohlen.

Arten.

§. 29.

Man hat zwey Arten, kleingekörntes oder Musqueten-Pulver, und großgekörntes oder Kanonen-Pulver. Das erste äussert in geringern Quantitäten eine größere Wirkung als das letztere, wenn gleich beydes gleiche Bestandtheile hat.

Stärke.

§. 30.

Unser Probe-Mortier wirft unterm 45° mit 3 Quentchen eine 2pfündige Kugel mit Kanonen-

 Pul-

Pulver 212, und mit Musqueten-Pulver 334 Fuß. Bey großen Ladungen ist die Wurfweite nicht so verschieden, als bey kleinern. Bey einen 30pfündigen Mortiere, $1\frac{1}{2}$ Pfund Ladung und 45 Grad Elevation, sind die Wurfweiten mit verschiedenen Pulver, welches bey den kleinen Probe-Mortiere auch sehr verschiedene Wurfweiten giebt, fast einander gleich, wie dies unsere Versuche bey Wülfel beweisen. Eben so ist es mit der Schußweite der Kanone, wenn sie $\frac{1}{2}$ Kugelschwer geladen werden. *)

Bey der französischen Artillerie bedient man sich zu Untersuchung des Pulvers eines Mörsers, aus dem eine 60pfündige Kugel mit 6 Loth geworfen wird. Sie erreicht gewöhnlich 90 bis 100 Toisen; fällt sie unter 55: so wird das Pulver nicht angenom-

*) Bey den erwähnten kleinen Probe-Mortier warf das Erzer-Pulver doppelt so weit, als das Haarburger; bey den 30pfündigen Mortiere, 45 Grad Elevation, war der Unterschied der Wurfweite aber nur $\frac{1}{11}$ der ganzen Weite. Bey 60 Grad war dieser Unterschied indes wieder größer. Bey einer Probe mit dem 12pfünder, 1785, geschahen 2 Schuß mit dem schlechtesten Harz-Pulver, von dem der eine 829 und der 2te 840 die Kugel brachte; statt mit guten Pulver 800 bis 1182 Schritt erreicht wurden. Bey einen 16 Kaliber langen 12pfünder erhielt man mit gutem Haarburger Pulver, bey 1 Grad Elevation von 3 Schuß eine mittlere Schußweite von 802 Schritt; mit schlechtem Harz-Pulver aus 2 Schüssen eine mittlere von 767.

nommen. Mit dem Mortier wird jetzt fast überall das Pulver probirt. Man macht gegen diese Probe die Einwendung: daß sie in den was Kanon- und Musquetpulver betrift, mit dem Gebrauch auf keine Art Aehnlichkeit habe, indem man hier länger Geschütz und größere Quantitäten nehme. Bey uns wird daher das Musquetpulver mit dem Infanterie-Gewehr probirt, und man verlangt von ihm, daß es auf 300 Schritt die Kugel durch 2 Stück 1½ zollige tannen Dielen bringt. Das Kanon-Pulver muß die Kugel im Visir-Schuß in Durchschnitt 800 Schritt bringen.

Nähere Bestimmung der Untersuchung der Stärke.

§. 31.

Wenn man aber das Kanonen-Pulver mit dem Mortier probieren will: so muß man erst ein Pulver haben, daß nur eben so stark ist, daß es bey der Kanone mit der festgesetzten Ladung, die erforderliche Schußweite giebt. Mit diesem muß man eine Menge Würfe thun, und dadurch die mittlere Wurfweite für das erforderliche Pulver festsetzen. Ist alsdenn ein anderes bey der Probe stärker: so erhitzet es ohne Nutzen die Kanone. Ist es aber wieder schwächer: so giebt es nicht die erforderliche Schußweite. Dabey muß man nun zugleich noch versichert seyn, daß es nicht in dem Magazin schwächer wird, denn sonst müste man es etwas stärker nehmen. Das was hier vom Kanonen-Pulver gesagt, gilt auch vom Musquet-Pulver.

Warum

Warum man sich nicht sehr starkes Pulver bedient.

§. 32.

Sehr starkes Pulver bedient man sich nicht bey der Artillerie, weil man alsdann kleine Quantitäten nehmen müste, und durch eine kleine Zufälligkeit, durch ein kleines Versehen im Gewicht, durch ein geringes Verschütten, eine beträchtlichere Verschiedenheit in der Wirkung, als bey größern Quantitäten haben würde.

Stärke des zerriebenen oder Mehl-Pulvers.

§. 33.

Zerriebenes oder Mehl-Pulver hat nicht die Wirkung des gewöhnlichen Kornpulvers, gleichwol ist der Unterschied nicht so groß, als man gewöhnlich glaubt. Ein 30pfündiger Mortier wirft mit 15 Loth und 70 Grad mit Korn-Pulver seine Bombe 250 Schritt, und mit Mehl-Pulver 200 Schritt.

Nöthige Beschaffenheit des Pulvers.

§. 34.

Ausser der erforderlichen Stärke verlangt man noch von dem Pulver aus leicht begreiflichen Ursachen.

1) Daß es gleichförmig sey, und daß es aus einer Tonne so, als aus der andern werfe.

2) Daß es nicht viel Unreinigkeiten, zurücklasse.

III.

III. Ladung.

Mit losem Pulver.

§. 35.

Wenn man langsam schießt: so bringt man das Pulver mit einer Ladeschaufel in die Kanone, setzt einen Vorschlag von Heu darauf, damit das Pulver näher zusammen gebracht wird, sich geschwinder entzünde, und also wirksamer seyn kann, als es ohnedieß seyn würde. Auf das Heu bringt man die Kugel und auf diese einen 2ten Vorschlag, um sie feste zu halten.

Mit Cardusen.

§. 36.

Diese Art zu laden ist wol in und vor Festungen, wo man langsam schießt, anwendbar; im freyen Felde aber, wo ein geschwindes Feuer erfordert wird, bringt man den ganzen Schuß auf einmal ins Geschütz. Man füllt einen Beutel von wollen Zeug (Rasch, Flanell) oder eine Hülse von Pergament mit Pulver; das Pergament wird um einen Cylinder oder Kolben, welcher beynahe den Kaliber der Kugel zum Durchmesser hat, zusammengeleimt und auf einem Ende mit einer Scheibe von Pergament geschlossen. Dieser Beutel oder diese Hülse wird, wenn er mit der bestimmten Ladung gefüllt ist, an einem Cylinder von Holz, den man Spiegel nennet, befestiget. Man legt etwas Kuhhaare auf Pulver, steckt den Spiegel in die Hülse bis auf die Kuhhaare und bindet die Hülse vermittelst eines Feuerwerks-Knoten, (welcher in der Folge beschrieben wird) an den Spiegel, nachdem man die Hülse in die Hohlkehle gewürgt hat. An diesem Spiegel wird auf der entgegengesetzten Seite, in der Höhlung einer Halbkugel, die Kugel gekittet und durch eine Streife Leinen, die kreuzweise über die Kugel und an den Spiegel geleimt ist, befestiget; so daß die ganze Ladung einen Körper ausmacht, und leicht ins Stück gebracht werden kann. Der Kitt kann hier aus bloßen Pech bestehen. Von diesen wird die Hälfte ehe eine warme Kugel in dieselbe gelegt, mit einem gewissen Theil, welcher am Feuer zergangen, gefüllt. *)

Man

*) Bey der französischen Artillerie wird das Pulver in einem Sack von groben Camlott gethan, welcher einige Linien weniger als das Stück, zum Durchmesser hat. Dieser Sack wird, nachdem das Pulver in ihm feste gedrückt ist, an einen Spiegel befestigt, der die Hälfte des Durchmessers der Kugel lang ist.

In dem offenen Ende des Sacks kömmt der Spiegel bis hart aufs Pulver, zugleich wird um den auf den Spiegel hervor stehenden Theil des Sacks ein Bindfade, da wo sich eine Höhlung oder Hohlkehle befindet, gebunden.

An dem Ende nach der Patrone zu ist der Spiegel platt, auf dem andern aber hat er eine kugelförmige Höhlung und in dieser wird die Kugel vermitelst Eisenblech Streifen, die sich auf der Kugel kreuzen und an den Spiegel genagelt sind, befestigt. Zu mehrerer Befestigung der Hülse und des Spiegels, und damit, daß das Pulver sich nicht zwischen den Spiegel

und

Man will bemerkt haben, daß die pergamentenen Hülsen zu Zeiten den Boden im Stück zurücklassen, und dies ist die Ursache, warum man einen Drath von Messing kreuzweise unter den Boden der Hülse durchführt, und mit dem Spiegel verbindet. Es ist zwar wahrscheinlich, daß dieser Drath bey der Entzündung der Ladung abgeschlagen wird, man hat aber in unsern Campement bey Herzberg 1779. gesehen, daß ohne ihn der Boden fast jedesmal sitzen bleibt; statt er sonst mit heraus getrieben oder wenn er sitzen bleibt, bey dem Wischen durch den zurückgebliebenen Drat, herausgezogen wird.

Vor- und Nachtheile der verschiedenen Hülsen.

§. 37.

Die Hülsen von Pergament halten das zurückgebliebene Feuer mehr, als die von Flanell ab. Bey den Artillerien welche diese haben, riskirt der Mann der ansetzet, beym geschwinden Feuern, so sehr seinen

und den Zeug oberhalb dränge und endlich zur Steifhaltung der Patrone, wird noch eine Streife ins Wasser getauchter Pergament, da wo der Sack mit dem Spiegel verbunden, so um die Patrone gelegt, daß er der Breite nach halb auf den Spiegel und halb auf die Hülse kömmt. Diese Streife wird auf den Spiegel wo die Hohlkehle ist, und dann ¼ Zoll unter demselben mit einem Bindfaden gebunden.

In Belagerungen und in den Artillerie-Schulen bedient man sich der papiernen Patronen, Scheels Memoires d'Artillerie, S. 182.

nen Arm, daß man ihm einen Ansetzer mit einem Flegel gegeben, mit welchen er die Patrone herunterschiebt; so daß, wenn der Schuß im herunterschieben losgehet, sein Arm wenigstens nicht gänzlich vor der Mündung ist.

Bey der kayserlichen Artillerie hat man die eben erwähnte Inconvenienz dadurch abzuhelfen gesucht, daß man den Flanell mit einem gewissen Art Leim überstrichen; indeß ist dies doch nur ein Hülfsmittel, daß unzulänglich ist, wie man bey der französischen gefunden.

Die Patronen von Pergament haben noch ausser den erwähnten Vortheilen diese: daß sie im Felde beständig die gehörige Form behalten, und nicht leicht beschädiget werden. Diejenigen welche glauben, daß man bey ihnen jedesmal die Kanone auswischen müssen, irren sich; bey den Versuchen, welche bey Wülfel vor verschiedenen Jahren gemacht sind, wurde nur das sechstemal ausgewischt, ohne daß dadurch Unbequemlichkeiten entstanden. Bey der englischen Artillerie hat man an den Patronen von Pergament, Boden von Flor oder auch von Rasch. Bey diesen braucht man nur zu Zeiten auszuwischen, und läuft nie Gefahr, daß vors Zündloch sich Unreinigkeiten setzen; aber der Ansetzer ist auch dabey immer in Gefahr beschädigt zu werden. *)

Aus

*) Aus einem Manuscript daß 1677. von unsern damahligen Artillerie-Officier Strackwitz aufgesetzt ist, sehe ich: daß man zu dieser Zeit zu den Geschwindschüssen das

Ladung mit Kartätschen.

§. 38.

Wenn man Kartätschen machen will: so giebt man die Kugeln in einen Sack, oder in eine blecherne Büchse. Die erste Art nennet man Trauben-Kartätschen, indem die Kugeln hier mit einer Linie umschnüret werden, und der Körper einer Traube ähnlich ist. Man will durch die Erfahrung gefunden haben, daß die Kartätschen eine größere Geschwindigkeit bekommen, wenn zwischen dem

das Pulver in einen doppelten leinen Sack gethan, und daß man beide an den Spiegel befestigt, und jeden mit Steinkitt überzogen hat.

Der Kitt hat aus durchgesiebten Ziegelmehl, Asche, gestoßen Glas, Hammerschlag und ungelöschten Kalk mit Leimwasser aufgekocht, bestanden. Diese Patronen sollen Unreinigkeiten und Feuer zurückgelassen, und das Zündloch verstopft haben.

Bey der französischen Artillerie hat man sich ehedem Patronen von Leinen und nachher von Sarsche bedient, wovon die ersten mit einer Art Kleister und die zweyten mit Hausblasen überstrichen gewesen, um das Durchstäuben zu verhindern. Beyde Arten hat man abgeschafft, weil sie Feuer zurückgelassen, die Form verlohren und das Zündloch verstopft. Scheel Memoires d'Artillerie S. 125. Bey der kayserlichen Artillerie hat man im 7jährigen Kriege Patronen von Blasen gehabt. Diese aber haben ebenfalls das Zündloch verstopft und so viele Unreinigkeiten verursacht, daß man sie bald hat wieder abschaffen müssen.

dem Pulver und den Kugeln eine eiserne starke Scheibe d. h. ein eisernes Spiegel kömmt. Eine gewöhnliche Traube bestehet ausser den Kugeln, aus einem eisernen Spiegel, in dessen Mitte ein eiserner Cylinder oder Dorn sich befindet. Um diesen Dorn liegen die Kugeln Lagenweise. Nimmt man jede Lage zu 6 Stück: so wiegen die eisernen Kugeln ohngefähr so viel Lothe, als die ordinairen Kugeln des Stücks Pfunde. Nimmt man nur 5 Stück: so ist jedes Stück etwas schwerer. Ueber die Kugeln und dem Spiegel ist der Sack und um diesen die Bestrikkung. An dem Spiegel ist die mit Pulver gefüllte Hülse befestiget. Wenn die Kugeln in einer blechernen Büchse sich befinden: so ist der Dorn, welcher zur Erhaltung der Form dient, überflüßig, und alsdann bestehet jede Lage aus einer Kugel, welche in der Mitte und aus 5, 6 oder mehrern, welche in der Peripherie sich befinden. Nimmt man sehr größe Kugeln, jede zu dem 12ten Theil des Gewichts der ordinairen Kugel: so kann man nur 3 in einer Lage haben. Alsdann wieget bey dem 3pfünder jede Kartätschkugel 8 Loth, bey dem 6pfünder $\frac{1}{2}$ und bey dem 12pfünder 1 Pfund.

Gewicht der Kartätschen.

§. 39.

Man nimmt das Gewicht aller Kartätschkugeln ordinair dem Gewicht der Kugel gleich; so daß also bey den lezt erwähnten großen Kugeln 12 Stück oder 4 Lagen, bey denen aber, welche so viel Loth wiegen, als die Kugel Pfunde hat, etwa 30 Stück oder 5 bis 6 Lagen auf die Kartätsche gehen.

Das

Das Gewicht der Kartätschkugeln kann zwar über das Gewicht der ordinairen Kanonkugeln gehen, jedoch darf bey ordinairen Feld-Kanonen die Kartätsche mit dem Spiegel und der Büchse oder dem Dorn nicht über $1\frac{1}{2}$ kugelschwer seyn. *)

Bey

*) Bey der französischen Artillerie hat man 2 Arten Büchsen-Kartätschen. Von der ersten Art hat jede Kartätsche bey allen Kalibern 41 Kugeln, von der andern aber der 12 und 8pfünder 112, und der 4pfünder 63. Die Kugeln sind in einer Büchse von Eisenblech, die unten mit einer eisernen Scheibe versehen, welche 2 bis 3 Linien dick ist. Sie liegen in dieser Büchse Lagenweise; eine in der Mitte und 6 um derselben. Da 6 Lagen da sind: so würde jede Kartätsche 42 Kugeln ausmachen, wenn nicht die mittelsten Kugeln, weil Axe auf Axe liegt, so viel auftragen, daß 5 Kugeln die Höhe von 6 der andern, bey welchen die obern in die Fugen der untern kommen, ausmachen. Die 2te Sorte Kartätsch-Kugeln ist eben so wie die erste, in blechernen Büchsen, nur hat hier jede Lage 24 Stück; 4 in der Mitte, und 20 um denselben. Bey dem 12 und 8pfünder sind die Kartätschen-Büchsen nicht mit der Pulver-Patrone verbunden. Bey dem 4pfünder ist aber der Spiegel der Pulver-Patrone auf die eiserne Scheibe der Kartätsche gelegt; so daß das Blech den Spiegel bis auf einige Linien mit einschließt, und hier an denselben feste genagelt werden kann. Die großen Kartätsch-Kugeln wiegen so viel Loth als die Kugel Pfunde. Die zu dem 12pfünder 12 Loth, die zu dem 8pfünder 8 und

 die

Bey leichten Geschütz, welches auf jedes Pfund der Kugel nicht über 120 Pfund hat, darf man nicht über Kugelschwer gehen, oder man müßte die Ladung sehr verringern; sonst würde die Lafete durch einige Schüsse unbrauchbar werden.

IV.

die zu dem 4pfünder 4. Die kleinern haben nur etwa den 3ten Theil des Gewichts der großen. Das ganze Gewicht der Kartätschen beträgt bey den

12pfünder,	20 Pfund	14 Unzen.
8 „ „	14 „ „	6 „ „
4 „ „	7 „ „	8 „ „

Die Pulver-Ladung bestehet bey dem

	12pfünder aus	4 Pfund	4 Unzen.	
bey dem	8 „ „ „	2 „ „	12 „ „	und
bey dem	4 „ „ „	1 „ „	12 „ „	

(Eine Unze hat 2 Loth.)

Scheel Memoires d'Artillerie S. 128 bis 135. Bey der dänischen Artillerie enthält jede Kartätsche 100 Kugeln, so daß jede Kugel zu dem 12pfünder 4, zu dem 6pfünder 2, und zu dem 3pfünder 1 Loth wiegt. Die Kugeln sind in blechernen Büchsen mit starken eisernen Boden und hölzernen Deckeln.

Bey der kaiserlichen Artillerie hat jede Kartätschen-Büchse 28 Stück; von dem jedes Stück bey dem 3pfünder 3, bey dem 6pfünder 6 und bey dem 12pfünder, 12 Loth wieget. Ausserdem hat noch jeder 12pfünder einige Kartätschen, welche nur aus 12 Kugeln bestehen, jede zu 1 Pfund. Bey den 1sten liegen in jeder Lage 7, und bey den 2ten 3 Kugeln.

IV. Granaten.

Bomben und Brandröhren.

Erklärung.

§. 40.

Aus den Mortieren und Haubitzen wirft man hohle eiserne Kugeln, die Bomben und wenn sie so klein sind, daß man mehrere zugleich ladet, Granaten heissen. Die 7pfündigen Bomben wiegen 14 bis 15, die 30pfündigen 60 Pfund, und so bey allen. Die französischen Bomben zu den 12zolligen Mortiers wiegen 135 bis 140 Pfund, die zu den 10zolligen 100, die zu den 8zolligen 35 Pfund, und die zu den 6zolligen 20 Pfund. Die englischen Bomben zu den 13zolligen Mortiers wiegen gefüllt 204 Pfund, die zu den 10zolligen 91, die zu den 8zolligen $46\frac{1}{2}$, und die zu den $5\frac{1}{2}$zolligen $16\frac{1}{2}$ Pf. Die Bomben haben einen gewissen Spielraum, bey uns den 48sten Theil des Durchmessers des Mortiers, bey den Franzosen oben 2 und unten im Lager des Mortiers 1 Linie. Den englischen 100pfündigen oder 13zolligen Mortiers giebt man $\frac{1}{4}$ Zoll englisch Maas, den 10zolligen oder 45pfündigen eben so viel, und den 8zolligen oder 23pfündigen $\frac{12}{100}$ Zoll. Die Bomben und Granaten werden mit Pulver gefüllt; und haben ein Loch in welchem eine hölzerne Röhre, die mit einem Feuerwerkssatz gefüllt ist, der beym Abfeuren sich entzündet und zu Ende der Röhre gebrannt, wenn die Bombe den Feind oder die feindlichen Werke erreicht.

Brandröhren-Holz.

§. 41.

Diese hölzerne Röhren, welche man Brandröhren nennt, bestehen aus Eschen, Birken, Eichen, Linden oder Büchenholz, sind $\frac{1}{8}$ bis $\frac{1}{6}$ kürzer als der Durchmesser der Bombe, oben etwas dicker und unten etwas dünner, als das Brandloch der Bombe. Die innere Höhlung der Röhre beträgt etwa $\frac{1}{3}$ der ganzen Dicke. *)

Brandröhren-Satz.

§. 42.

Der Satz zu Brandröhren bestehet aus Mehlpulver, Salpeter und Schwefel; jedes der leztern Theile zu $\frac{1}{7}$ bis $\frac{1}{3}$ der erstern. Nimmt man 5 Theile Mehlpulver, 2 Theile Salpet. und 1 Theil Schwefel: so brennt eine 6 Zoll lange Brandröhre, wenn man sie wie gewöhnlich schlägt, 22 Sec. Nimmt man in dem obigen Fall statt 5 Theile Mehlpulver, 4 Theile, so brennt diese Röhre 31; nimmt man aber über 3 Theile, so brennt sie 40 Secunden. **) Wenn der

*) Zu den französischen 12zolligen Bomben, welches bey uns etwa 70pfünder wären, ist die Brandröhre 8 Zoll lang, oben 20 und unten 14 Linien dick, und hat eine Oefnung von 5 Linien; die Brandröhren zu 6zolligen (bey uns zu 10pfündigen Bomben) sind 5 Zoll lang, oben 13 und unten 10 Linien dick. Ihre Oefnung hat $3\frac{1}{2}$ Linie zum Durchmesser. S. M. S. 191.

**) Bey der kaiserlichen Artillerie nimmt man 3 Theile Mehlpulver, 2 Theile Salpeter, 1 Theil Schwefel.

Bey

der Satz durch das Reibholz auf der Tafel wohl vermischt ist, so wird er in die Brandröhre geschlagen.

Man giebt in eine Brandröhre eine Schaufel Satz, setzt auf ihn einen Cylinder von Eisen, der unten mit Meßing versehen, schlägt 9 bis 12mal auf denselben; giebt wieder die obige Quantität in die Röhre und wiederholt das Schlagen rc.

Während des Schlagens bewickelt man die Brandröhre mit Bindfaden, oder man schließt sie zwischen 2 hohle Hölzer, damit sie nicht spaltet.

Ist die Röhre gefüllt: so schlägt man einen Ludelfaden, dessen Enden heraussteßen, mit ein, damit der Satz beym Abfeuern desto sicherer Feuer fasse.

Laden der Bombe.

§. 43.

In die Bombe wird, ehe sie geladen, zerlassen Pech gethan, damit die etwanigen Löcher sich zusezzen

Bey der französischen Artillerie nimmt man zu den 12 = und 10zolligen Brandröhren:

Mehlpulver	5	Pfund.
Schwefel	2	= =
Salpeter	3	= =

Zu den kleinen:

Mehlpulver	4	Pfund.	
Schwefel	2	= =	
Salpeter	3	= =	Scheel M. S. 173.

Die zu 12zolligen Bomben brennen 70 Sec.
und die zu 8zolligen = = = 55 =

zen und das Pulver in derselben trocken bleibt. Wann die Bombe gefüllt ist: so wird die Brandröhre eingeschlagen. Man schneidet sie unten schräg ab, damit die Oefnung nicht verstopft werde, wenn die Röhre auf den Boden der Bombe kömmt. Der Theil der Röhre welcher ins Brandloch kömmt, und etwa $\frac{3}{4}$ bis 1 Zoll vom obern Ende fällt, wird mit Hede bewickelt und mit Kitt bestrichen, damit kein Feuer zwischen der Röhre und der Bombe durchgehen kann. Zu den Kitt kann man Pech und Harz, oder besser Pech und Wachs, oder in Ermanglung dieser Materien auch Theer nehmen. *)

V. Bomben zur Erleuchtung und zum Anzünden der brennbaren Dinge, Licht- und Brand-Kugeln.

Erleuchtung mit Bomben.

§. 44.

Will man sich der Bomben zur Erleuchtung eines Orts bedienen: so füllt man sie mit geschmolznen Zeuge. Wenn man sich nicht unsers Satzes bedienen kann: so nehme man

2	Theile	Salpeter, oder besser	2	Theile	Salp.
2	=	Mehlpulver,	$\frac{1}{2}$	=	Antimon.
1	=	Schwefel,	2	=	Schwefel.
2	=	Talg.			

Man schmelze erst den Schwefel, thue nachher den Salpeter und endlich das Mehlpulver hinzu und rühre die

*) Bey der Französischen Artillerie nimmt man zu 1 Pfund Wachs, und 4 Pfund Hammeltalg.

die Vermischung bis sie ballt. Noch warm füllt man den Satz jetzt in die Bombe und stampft ihn, so gut man kann, feste in derselben.

Darauf steckt man einen Cylinder durchs Brandröhrenloch in den Satz, und das Loch, welches dadurch entstehet, schlägt man voll Brandröhrensatz.

Anzünden der brennbaren Dinge mit Bomben.

§. 45.

Zu den Anzünden der brennbaren Dinge muß man sich einer andern Vorrichtung bedienen.

Eine mit Pulver und Stücken von geschmolznen Zeug gefüllte Bombe, zündet Stroh und trocken Holz, wenn sonst die Bombe erst dann krepirt, wenn sie niedergefallen. Nur muß das geschmolzene Zeug gut angefeuert werden d. h. es muß eine gewisse Zeit in der Vermischung von Pulver, Brandtewein und Kampfer liegen. Man muß es indes aber auch nicht zu lange darin lassen, weil sonst der Salpeter aufgelöset wird. Man muß hier, wie überhaupt in Dingen dieser Art, Versuche machen. Die Stücken von geschmolzenen Zeug erhält man, wenn man dasselbe warm in ein Tuch thut, es zusammenpreßt, und es so erkalten läßt und dann zerschlägt.

Brand- und Licht-Kugeln.

§. 46.

Hat man Körper, welche blos aus brennbaren Materien bestehen: so sind diese den Bomben, wie sich von selbst ergiebt, in der erwähnten Rücksicht vorzuziehen.

Lichtkugel.

Aeussere Einrichtung derselben.

§. 47.

Eine Lichtkugel, welche auch zugleich brennbare Dinge anzündet, bestehet 1) aus einem runden oder ovalen Sack, in dem die brennbare Materie sich befindet.

2) aus 2 eisernen hohlen Platten, welche oben und unten bis ⅓ über den Sack fassen und zusammen geschnürt sind, und 3 aus demi Bunde oder aus einer Bestrickung mit einer starken Linie.

Der Sack ist von Parchend oder Drell, die Materie wird mit der Hand, durch einen Cylinder von Holz, feste in den Sack gestopft oder geschlagen, während derselbe aufgehangen. Die Platen sind nach der Größe der Kugel mehr oder weniger hohl und etwa 4 bis 5 Linien dick; die öbere hat ein Loch von 1 Zoll. Sie werden mit einem Bindfaden, welcher von einer zur andern gehet, an der Kugel feste gehalten. Ueber diese wird mit einer Fingerdicken Linie, welche oben an einen Ring befestiget wird, eine Art Netz um die Kugel gestrickt. Durch die Oefnung der einen Platte wird ein Loch in die Kugel etwa 3 Zoll tief gemacht, und in dieses wird Brandröhrensatz geschlagen, und zuletzt mit einem Ludelfaden, so wie in die Brandröhren versetzt. Nun wird die Kugel getauft, oder vielmehr einigemal in zerlassenes Pech gethan. Hat sie noch nicht die Größe: so wird sie mit zerlassenen Pech und Hede umwickelt; es ist indes gut, daß sie so wenig Pech bekömmt, als möglich, weil dies das Licht nimmt.

Licht-

Licht-Kugeln Satz.

§. 48.

Will man wegen des Preises oder des Mangels der Materien, welche bey unsrer Artillerie zu den Lichtkugeln vorgeschrieben, andere nehmen: so kann man sich folgender Sätze bedienen:

Salpeter	6 Pfund,	oder Salpeter	4	Pf.
Schwefel	$3\frac{1}{2}$	Schwefel	3	=
Gestossen geschmolz. Zeug	$3\frac{1}{2}$	Mehlpulver	5	=
Antimonium	$\frac{1}{2}$	Harz	$\frac{3}{4}$	=

Der letzte Satz wird mit Leinöhl angefeuchtet, der erste ist der beste, aber bey weiten nicht so gut, als der bey unsrer Artillerie vorgeschriebene.

Brand-Kugeln.

Verfertigung.

§. 49.

Die Absicht der Brandkugeln ist blos anzuzünden, sie müssen also ein starkes Feuer haben. Man nimmt zu ihnen: Pech, Talg und Kornpulver. Man läßt, damit diese Kugeln eine hinlängliche Stärke haben, und allenfalls durch die Dächer und Böden fallen, ein starkes Casket machen, welches ober-

*) Bey der kaiserlichen Artillerie bedient man sich zu dem Lichtkugelsatz:

Salpeter	4	Pfund.
Schwefel	3	= =
Kohle	$\frac{1}{2}$	= =
Harz	1	= =
Antimonium	1	= =

oberwärts ein Gerippe in der Form einer Kugel oder einer Ellipse hat, und thut dies in den Sack von Drell, welcher die Materie enthalten soll.

Zuerst läßt man das Pech in einem eisernen Topfe zergehen, thut das Talg hinzu, setzt den Topf vom Feuer in einen großen Kessel, in dem heißer Sand und thut denn das Kornpulver darin. Vermischt endlich alles mit geschnittener Hede bis die Materie balligt wird, und knetet sie, nachdem man die Hände in Leinöhl getaucht, sobald es die Hitze leidet, in den oben erwähnten Sack. Schlägt darauf oberwärts einen 2 Zoll langen Cylinder schräg ein, welchen man, wenn der Satz hart ist, zurücknimmt, um, wie bey der Lichtkugel, die Oefnung mit Brandröhrensatz vollschlagen zu können.

Satz der Brand-Kugeln.

§. 50.

Nach Belidor nimmt man, zu 15 Pfund Pech 2 Pfund Talg und 30 Pfund Kornpulver. Nach Braun Noviss. fund. & prax. Artilleriae, nimmt man zu 9 Pfund Pech 2 Pfund Talg und 18 Pfund Pulver. *)

Mord-

*) Bey der französischen Artillerie hat man eine Art Brandkugel, welche bestehet: aus

Schwarzen Pech	12	Pfund.
Weissen „ „	6	„ „
Talg „ „	2	„ „
Kornpulver „ „	30	„ „
Kampfer „ „	$\frac{1}{2}$	„ „

Die-

Mordschläge ꝛc.

§. 51.

Sowol die Licht- als Brandkugel wird mit Mordschlägen versehen; so daß sich niemand ihrer zum Löschen nähern darf. Ein Mordschlag bestehet aus einem 3 Zoll langen Flintenlaufe, der scharf geladen und nach dem Ende, welcher die Ladung enthält, ein Zündloch hat, und spitz ist. Dieser spitze Ende wird bey den Lichtkugeln durch die Verstrickung oder den Bund so weit geschlagen, daß der offene Ende eben noch heraussteheт. In die Brandkugeln werden die Mordschläge bey dem Kneten gelegt. Jedesmal machen die Mordschläge eine Spiral, damit nicht mehrere zugleich losgehen. Man legt auch in eine Brandkugel, gleich anfangs einige geladene Granaten, welche zuletzt krepiren und auch dadurch den Feind abschrecken, andern sich zu nähern.

Lunte.

§. 52.

Beym langsamen Feuern bringt man Pulver ins Zündloch (nachdem man vorher, wenn mit Patro-

Dieser Satz wird auf dem Feuer, so wie der oben beschriebene zubereitet und mit Hede vermischt. Der Kampfer wird bey der Hede zugleich nach und nach hineingethan.

Wenn eiserne Karkassen nicht zu haben sind: so bedient man sich eines hölzernen Gerippes, weil ohne dies die Materie nicht die Form behält. In diesem Fall muß man sich bey starken Ladungen eines Spiegels bedienen.

tronen geladen, mit einer Raumnadel ein Loch in die Patrone gesteckt hat) und zündet das Pulver mit einer Lunte.

Die Lunte bestehet aus einem Strick von Hede oder Werk, einen kleinen Finger dick, welches in Lauge von Büchen-Asche 2 bis 3 Tage gekocht ist. Nach einigen soll die beste Lunte aus Flachs oder Hanf bestehen, welches zum andernmal in der Hechel geblieben von aller Schebe reingemacht, gedrehet und in einer Lauge gekocht ist, welche bestehet:

aus 3 Theilen Ahorn- oder Eichenasche,
1 " Salpeter,
2 " Saft von frischen Kuh- oder Pferdemist, so durch einen wollenen Tuch gedrückt.

Stopinen.

§. 53.

Beym geschwinden Feuer würde das Einräumen des Pulvers ins Zündloch aufhalten. Hier bedient man sich der Stopinen oder der Geschwind-Röhrchen. Die Stopinen bestehen aus einer blechernen Röhre, in der ein doppelter Ludelfaden ist.

Die Röhre ist unten spitz und hat vier längliche Löcher, so daß der Ludelfaden die Ladung zündet, wenn er oben, wo auf der Röhre ein Näpfchen ist, in Brand gesetzt wird.

Der Ludelfaden bestehet aus 3 baumwollenen Fäden, welche in einer Vermischung von Brandtewein,

Mehl-

Mehlpulver und Kampfer eine Zeit gelegen und nachher durch einen Brey, welcher aus den obigen Materien bestehet, gezogen, und durch die Finger abgestrichen ist.

Ueber das Näpfchen ist Papier, welches bey dem Gebrauch abgerissen wird. Man überziehet auch das Näpfchen statt des Papiers mit Flanell, welcher mit Weingeist, in dem vorher Salpeter aufgelöset, getränkt ist. Alsdann braucht man nicht das Näpfchen zu öfnen, weil der Flanell das Feuer annimmt *).

Geschwindröhrchen.

§. 54.

Die Geschwindröhrchen bestehen aus einer kurzen blechernen Röhre, in der Mehlpulver oder auch feines Kornpulver über einen kleinen Dorn, der $\frac{2}{3}$ der Länge des ganzen Röhrchens ausmacht, geschlagen ist. Die ganze Länge der Geschwindröhrchen beträgt etwa $\frac{2}{3}$ des Kalibers. Ist sie mit Kornpulver geschlagen: so wird sie unten mit etwas Seife bestrichen, damit es nicht herausfällt.

Oben hat die Geschwindröhre ihr Näpfchen, so wie die Stopine. Die Stopinen werden ins Zündloch bis in die Ladung gesteckt, nnd oben in dem Näpfchen angezündet. Die Geschwind-

*) Bey der englischen Artillerie bedient man sich zinnerner Röhren zu den Stopinen, bey unserer sind sie von Meßing. Bey der französischen sind sie von Schilf und blos mit Mehlpulver gefüllt.

schwindröhrchen reichen nicht bis in die Ladung, ihr Strahl durchschlägt aber dennoch die Patronenhülse und zündet.

Bränders.

§. 55.

Wenn man nicht zu geschwind und bey trocknen Wetter feuert; so bedient man sich zu dem Abfeuern der Lunten ohne Unbequemlichkeit. Feuert man aber geschwind und ist es nicht trocken Wetter: so bedient man sich der Bränders oder Lichter. Eine Bränderhülse ist 6 bis 8 Zoll lang, hat $\frac{1}{3}$ bis $\frac{1}{4}$ Zoll im Durchmesser und doppelte Dicke des Papiers, welche durch Leim oder Kleister verbunden ist.

Die Hülse wird gestopft mit einer Vermischung von Mehlpulver, Salpeter und Schwefel, die vorher mit Leinöhl angefeuchtet ist.

12 Loth Mehlpulver,
6 = Salpeter,
5 = Schwefel, geben 40 Bränder. *)

Dampf=

*) Bey der kaiserlichen Artillerie hat man einen geschwinden und langsamen Brändersatz. Der erste bestehet aus

1 Pfund Salpeter,
12 Loth Schwefel,
6 = Mehlpulver,
3 = Antimonium.

Der 2te bestehet aus

12 Theile Salpeter,
16 = = Schwefel,
6 = = Antimonium.

Dampf=Kugeln.

§. 56.

Wenn man dem Feinde unser Vorhaben verbergen, und ihn aus Minen=Gallerien treiben will, wenn man in einem eroberten Werke oder nach einem Ausfalle den Augen des Feindes sich entziehen will, und wenn man endlich ein Werk stürmen muß, das stark vertheidigt wird: so bedient man sich der Dampfkugeln. Sie bestehen aus einer hohlen Kugel, die aus übereinander geleimten Papier gemacht und mit einem Satz der sehr dampfet, gefüllt ist. Die hohle Kugel macht man, wenn man erst um eine hölzerne einige Lagen Papier leimt, dann dies mitten durchschneidet, die beyden Halbkugeln verbindet und diese Kugel auf die obige Art verdickt.

Man füllt sie nach Braun Fundamentum Artilleriae mit einem Satz, welcher bestehet: aus

Harz	1	Pfund	13	Loth.
Pech	1	= =	9	=
Schwefel	1	= =	13	=
Mehlpulver	1	= =	13	=
Salpeter	1	= =	13	=
Kohlen	1	= =	9	=

Erst wird das Harz und der Schwefel zerlassen, dann kömmt die andere Materie hinzu und zuletzt Hede, alles so wie bey den Brandkugeln. Der Brandkugelsatz macht an sich vielen Dampf, und würde,

beyde werden mit Leinöhl angefeuchtet. Diese Bränder sind 1½ Fuß lang und haben ¾ Zoll im Durchmesser.

würde, zumal da er hier eingeschlossen, diesen Satz allenfalls ausmachen können. Man könnte um das Rasche zu hemmen und den Dampf zu vermehren, vielleicht mit Nutzen noch etwas mehr Pech nehmen.

Will man auf eine beträchtliche Distanz Dampf verursachen, so muß man die Bomben mit Brandkugelsatz füllen, und sie, wie die mit geschmolzenen Zeug gefüllten, anfeuern.

Brandkugeln bey Kanonen.

§. 57.

Bey Kanonen kann man sich nicht der gewöhnlichen Brandkugeln bedienen. Man hat bey der englischen Artillerie aber eine Art Brandkugeln für die Kanonen, welche aus Brandsatz bestehen, der um eine kleine Kugel von Bley oder Eisen nach und nach geschlagen ist. Dieser Brandsatz bestehet aus Schwefel, Pech, Terpentin und Harz, ist jedoch bey dem letzten Ueberzuge mit Kornpulver stark versetzt. Kugeln von geschmolznen Zeug, würden wahrscheinlich dieselben Dienste thun und vielleicht heller brennen. Bey der französischen Artillerie (Scheel Mem. d'Art. S. 199.) macht man Kanonen-Brandkugeln auf folgende Art: man läßt 1½ Pfund Schwefel und ¼ Pfund Hammeltalg zergehen, thut 8 Unzen Salpeter, 2 Unzen Allaun und ein wenig gestossen Antimonium und zuletzt 8 Unzen Pulver hinzu. Wenn alles wol vermischt ist: gießet man es in eine Form, welche die Gestalt der Kugel hat. Es verstehet sich von selbst, daß man diese Kugeln taufen, und daß man Brandlöcher in ihnen anbringen und mit Brandröhrensaz vollschlagen muß. Obgleich diese Körper so hart werden, daß sie keines Bundes bey schwachen Ladungen bedürfen: so wird es doch immer gut seyn, daß man sie allenfalls mit geglüeten Eisendrath bestrickt.

Glüende Kugeln.

§. 58.

Wenn man glüende Kugeln schießen will: so sucht man die kleinsten dazu aus, weil sie durch die Hitze größer werden; so daß die großen den durchaus erforderlichen Spielraum durch die Ausdehnung verlieren könnten. Man glüet sie auf folgende Art: man legt einige Stäbe Eisen, mit beiden Enden auf Steine, macht unter dasselbe ein Feuer, und führt sie von dieser Roste mit einer Zange oder Kelle, oder mit einer auseinander gebogenen Ladeschaufel ins Stück, nachdem es geladen und gerichtet ist. Das Laden geschiehet auf die gewöhnliche Art, nur wird ausser dem ordinairen Vorschlag aufs Pulver, noch einer von Rasen genommen.

Da man gewöhnlich dem Stück beym Gebrauch der glüenden Kugeln einige Elevation giebt: so läuft die Kugel von selbst bis auf die Ladung.

Feuert man ohne Elevation: so legt man die Kugel in eine blecherne Büchse und schiebt sie herunter, oder man setzt vor sie einen Vorschlag von nassen Werk. Hier sind die Ansetzer mit Flegeln, der Gefahr wegen, von Nutzen. Bedient man sich der Patronen: so fällt der ordinaire Vorschlag weg.

 Pech-

Pechkränze und Brandzeug.

§. 59.

Wenn man einen Ort erleuchten will, in dem man sich befindet, oder wenn man brennbare Materien in Brand setzen will, zu denen man kommen kann: so braucht man dazu kein Geschütz und also auch keine Brand und Lichtkugeln, so ist es genug, wenn man nur Körper hat, welche anhaltend brennen und ein gutes Licht geben.

Die Pechkränze, welche hierzu am gebräuchlichsten sind, bestehen aus einem Kranz, der etwa 6 Zoll im Durchmesser hält und von losgewickelten Lunten gemacht ist.

Man kann auch statt des Kranzes eine Art Faschinen nehmen, etwa 12 bis 15 Zoll lang und 4 bis 5 Zoll im Durchmesser.

Die Composition worin die Pechkränze und Faschinen gekocht werden, ist:

Schwarz Pech.	18	Pfund.
Weiß	9	=
Hammel = Talg	4	=
Leinöhl	1	=
Terpentinöhl	1	=

Erst läßt man das Pech zergehen, hernach thut man den Talg und das Oehl hinzu. Ist alles wohl melirt: so wirft man die Körper hinein und läßt sie 8 bis 10 Minuten kochen, darauf nimmt man sie heraus und wirft sie ins Wasser, bis der Satz kalt ist. Jetzt taucht man sie von neuen noch ein=

einmal in den Satz, nachdem derselbe nicht mehr so flüssig ist. Das Oehl kann man allenfalls entbehren.

Raketen.

§. 60.

Die Raketen sind Hülsen von Papier, welche mit einem gewissen Satz brennbarer Materien gefüllt sind.

Man bedient sich der Raketen, zu Signalen, auch kann man durch sie Dörfer und Magazine in Brand setzen.

Den Durchmesser einer Hülse nennt man ihren Kaliber. Ist derselbe so groß, als der Durchmesser einer 12löthigen kleinern Kugel: so nennt man sie 12löthig. Ist er so groß, als der Durchmesser einer pfündigen bleiernen Kugel: so heißt sie pfündig u. s. in a. F.

Raketen-Stöcke.

§. 61.

Die brennbare Materie wird in die Hülsen geschlagen, damit aber dieselbe nicht zerplatzet: so steckt man sie beym Füllen in eine hölzerne Röhre, die man Raketenstock nennt.

Ein Raketenstock bestehet:

1) Aus einer hölzernen Röhre, die zu ihrer Oefnung einen Durchmesser hat, der den Kaliber der Rakete, welche man darin machen will, gleich ist, und welche 9 dieser Durchmesser zur Höhe hat.

2) Aus einem Fuß, auf welchen die Röhre gestellt wird. Dieser Fuß ist in der Mitte mit einem Cylinder versehen, dessen Höhe dem Diameter des Raketenstocks gleich ist, und auf dessen obern Theil sich eine Halbkugel befindet die $\frac{3}{8}$ des Diameters groß ist. Auf der Mitte der Halbkugel stehet ein eiserner Dorn, der 7 Kaliber hoch und unten $\frac{1}{4}$ Kal. dick ist.

Sowol durch die erste Röhre, als durch den Cylinder, der am Fuße ist, gehet ein Loch, durch den man einen eisernen Nagel stecken kann, um beide Theile mit einander zu verbinden.

Hülsen.

§. 62.

Die Raketenhülsen werden von Papier gemacht, sie haben in Lichten $\frac{5}{8}$ und also an jeder Seite $\frac{1}{8}$ des ganzen Durchmessers.

Die Verfertigung geschiehet auf folgende Art: Man wickelt das Papier um einen Cylinder, der $\frac{5}{8}$ Kaliber dick ist, und legt diesen Cylinder mit dem Papier auf ein Brett, welches einen Einschnitt hat, drückt mit einem andern Brete darauf und drehet den Cylinder um; das letzte Papier schneidet man schräg ab, damit es nicht nachher abstehet. Hat man so viel Papier feste darum gewickelt, daß nur noch eben die Hülse in den Stock gehet, so wird sie gewürgt.

Man ziehet den Cylinder oder den Winder, um den das Papier zuerst gewickelt ward, ein Ka-

liber

über lang aus der Hülse. In den hohlen Ende steckt man einen andern Cylinder, doch nicht so weit, daß er den ersten berührt, und windet um den hohlen Theil eine Schnur, die an dem einen Ende an einem Ständer, und mit dem andern zwischen den Beinen durch, an einem Stab befestigt ist; so daß man die Schnur in der man die Hülse mit den Händen hält, durchs Zurücklehnen anziehen und die Hülse zwischen beiden Cylindern, indem man sie ein wenig drehet, zusammenwürgen kann.

Nun steckt man die Hülse in den Stock und schlägt auf den einen Cylinder, welcher drin sitzen bleibt, einigemal, damit die Oefnung sich nach dem Dorn in der Halbkugel oder Warze bilde.

Um den dünnen oder gewürgten Theil, wird ein Bindfaden in Feuerwerksknoten gebunden und zu mehrerer Befestigung geleimt; auch wird der öbere Theil der Hülse, nachdem er aufgelöset, in Leim getaucht, damit er nicht beym Schlagen beschädigt werden kann.

Satz.

§. 63.

Der Satz bestehet aus, Salpeter, Kohlen und Schwefel. Alle Theile ausser den Kohlen werden fein gerieben und mit einander auf das genaueste vermischt.

Der Satz wird stärker, oder die Rakete gehet rascher, wenn man mehr Salpeter und Pulver nimmt. Durch die Kohlen und den Schwefel wird er schwächer; wenn sonst die Quantität dieser Materie nicht allzu gering gegen die Quantität jener ist.

Raketen von großen Kalibern sollen, wenn sie den Satz der kleinen haben, die Hülse sprengen; aus dieser Ursach giebt man ihnen einen schwächern, als jenen.

Sätze lassen sich wegen der verschiedenen Beschaffenheit der Materien nicht genau bestimmen, und man muß daher jedesmal erst mit einem angenommenen Satze Versuche machen. Bey ganz kleinen Raketen nimmt man blos Mehlpulver und wenige Kohlen. Bey den 1pfündigen nimmt man ausser dem Mehlpulver und Kohlen auch Salpeter und Schwefel.

Nach den Simlenowicz nimmt man zu 16- bis 31löthigen:

9 Pfund Mehlpulver,
4 = Salpeter,
2 = Kohlen, so nicht feingestoßen,
1 = Schwefel.

Nur durch Versuche mit verschiedenen Sätzen, findet man die welche den schönsten Strahl geben.

Unsere Raketensätze sind nach Versuchen dieser Art bestimmt, und werden vielleicht von keinen übertroffen.

Nimmt man mehr Salpeter und weniger Pulver: so wird das Feuer weisser. Grobe Kohlen geben einen stärkern Strahl, machen den Satz

aber

aber fauler, als andere. Nimmt mau weniger Salpeter: so muß man auch weniger Kohlen und Schwefel nehmen.

Schlagen.

§. 64.

Man steckt die Hülse in die Röhre, giebt in dieselbe mit einer kleinen Schaufel eine kleine Quantität und schlägt diese vermittelst eines hölzern Klöppers oder einer kleinen Ramme und eines hölzernen Cylinders, welcher inwendig so weit, als es der Dorn erfordert, hohl ist, feste.

Man thut jedesmal etwa 4 bis 5 Schläge und giebt so viel Satz hinein, daß dadurch ein Kaliber der Höhlung gefüllt wird, nachdem die Materie feste geschlagen.

Man bedient sich zu den Schlagen 3 verschiedener Cylinder, von welchen die letztern kleinere Höhlungen haben, damit die Höhlung oder die Seele in den Raketen, nach und nach, so wie der Dorn, abnimmt.

Ueber dem Dorn muß die Rakete noch einen Kaliber lang seyn. Dieser Theil wird mit einem vollen Ladestock geschlagen.

Soll die Rakete keinen Schlag haben: so wird sie nur oben gewürgt und gebunden. Soll sie einen Schlag haben: so kömmt auf den Satz ein Spiegel von Holz, welcher in der runden Oberfläche eine Hohlkehle hat und übrigens durchlöchert ist. In die Hohlkehle wird die Hülse gewürgt und gebunden, auf den Spiegel kömmt das Pulver, welches den Schlag ausmacht. Zuletzt wird die Hülse gewürgt, gebunden und geleimt und mit einem spitzen Hölchen versehen, damit sie die Luft besser durchschneidet.

Raketen=Bohren.

§. 65.

Ist in dem Raketen=Satz kein eiserner Dorn: so bekömmt die Rakete keine innere Höhlung oder Seele und alsdann muß diese noch darin gebohrt werden, welches auf verschiedene Art geschehen kann. Die Oefnung muß so gebohrt werden, wie sie durch den Dorn, wenn man denselben gehabt hätte, seyn würde.

Diese Arbeit erfordert einige Fertigkeit, am besten wird ein Drechsler sie verrichten können; jedoch steigen auch nicht concentrisch gebohrte Raketen sehr gut.

Raketen=Ruthen ꝛc.

§. 66.

Wenn man die Raketen steigen lassen will: so muß man ihnen ein Gegengewicht geben, weil sie sonst nicht perpendiculär gehen würden.

Man bindet an die Rakete eine Ruthe, welche etwa siebenmal so lang, als die Rakete ist und eine solche Schwere hat, daß der Schwehrpunkt 2 bis 3 Zoll von der Rakete fällt.

Damit die Raketen leicht angezündet werden können: so giebt man ihnen eine Anfeuerung. Wenn man

man Raketen steigen lassen will: so befestigt man 2 Latten an 2 Säulen und in diese schlägt man oben und unten einen Nagel; so daß man die Raketen an ihnen vertikal befestigen kann.

Höhe welche die Raketen erreichen.

§. 67.

Nach Beobachtungen welche zu Hannover im October 1786. angestellt sind, stiegen die bey der Hannöverischen Artillerie gemachten Raketen in Calenberger Fuß:

	1pfünd.	¾pf.	½pf.	10löth.	
	3403	2759	1485	2599	Fuß.
	8581	2599	3403	3788	=
	6858				
	3788	4887	6858	1649	=
	5709				
mittlere Höhe	5688	3482	3915	2679	=

Hieraus siehet man, daß die pfündigen, welche am schlechtesten steigen, doch noch 3400 Fuß, zu Zeiten aber 8500 erreichen. *)

Robins hat bemerkt, daß die von da Costa gemachten Raketen besser, als die von andern stiegen, gleich=

*) Robins ordinaire Raketen erreichten nur 1500 höchstens 1800 Fuß. Die höchsten von dem Herrn da Costa, von 1½ Zoll oder etwa ¼ Pfund stiegen 2229, die von 2½ Zoll oder 3 Pf. erreichten 2640 bis 3762 Fuß, 4zollige oder 12pfündige stiegen nur 2100 Fuß.

Man hat hier englische Fuß gebraucht, diese unterscheiden sich aber wenig von den Calenbergischen. Böhms Magazin 4r Band, S. 283.

gleichwol haben diese bey weiten nicht die Höhe derer erreicht, welche bey unser Artillerie gemacht sind. Vielleicht kann man Raketen machen, welche unsere übertreffen; hier fehlen noch Versuche.

Es scheinet aus der Erfahrung zu folgen: daß Raketen, welche stark geschlagen sind, und also mehr raschen Satz, als andere enthalten, bey einem Kaliber höher, als andere steigen, und daß eine größere Länge als 7 Kaliber, überflüßig ist, indem alsdann der Satz fauler seyn muß, wenn die Rakete nicht krepiren soll, und also langsamer steigt.

Erfahrung bey denen ich gegenwärtig gewesen, haben gezeigt, daß man eine pfündige Rakete auf 6 geographische Meilen noch in der Nacht sehen kann.

Wegen der Krümme der Erde würde man sie bis auf 15 Meilen sehen können; allein ihr Sehewinkel ist auf dieser Weite so klein, daß man sie mit den bloßen Augen nicht wahrnehmen kann. Vielleicht würde man sie mit dem Fernrohr weiter, als mit den bloßen Augen sehen. *)

*) Bey Robins Versuchen, Böhms Magazin 4r Band, S. 287. hat man auf 40 Englische oder etwa 8½ geographische oder ordinaire deutsche Meilen Raketen noch steigen sehen; und nur auf 50 Englische oder 10 bis 11 geographischen Meilen sind sie mit den bloßen Augen nicht wahrgenommen. Vielleicht sind dies Raketen von starken Kaliber gewesen. Vielleicht kann man aber auch die pfündigen weiter als 6 Meilen sehen.

Drit-

Drittes Capitel.

Bestand der Feld-Artillerie.

Menge des Geschützes.

§. 68.

Man führt im Felde 1 bis 12pfündige Kanonen und 7 bis 30pfündige Haubitzen. Seit geraumer Zeit hat jedes Bataillon 2 Stück 3 oder 4pfündige Kanonen. Im letzten Kriege hat man diese Anzahl bey der Preußischen und Oesterreichischen Armee noch vermehrt und schwerere Kaliber dazu genommen. Ausser diesen hat jede Armee noch eine Anzahl von den obenbenannten schweren Kalibern, ohngefehr doppelt so viel Stücke, als Bataillons. Diese nennt man das Park- oder Schwere Geschütz; sie stehen zum Theil bey einander, wenn sich die Armee im Lager befindet, und machen mit einigen andern Dingen, welche zu dem Geschütz und der Armee gehören, den Park aus. *)

Mann-

*) Bey der Dänischen Artillerie hat jedes Bataillon 2 Stück 3pfündige Kanonen, ausserdem haben 20 Mousquetier und 5 Grenadier-Bataillons:

8	Stück	12pfündige	Kanonen,		
16	"	6	"	"	"
8	"	3	"	"	"
8	"	1	"	"	"
8	"	10	"	Haubitzen.	
48	Stück.				

In

Mannschaft zur Bedienung.

§. 69.

Eine jede Feld-Kanone kann durch 6 Mann, und wenn sie nicht über 300 Pfund schwer, durch 5 Mann,

In den preußischen Armeen hatte ehedem jedes Bataillon im ersten Treffen 2 Stück 6pfündige Kanonen und eine 7pfündige Haubitze. Im 2ten Treffen hatte das Bataillon nur 2 Stück 3pfündige Kanonen.

Ausser dem Bataillon-Geschütz waren im letzten Bayrischen Erbfolge-Kriege 1778., bey der Armee des Königes, welche aus 80 Bataillonen bestand:

40	Stück	schwere	12pfünder.
20	=	mittlere	12 =
50	=	leichte	= =
10	=	schwere	6 =
40	=	leichte	6pfündige Kanonen und 7pfündige Haubitzen.

160 Stück ohne die 10pfündigen Haubitzen.

Jetzt hat jedes Bataillon im ersten Treffen 2 Stück 6pfünder und im 2ten 2 Stück 3pfünder; das Regiment also 6 Stück, indem es 3 Bataillon formirt, statt es sonst nur 2 Bataillon, ausser den beyden Grenadier-Kompagnien ausmachte.

Nimmt man an, daß die preußische Feld-Infanterie 180 Bataillon stark ist: so würden die preußischen Armeen, wenn man auch die Garnison und Freybataillons nicht in Anschlag brächte, 360 Stück bey den Bataillon und eben soviel im Park, also wenigstens 720 Stück führen.

Die

Mann, wie man in der Folge sehen wird, bedient werden. Damit indes die Bedienung geschwind geschie-

Die oesterreichischen Armeen sollen noch mehr Geschütz als die preußischen ins Feld bringen. Im Kriege 1778. hatte jedes Bataillon:

2 Stück 3pfündige Kanonen,
1 12pfündige,
1 6 , und
1 7 , Haubitze,

---

also 5 Stück.

Nach dem neuen Gesetzbuche für die K. K Armee, hat jetzt jedes Bataillon 3 Stück 6pfünder. Eben soviel soll man ohngefähr auf jedes Bataillon an Park-Geschütz mit sich führen; so daß also hier auf jedes Bataillon 6 Stücke kämen, statt man bey der preußischen, Französischen, dänischen und den meisten andern Armeen nur 4 rechnet.

Jedes Bataillon soll bey den französischen Armeen in der Folge 2 Stück 4pfünder im Felde beständig bey sich haben.

Ausserdem wird man nach einem vorläufigen Anschlag auf 68 Bataillon mit sich führen:

32 Stück 12pfünder,
56 , 8 ,
32 , 3 ,
4 , 6zollige Haubitzen.

---

124 Stück, mithin auf jedes Bataillon incl. der Regiments-Kanonen etwa 4 Stück.

Die

schiehet: so hat man den schweren Kalibern 12 bis 16 und den leichtern 8 Mann gegeben.

Bey jedem Geschütz muß wenigstens 1 Unterofficier seyn und bey 2 bis 4 Kanonen ein Officier. *).

Soll

Die Englische Armee hat keinen festgesetzten Park. Sonst führte das Bataillon 2 Stück sehr leichte 6pfünder; nachher hat man ihn 2 Stück schwerere 3pfünder geben wollen.

*) Bey der französischen Artillerie ist die Stärke und Eintheilung der Mannschaft nach dem Geschütz regulirt; 8 Kanonen machen eine Brigade aus. Diese werden im Frieden, wenn es 3pfünder sind, durch eine Kompagnie, welche aus 1 Kapitain, 5 Sergeanten, 40 Gemeinen und 1 Tambour bestehet, bedient.

Diese Kompagnie wird im Kriege bis zu 70 Mann vermehrt. Sie ist in 8 Korporalschaften getheilt, so daß jede Kanone ihre Korporalschaft hat. Ausserdem, werden 2 Kanonen durch einen Sergeanten und einen Officier und das Ganze durch den Kapitain commandirt. Der 5te Sergeant hat während der Bataille die Munition unter sich. Jede Korporalschaft hat ihr Geschütz und ihre Munition, so wie jeder Sergeant und Officier. Bey dem Geschütz, bey dem die Mannschaft, die Officiere und Unterofficiere eingetheilt sind, bleiben sie, und es liegt ihnen auf, dafür zu sorgen, daß sowol das Geschütz, als die Munition in brauchbaren Stande erhalten wird.

Bey 4 Kompagnien ist ein Brigade-Kommandant, welcher mit dem Major im Rang stehet. Jedes

Soll eine Kanone durch die Mannschaft gezogen werden! so muß man wenigstens auf jeden Centner 1 Mann rechnen. *).

Pfer-

des Regiment bestehet aus 14 Kanonier- 2 Sapeur- und 4 Bombardier-Kompagnien. Da nur die Kanonier- und Sapeur-Kompagnien zur Bedienung der Kanonen gebraucht werden: so hat jedes Regiment auch nur 4 Brigade Commandanten. Ausserdem hat es einen Major, welcher das Detail des Ganzen führt. Und endlich hat es noch 1 Oberst-Lieutenant und 1 Obersten.

Die Bombardiere sind bey den Haubitzen und der Munition, welche im Park ist, angestellt.

*) Die französischen 600 Pfund schweren 4pfünder werden durch 8 Mann, die 1200 Pfund schweren 8pfünder durch 11, und die 1800 Pfund schweren 12pfünder durch 15 Mann bedient und gezogen.

Bey dem preußischen 600 Pfund schweren 3pfünder hat man 8 Mann, bey dem 9 0 Pfund schweren 6pfünder 12 und eben soviel bey der 800 Pfund schweren 7pfündigen Haubitze. Diese bewegen das Geschütz in jedem Terrain.

Der österreichische 400 Pfund schwere 3pfünder wird durch 6 Mann avancirt und bedient; der 6pfünder durch 8 Mann und ein Pferd; der 12pfünder durch 12 Mann und 1 Pferd.

Bey der dänischen Artillerie hat man sowol bey dem 2400 Pfund schweren 12pfünder, als dem 600 Pfund schweren 3pfünder 12 Mann.

Pferde zum Transport des Geschützes und der Munition.

§. 70.

Zu der Fortbringung der Munition rechnet man auf jede 200 bis 300 Pfund des Geschützes, und auf jede 400 bis 600 Pfund der Munition Ein Pferd.

Bey größern Lasten muß man weniger als bey mittlern Lasten auf ein Pferd rechnen. *)

Mu=

*) Nach dem Artilleriedienst im Felde für den Subaltern-Officier und Hauptmann, rechnet man, bey einem Fuhrwerk von

4 Pferden auf jedes 6 Centner.
6 , , , 5 ,
8 , , , 4½ ,
12 , , , 4 ,

Die französischen 600 Pfund schweren 4pfünder werden durch 3 bis 4 Pferde; die 1200 Pfund schweren 8pfünder durch 4; und die 1800 Pfund schweren 12pfünder durch 6 Pferde gezogen.

Zu dem Gewicht der Kanonen kämen hier noch 15 bis 18 Schuß bey dem 4 und 8pfünder, welche sich auf der Protze befinden.

Dem dänischen 2400 Pfund schweren 12pfünder giebt man 10 Pferde;

Den 1200 Pfund schweren 6pfünder 6 Pferde
, 600 , , , 3 , 4 ,
, 400 , , , 3 2 ,

Die

Munition welche man bey dem Geschütz führt.

§. 71.

Bey jedem Geschütz werden etwa 200 Schuß geführt. $\frac{1}{4}$ davon bis $\frac{1}{3}$ bestehet in Kartätsch-Schüssen. *)

Bey

Die englischen 600 Pfund schweren 6pfünder werden durch 2 Pferde gezogen.

Die preußischen 600 schweren 3pfünder haben 4 Pferde, die 900 Pfund schweren 6pfünder 6 Pferde und die 800 Pfund schweren 7pfündigen Haubitzen eben so viel.

Diese Pferde haben aber ausser den Kanonen noch etwa 40 Schuß, welche auf der Protze sind, zu ziehen.

Die französischen 4spännigen Munitions-Wagen führen, der 12pfündige 2337 Pfund; der 4pfündige 2025 Pfund.

*) Man wird in dem, was in der Folge über die Wirkung der Trauben vorkömmt, das Verhältniß der Kugel- und Traubenschüße näher untersuchen.

Bey der kaiserlichen Armee hat der 3pfünder 200 Schüsse; 16 Kartätsch- und 40 Kugelschüsse auf der Protze und 24 Kartätsch- und 144 Kugelschüsse in dem Munitionswagen. Der 6pfünder hat in allen 212 Schüsse; 36 Kartätschschüsse auf der Protze und die übrigen 176 Kugelschüsse im Munitionswagen. Bey dem 12pfünder sind 34 Kartätschschüsse bey der Kanone, und 106, worunter 10 Kartätschschüsse im Wagen. Bey dem 3pfünder bestehet also der $\frac{1}{5}$ Theil der Schüsse in Kartätschen; bey dem 6pfünder machen die Kartätschen

Bey dem Bataillon = Geschütz hat man meistens eine gewisse Anzahl Schüsse in einem Kasten auf der Protze, damit man, wo es auch sey, gleich zum Feuer kommen kann.

Ehe=

den 4ten, und bey dem 12pfünder den 3ten Theil der ganzen Anzahl der Schüsse aus. Bey der 7pfündigen Haubitze führt man 90 Granat = und 16 Traubenschüsse, und ausserdem 4 Brandkugeln.

Bey den preußischen Regiments = Kanonen hat der 3pfünder 90 Kugel = und 20 Kartätschschüsse, der 6pfünder 80 Kugel = und 20 Kartätschschüsse, und die 7pfündige Haubitze 60 Granat = und 18 Kartätschschüsse, 3 Brandkugeln, 2 Lichtkugeln und 2 Rebhünergranaten. Mithin bestehet hier der 5te Theil etwa aus Kartätschen. Die übrige Munition ist im Park.

Bey dem 12pfünder hat man 130 Kugel = und 20 Kartätschschüsse, bey dem 6pfünder von den ersten 30 und den letzten 150.

Der englische 3pfünder soll jetzt 100 Kugel = und 100 Kartätschschüsse mit sich führen.

Bey dem dänischen 12pfünder hat man 44 Kartätsch = und 128 Kugelschüsse; bey dem 6pfünder 166 Kugel = und 53 Kartätschschüsse; bey dem 3pfünder 58 Kartätsch = und 176 Kugelschüsse.

Die 10pfündige Haubitze hat 25 Kartätsch = und 76 Granatschüsse nebst 12 Brandkugeln.

Bey der dänischen Artillerie bestehet also etwa der 4te Theil der Schüsse in Kartätschen.

Ehedem hatte man in einem kleinen Kasten in der Lafete diese Munition, da aber diese Kasten hier verlohren giengen und andere Unbequemlichkeiten oft bey demselben eintraten: so hat man ihn jetzt auf der Protze angebracht.

Bey den schwerern Kanonen lassen sich die Munitions-Kasten nicht so gut, als bey den leichtern anbringen; gleichwol haben bey der französischen Artillerie die 8pfünder, bey der preußischen die 6pfünder und bey der kaiserlichen sogar auch die 12pfünder ihre Munition beständig in einem Kasten auf der Protze oder in der Lafete.

Sollen 200 Schuß bey dem Geschütz geführt werden: so muß jeder 3pfünder einen Wagen mit 3, jeder 6pfünder einen mit 4 bis 6, und jeder 12pfünder zwey mit 4 bis 6 Pferden bey sich haben.

Die 7pfündige Haubitze erfordert ebenfalls 2 Wagen mit 4 Pferden, wenn 200 Schuß geführt werden sollen.

Uebrige Bedürfnisse einer Feld-Artillerie.

§. 72.

Da es leicht seyn kann, daß eine Lafete in einer Action so beschädiget wird, daß man nicht mehr auf ihr das Geschütz fortbringen kann: so hat man Lafeten ohne Kanone bey sich, auf welchen alsdann die Kanonen der beschädigten Lafeten gelegt und fortgebracht werden. Bey einigen Artillerien hat man auf jede 8 Stück eine Vorraths-Lafete, bey andern hat man nur Eine auf 16, und wieder bey andern Eine sogar auf 4.

Da man nicht leicht Bohlen findet, aus denen man Lafetenwände machen kann: so scheint es, als wenn man ihrer wenigstens nicht gänzlich entbehren könnte. Ausser den Vorraths-Lafeten führt man bey jeder Batterie oder bey 8 Stück wenigstens ein Rad, eine Achse, einige Felgen rc. damit man, wenn etwas zerbricht, sich gleich helfen kann.

Bey einigen Artillerien sind diese Dinge auf der Vorraths-Lafete, bey andern aber auf besondern Wagen.

Um die eintretenden Reparationen gleich besorgen zu können: so hat man im Felde sowol eine Schmiede als Rademacherey.

Einige rechnen auf 4, andere auf 8, und noch andere auf 16 Stück, eine Feldschmiede mit 2, und einen Wagen mit 4 oder 6 Pferden, welcher die Kohlen, das Handwerkszeug rc. führt.

Zu dem Wagenschmier und glüenden Kugeln-Geräth, hat man bey 8 oder bey 16 Stück einen Wagen mit 4 oder 6 Pferden.

Dies ist ohngefähr das, was durchaus bey dem Geschütz erfordert wird. Es werden aber im Felde bey der Artillerie gewöhnlich noch andere Dinge geführt, als: die Infanterie-Patronen, das Schanzzeug, die Pontons, die tragbaren Brücken und Pulver zum Minen.

Feld-

Feld = Artillerie.

§. 73.

Kurze Uebersicht des Bestandes einer Feld-Artillerie für 32 Bataillons ordinaire und 4 Bataillons leichte Infanterie.

3pfünder, 600 Pfund schwer.

64 Stück, also für jedes Bataillon regulaire Infanterie 2 Stück, jedes mit 3 Pferden bespannt, und durch 10 Mann und 1 Unterofficier bedient, giebt:
192 Pferde, 96 Knechte, 704 Kanon. incl. U. O.

64 Munitions = Wagen, jeden mit 200 Schuß, und 3 Pferde, so daß also jede Kanone einen Wagen hat,
192 Pferde, 96 Knechte.

4 Stück Vorraths = Lafeten, jede mit 2 Vorraths-Rädern und mit 200 Pfund Wagenschmier beladen; so daß auf 2 Brigaden 1 Vorraths = Lafete und 2 Vorraths = Räder kommen, wenn man die Brigade zu 4 Bataillon und also zu 8 Kanonen annimmt. Jede Lafete mit 3 Pferden bespannt, giebt:
12 Pferde, 6 Knechte.

---

396 Pferde, 198 Knechte, 704 Kan. und U. O.

1½pfünder, 450 Pfund schwer.

8 Stück, also für jedes Bataillon leichte Infanterie 2 Stück. Jedes mit 2 Pferden bespannt und von 7 Mann bedient, giebt:

16 Pferde, 8 Knechte, 56 Kanon. u. Unt. O.

8 Karren, jede mit 200 Schuß und ein Vorraths-Rad beladen und mit 2 Pferden bespannt:
16 Pferde, 8 Knechte,

---

32 Pferde, 16 Knechte, 56 Kanon. u. Unt. O.

12pfünder, 2000 Pfund schwer.

16 Stück 12pfünder, also 2 Brigaden oder 2 Batterien. Jedes Stück mit 10 Pferden bespannt und mit 20 Mann bedient, macht:
160 Pferde, 80 Knechte, 320 Kanonier.

48 Munitions-Wagens, jeden mit 64 Schuß beladen und mit 4 Pferden bespannt; so daß also jede Kanone 3 Wagen und beinahe 200 Schuß hat,
192 Pferde, 96 Knechte,

2 Stück Vorraths-Lafeten, von der jede mit 2 Vorraths-Rädern beladen ist, damit man auf jede Batterie 2 Vorraths-Räder und 1 Vorraths-Lafete hat; jede mit 6 Pferden bespannt,
12 Pferde, 6 Knechte.

---

364 Pferde, 182 Knechte, 320 Kanonier.

6pfünder, 1200 Pfund schwer.

48 Stück, also 6 Brigaden oder 6 Batterien, wenn man jede zu 8 Stück nimmt; jedes Stück mit 6 Pferden bespannt u. durch 15 Mann bedient, macht:
288 Pferde, 144 Knechte, 720 Kanonier.

120 Munitions-Wagens, für 2 Stück also 5 Wagens, jeder Wagen mit 4 Pferden bespannt, damit

mit auf jedes Stück 200 Schuß geführt werden können,

480 Pferde, 240 Knechte,

6 Reserve-Lafeten, auf jeder 2 Vorraths-Räder, und also für jede Batterie eine Vorraths-Lafete und 2 Vorraths-Räder; jede Lafete mit 4 Pferden bespannt, giebt:

24 Pferde, 12 Knechte,

---

792 Pferde, 396 Knechte, 720 Kanonier.

7pfündige Haubitzen, 800 Pfund schwer.

8 Stück, welche 2 Batterien formiren, jedes mit 6 Pferden bespannt und durch 12 Mann bedient, macht:

48 Pferde, 24 Knechte, 96 Bombardiere.

16 Stück Munitionswagen, auf jede Haubitze also 2 Wagen; jeden Wagen mit 75 Schuß, also auf jede Haubitze 150 Schuß. Jeden Wagen mit 4 Pferden, giebt:

64 Pferde, 32 Knechte,

1 Vorraths-Lafete und 2 Vorraths-Räder auf derselben:

6 Pferde, 3 Knechte,

---

118 Pferde, 59 Knechte, 96 Bombardiere.

20 oder 30pfünd. Haubitzen, 1200 Pf. schwer.

4 Stück, welche eine Batterie formirt, jede mit 8 Pferden bespannt und durch 16 Mann bedient, macht:

32 Pferde, 16 Knechte, 64 Bombard.

12 Munitions-Wagen, so daß bey jeder Haubitze 100 Granaten- und einige Traubenschüsse sind, nebst einigen Brand- und Lichtkugeln, macht:
48 Pferde, 24 Knechte.

---

80 Pferde, 40 Knechte, 64 Bombardiere.

3pfündige Kanonen, theils als Reserve, theils zu geschwinden Ausrichtungen.

24 Stücke, also 3 Batterien, erfordern nach dem anfangs gegebenen Anschlag,
148 Pferde, 74 Knechte, 264 Kanoniere.

Uebrige Bedürfnisse.

4 Wagen mit Wagenschmier, jeden mit 4 Pferden:
16 Pferde, 8 Kn.

4 Feldschmieden, jede mit 4 Pferden bespannt,
16 Pferde, 8 Kn.

8 Rademacher- Kohlen- und Eisen-Wagen,
32 Pferde, 16 Kn.

21 Wagen mit Zeltern und allerley andern Erfordernissen, von denen bey jeder Batterie Einer; jeder mit 4 Pferden, giebt: 84 Pferde, 42 Kn.

1 Pferde-Medicin-Wagen, 4 Pferde, 2 Kn.

27 Fourage-Wagen, von denen jede Batterie der 3pfündigen Kanonen 1, der 12pfündigen 2, der 6pfündigen 1½ und der 30pfünd. Haubitze 2 bekömmt; jeden zu 4 Pferde, macht:
108 Pferde, 54 Kn.

---

260 Pferde, 130 Kn.

Re-

Recapitulation.

Das Bataillongeschütz, hier 64 Stück 3pfünder,
396 Pferde, 198 Knechte, 704 Kanoniere.
Geschütz der leichten Infant. hier 8 Stück 1½pf.
32 Pferde, 16 Knechte, 56 Kanon.
2 Batterien 12pfünder, oder 16 Stück:
364 Pferde, 182 Knechte, 320 Kanon.
6 Batterien 6pfünder, oder 48 Stück:
792 Pferde, 396 Knechte, 720 Kanon.
2 Batterien 7pfündige Haubitzen, oder 8 Stück:
118 Pferde, 59 Knechte, 96 Kanon.
1 Batterie 20 bis 30pf. Haub. oder 4 Stück:
80 Pferde, 40 Knechte, 64 Kanon.
3 Batterien 3pfünder oder 24 Stück:
148 Pferde, 74 Knechte, 264 Kanon.
Zu verschiedenen Bedürfnissen:
260 Pferde, 130 Knechte,

2190 Pferde, 1095 Knechte, 2224 Kanoniere.

Man hat hier, wenn man alles rechnet, 23 Batterien, die ausser den 3 Haubitzen=Batterien, jede aus 8 Stück bestehen. Es kommen also hier auf die Batterie 95 Pferde und mit den Knechten 144 Menschen; also auf das Stück im Durchschnitt beynahe 13 Pferde und ohngefehr 19 Menschen. *)

Din=

*) Die Hannöverische Feld=Artillerie im 7jährigen Kriege 1762. war in 4 Divisionen getheilt.

Die 1ste **Division** bestand aus 8 Stück 30pfündigen Haubitzen; jede Haubitze hatte 8 Pf. und 2 Wagen; jeder Wagen war mit 6 Pferden bespannt und enthielt:

30

Dinge die im Park geführt werden und nicht eigentlich zur Artillerie gehören.

§. 74.

Ausser denen Dingen welche oben zur Feld-Artillerie gerechnet sind, werden bey einer Armee noch ver-

30 Stück Bomben,
10 = Brandkugeln,
5 = Lichtkugeln,
10 = Granat-Trauben.

Alle erforderten also 160 Pferde und 60 Knechte.

Die 2te Division bestand aus 12 Stück 12pfündigen Kanonen, wovon jede 12 Pferde und 2 Stück 6spännige Wagen hatte, die 100 Kugel- und 40 Traubenschüsse geladen.

Alle hatten also 288 Pferde, und etwa 100 Knechte.

Die 3te Division bestand aus 12 Stück 6pfündigen Kanonen, wovon jede mit 6 Pferden bespannt war. Jede Kanone hatte einen Wagen mit 6 Pferden, welcher 70 Kugel- und 30 Traubenschüsse geladen. Ausserdem befanden sich 27 Kugel- und 13 Traubenschüsse in der Lafete.

Es hatte also die Division 144 Pferde und etwa 50 Knechte.

Die 4te Division hatte mit der 3ten gleichen Bestand.

Es hatten also diese 4 Divisionen vor den Kanonen- und Munitions-Wägen 736 Pferde.

Ausser-

verschiedene andere geführt, die mit zur Artillerie gerechnet werden, aber nicht eigentlich zur Feld-Artillerie gehören.

Mu-

Ausserdem bewilligte der Herzog:

4 Feldschmieden.
8 Eisen- und Kohlen-Wagens.
12 Rademacher-Wagens.
4 Wagen zu vorräthigen Geschirr.
4 " Pferde-Medicin u. dgl.
2 Stück Haubitz-Vorraths-Lafeten.
4 12pfündige Vorraths-Lafeten.
6 6 " " " "
2 Hebezeug-Wagens.
5 Wagens mit Vorraths-Rädern.
9 Karren mit Schmier.
12 Wagens zu Zeltern, Decken rc.
4 " mit 60 Tonnen Pulver.
4 " zu Feuerwerkssachen rc.
4 " zu Lunten, Mundpröpfen, Rosten rc.

84 Wagens.

Rechnet man jeden im Durchschnitt auf 5 Pferde so bekömmt man 420 Pferde; mithin überhaupt für diese Artillerie 1186 Pferde.

Hier sind nun noch die Wagens zu den Infanterie- und Kavallerie-Patronen, zu dem Schanzzeug, zu der Herbeyschaffung der abgegangenen Munition, zu dem Transport der Fourage, zu der Reserve-Munition und zu einigen weniger erheblichen Gegenständen nicht in Anschlag gebracht.

Munition für die Infanterie und Kavallerie. Die letzte kann allenfalls, da sie selten feuert, so viel Patronen mit sich nehmen, als sie braucht; so ist es aber nicht mit der ersten. Ausser den 60 Patronen, welche der Infanterist in der Patrontasche hat, werden noch auf jeden 30 bis 60 erfordert, damit man den Abgang ersetzen kann. Nimmt man hier das Bataillon zu 800 Mann an: so bestehet die ganze Infanterie aus 28800 Mann, dies giebt also 864000 Patronen, wenn man auf jeden Mann 30 rechnet, jede wiegt 3 Loth, alle also 81000 Pfund. Nun fährt man auf dem 4spännigen Wagen 1200 Pfund. Ein Bataillon braucht also beynahe 2 Wagen zum Transport der Munition.

Die Feuerwerkssachen und das Pulver welches zum Angrif und der Vertheidigung der kleinen Städte und der Schanzen bey der Armee geführt werden, lassen sich nicht bestimmen.

Man richtet sich hier nach den Umständen. Pulver ist hier, wegen der Minen, bey Verschanzungen und auch bey der Befestigung kleiner Städte ganz unentbehrlich.

Ein Wagen mit 4 Pferden fährt 1200 Pfund. Zu 4800 Pfund würden also 4 Wagen und 16 Pferde erfordert.

Rechnet man nun noch 4 Wagen zu Laborir-Geräthschaften, Feuerwerks-Materien und zu andern Kleinigkeiten: so werden also mit denen zum Pulver, 8 Wagens und 32 Pferde erfordert.

Schanz-

Schanzzeug, Beile und Aexten werden im Park geführt, damit man die Wege ausbessern, und Werke, wenn es erfordert wird, anlegen kann.

Man rechnet ausser den Schaufeln, Beilen und Aexten, welche jede Kanone bey sich führt, auf jedes Bataillon:

50 Spaden und Schaufeln,
3 Faschinen-Messer,
2 Sägen,
5 Beile und Holz-Aexte,
20 Hacken und Spitzhauen.

Ein Wagen mit 4 Pferden kann für 4 Bataillon diese Werkzeuge fahren. Es werden also 9 Wagens und 36 Pferde erfordert.

Auch die Pontons, oder die Schiffe von denen Brücken gemacht werden, wenn eine Armee kleine Flüsse passiren muß, werden im Park geführt:

30 Pontons werden wenigstens erfordert, und dazu gehören:

30 Wagens und	180 Pferde,
6 Reserve-Wagens	36 -
2 Wagens mit Werkzeugen,	8 -
5 Wagens mit den übrigen Erfordernissen,	20 -
4 Wagens mit Schmiedekohlen, Eisen ꝛc.	16 -
	260 Pferde.

Portativ-Brücken, sind leichte hölzerne Brükken, die man auf Wagens transportirt, damit die Ar-

Armee kleine Bäche rc. ohne Aufenthalt passiren kann.

Jede Portativ=Brücke hat einen Wagen mit 6 Pferden, zu 6 werden also 36 Pferde erfordert.

Recapitulation.

Infant. Patronen	67 Wag.	268 Pferde,	134 Kn.
Feuerwerkssachen	8 =	32 =	16 =
Schanzzeug	9 =	36 =	18 =
Pontons	= =	260 =	130 =
Portativ=Brücken	= =	36 =	18 =
		632 =	316 =
Nimmt man aber 60 Patronen auf jeden Infantristen, so würden noch erfordert		268 =	134 =
		900 Pferde,	450 Kn.

Reitende Artillerie.

§. 74.

Man hat in neuern Zeiten eine gewisse Anzahl Stücke, stärker als andere bespannt, und den Leuten, welche zur Bedienung derselben angestellt sind, Pferde gegeben, oder ihnen zum Theil auf der Lafete bequeme Sitze gemacht; so daß dieses Geschütz sich geschwinder, als das gewöhnliche bewegen läßt, und bey forcirten Märschen immer den Truppen folgen kann. Diese Artillerie nennt man bey der preußischen Armee reitende Artillerie, und bey der österreichischen, Kavallerie=Artillerie.

Ihre

Ihre Bestimmung ist:

1) Posten in der Geschwindigkeit zu besetzen, oder wegzunehmen, und 2) der Kavallerie in manchen Fällen zur Seite zu bleiben, wo die gewöhnliche Artillerie es nicht kann; es sey nun gegen feindliche Kavallerie auf beträchtliche Entfernungen zu agiren, Posten zu besetzen, durch welche dieselbe aufgehalten werden kann, oder auch die feindliche Infanterie aus einem Defilee zu treiben. Man siehet, daß große Kaliber hier vorzüglich sind, indem man mit kleinen nicht so vortheilhaft auf beträchtliche Distanzen, vorzüglich aber gegen Posten, agiren kann; und daß in der letzten Rücksicht die 7pfündigen Haubitzen in manchen Fällen weit vortheilhafter, als jedes andre Geschütz, seyn kann.*)

*) Die preußische reitende Artillerie ist in Batterien oder Brigaden getheilt. Jede Batterie bestehet aus einer 7pfündigen Haubitze und 9 Stück 6pfündigen Kanonen. Beyde sind von der gewöhnlichen Einrichtung, und unterscheiden sich von denen, welche die Regimenter führen, in nichts. Die zur Bedienung bestimmte Mannschaft reitet. Der 6pfünder hat 1 Unterofficier und 6 Mann, und die 7pfündige Haubitze 1 Unterofficier und 8 Mann. Außerdem hat jede Piece 2 Pferdehalter, die, so wie die Mannschaft zur Bedienung, beritten sind. Auf der Protze ist ein großer gefüllter Munitions-Kasten, der bey dem 6pfünder zwischen 60 und 100 Patronen und bey der 7pfündigen Haubitze etwa 30 bis 50 enthält. Statt andere 7pfündige Haubitzen und 6pfündige Kanonen zu Zeiten wol mit 4 Pferden bespannt sind, ha-

haben diese 6. Die österreichische Kavallerie-Artillerie besteht aus 6pfündigen Kanonen und 7pfündigen Haubitzen. Die Mannschaft sitzt auf der Lafete in dazu eingerichteten Sätteln.

Wenn diese Artillerie agirt: so sitzet die Mannschaft ab, und verhält sich so, wie bey den ordinairen Geschütz.

Zu der preußischen reitenden Artillerie werden im Frieden etwa 60 Pferde exercirt, aber weit mehr Mannschaft welche mit den Pferden abwechselt. Man hat im Kriege 8 Batterien, jede zu 9 Stück 6pfünder und einer 7pfündigen Haubitze.

Viertes Capitel.

Belagerungs-Geschütz.

§. 76.

Zu den Belagerungsgeschütze bedienet man sich der 12 und 24pfündigen Kanonen, der 7 und 10 pfündigen Haubitzen, und 20 bis 60pfündigen Mortiere.

Mit den Kanonen schießt man 1) in Bogen, so daß die Kugel hinter die Brustwehr fällt, und denn in den Werken hinhüpfet oder ricochettirt, und die Leute und Lafeten beschädiget, 2) auf die Schießscharten um sie und die Kanonen hinter ihnen zu ruiniren, und 3) auf die Mauren des Walls, damit derselbe herunterfalle.

Mit den Haubitzen und Mortieren wirft man Bomben in die Werke, so daß sie, wo sie fallen, gleich, oder nach einigen kleinen Sprüngen crepiren.

Das Ricochettiren oder der erste Gebrauch geschiehet schon auf beträchtliche Distanzen. Der 2te oder das Demontiren geschiehet nicht über 600 Schritt, und der dritte oder das Nieder- oder Bresch-Schiessen geschiehet meistens auf 100 und nicht über 400 Schritt.

Vorzüglich bedient man sich der Mortiere gegen die Oerter, welche nicht mit Kanonen beschossen werden können, und dann nimmt man gegen gar nicht oder wenig bedeckte Oerter 20 bis 30pfündige, gegen Gewölbe aber 60pfündige. Da die 12pfündigen Belagerungskanonen länger und schwerer als die Feldkanonen sind, so daß sie in die Schießscharten reichen, und auf jedes Pfund der Kugel 250 bis 300 Pfund wiegen; da man ferner die Mortiere und 24pfünder nicht im freyen Felde braucht; so hat man das Belagerungsgeschütz von dem Feldgeschütz separirt. *)

Die Anzahl des Geschützes welches zu einer Belagerung erfordert wird, läßt sich nicht allgemein bestimmen. Eine förmliche Festung erfordert ohngefehr:

40 Stück 12pfünder,
20 = Haubitzen,
20 = 24pfünder,
20 = Mortiere,

und auf jedes Geschütz etwa 1200 Schuß oder Wurf.

*) 12pfündige Kanonen sind vortheilhafter als 24pfündige; 2 Stück 12pfünder leisten gewiß mehr Effect als ein 24pfünder, ob schon dieser mit jenen gleichen Aufwand erfordert. Man bedient sich aber der 24 pfünder, 1) weil auf beträchtliche Distanzen die 12 pfünder nicht in die Mauren dringen, und 2) weil ganz nahe der Festung, vorzüglich bey den Breschbatterien, es an Raum mangelt; so daß man nicht immer 2 Stück 12pfünder für einen 24pfünder anbringen kann.

Zweyter Abschnitt.

Ausrüstungs- und Erhaltungskosten des Geschützes.

I. Ausrüstungs-Kosten.

1) Allgemein.

§. 77.

1) 1 Pfund der Kanone kostet etwa $\frac{1}{2}$ Rthlr., mithin eine 3pfündige die 600 Pfund schwer ist, 300.

2) 1 Pfund Pulver kostet etwa $\frac{1}{5}$ bis $\frac{1}{4}$ Rthlr.

3) 20 Pfund der Bombe kosten ohngefehr $\frac{5}{6}$ bis 1 Rthlr., eine 30pfündige die 60 Pfund wieget, also $2\frac{1}{2}$ Rthlr.

4) Eine 12pfündige Kugel kostet 12, eine 6pfündige $6\frac{1}{2}$ und eine 3pfündige 4 Mgr.

5) Eine Lafete mit Protze 200 bis 300 Rthlr. und eine Munitions-Karre oder Wagen 30 bis 50.

6) Ein Pferd mit Geschirr, 8 bis 12 Pistolen.

2) Ausrüstungs-Kosten einer 3pfündigen Kanone.

Kanone zu 650 Pfund	325 Rthlr.
Lafete und Protze	220 =
Munitions-Wagen	30 =
136 Kugelschuß à 27 Mgr.	102 =

84 Kartätschschuß à 2 Rthlr.	168 Rthlr.
6 Pferde, für die Kanonen 3, und 3 für die Munitions-Karre, jedes zu 12 Pistolen mit dem Geschirr	360 =
Mondirung für 3 Knechte	45 =
10 Konstabel- und 1 Unteroffic. Mondirung, jede zu 12 Rthlr.	132 =
2 Zelter, jedes zu 5 Rthlr.	10 =
Die Waffen eines jeden Konstabels zu 10 Rthlr.	110 =
Summa	1532 Rthlr.

3) Einer 6pfündigen.

Kanone zu 1200 Pfund	600 Rthlr.
Lafete und Protze	280 =
$1\frac{1}{2}$ Munitions-Wagen	75 =
120 Kugelschuß à $1\frac{1}{6}$ Rthlr.	140 =
80 Kartätschschuß à $3\frac{1}{2}$ =	280 =
12 Pferde, 6 zu der Munition und 6 zu den Kanonen, jedes mit Geschirr 60 Rthlr.	720 =
6 Knechts-Mondirungen à 15 Rthlr.	90 =
14 Konstabel- und 1 Unteroffic. Mondirung, jede zu 12 Rthlr.	180 =
4 Zelte, jedes 5 Rthlr.	20 =
Waffen eines jeden Konstabels und Unterofficiers zu 10 Rthlr.	150 =
Summa	2535 Rthlr.

4) Einer 12pfündigen.

Kanone 2000 Pfund	1000 Rthlr.
Lafete und Protze	320 =

3 Munitions-Wagen	150 Rthlr.
120 Kugelschuß à 2 Rthlr.	240 =
8 Kartätsch à $6\frac{1}{2}$ Rthlr.	520 =
22 Pferde, zu der Munition 12, und zu den Kanonen 10, jedes mit Geschirr 60 Rthlr.	1320 =
11 Knechts-Mondir. jede zu 15 Rthlr.	165 =
18 Konstabel- und 2 Unteroffic. Mondir. jede 12 Rthlr.	246 =
Waffen für die 20 Mann	200 =
Summa	4155 Rthlr.

5) Eine 7pfündige Haubitze.

800 Pfund die Haubitze	400 Rthlr.	
Lafete und Protze	280 =	
2 Munitions-Wagen	100 =	
100 scharfe Patron. à $1\frac{2}{3}$ Rthlr.	151 =	
25 Kartätschschuß à $4\frac{1}{2}$ Rthlr.	112 =	18 gr.
12 Brandkugeln mit Patronen jede zu 3 Rthlr.	36 =	
14 Pferde, jedes mit Geschirr 60 Rthlr.	840 =	
7 Knechts-Mondirungen jede 15 Rthlr.	105 =	
11 Konstabel- und 1 Feuerwerker Mondirung	144 =	
Waffen für 12 Mann	120 =	
Summa	2294 Rthlr.	18 gr.

Die Kosten der Reserve-Lafeten und der andern im §. 72. erwähnten Erfordernisse werden bey dem 12pfünder etwa 250, beym 6pfünder gegen 150 und bey

bey dem 3pfünder 70 bis 80 Rthlr. ausmachen, so daß jeder 12pfünder überhaupt auf ohngefehr 4400 Rthlr., und wenn man dazu noch die höhern Train-Bedienten und übercompleten Pferde rechnet, auf beinahe 4500 Rthlr. kömmt.

Der 6pfünder wird ausser den erwähnten Kosten, für Reserve-Lafeten, Schmiede, Wagenschmier 2c. etwas mehr als halb so viel kosten, etwa 2700; beynahe eben dies wird man auf die 7pfündige Haubitze rechnen können. Der 3pfünder wird aber nicht über 1620 Rthlr. kommen.

II. Erhaltungs-Kosten.

§. 78.

Eine 12pfündige Kanone erfordert 22 Stück Pferde zur Fortbringung der Munition und des Stücks und 3 Pferde zur Fortbringung der übrigen Bedürfnisse.

Ein 6pfünder erfordert etwa die Hälfte und ein 3pfünder den 4ten Theil von dem, was ein 12pfünder erfordert. Die folgende Berechnung wird eine Uebersicht von den jährigen Erhaltungskosten verschiedener Stücke, wenn man zur Bedienung wie bisher, auf jeden Centner ohngefehr 1 Mann rechnet, zeigen.

Die monatliche Erhaltung eines Pferdes ist dabey zu 20 Rthlr. angeschlagen. Für dies Geld kann man dasselbe nicht allein erhalten, sondern es auch ersetzen, und das Geschirr besorgen. *)

Es

*) Bey der französischen Armee hat der König im letzten Kriege auf die Unterhaltung des Pferdes, auf die An-

Es ist wahrscheinlich, daß im Felde selten ein Pferd monatlich 20 Rthlr. kostet; und oft nicht halb so viel; zumal wenn im Sommer fouragirt wird. Daß Magazine oft weggenommen werden, kann nicht in Anschlag gebracht werden; zumal da es von beiden Seiten geschiehet.

Die Erhaltungs-Kosten eines Mannes hat man auf 10 Rthlr. gerechnet. An sich kostet der Mann nicht so viel, berechnet man aber die Kosten eines ganzen Bataillons; so kostet, wenn man die Rationen, Gage rc. der Officiere mit auf den Gemeinen aufschlägt, der Mann dies wenigstens beinahe. Es sind also hier die Kosten der Train-Bedienten, Artillerie-Officiere rc. in Anschlag gebracht, ohne daß man sie genannt.

Berechnung, was verschiedene Kanonen jährlich kosten, wenn sie 200 Schüsse verschiessen und beständig bey sich führen.

12pfün-

Anschaffung desselben und auf die Erhaltung des Geschirrs täglich 55 Sols denen Entrepreneurs gegeben. Für dies Geld haben sie die Artillerie-Pferde in dem besten Stande erhalten und dennoch selbst sehr profitirt. Da nun 55 Sols täglich nicht ganz 1 Gulden und monatlich nicht ganz 20 Rthlr. ausmachen: so ist mein Anschlag gewiß nicht zu gering.

Daß aber für dies Geld die französischen Artillerie-Pferde wirklich unterhalten sind, kann ich durch sichere Nachrichten beweisen.

12pfünder, 2000 Pfund schwer.

Pferde vor dem Geschütz 10 Stück.
= der Munition 12 =
= zu übrig. Bedürfnissen 3 =

25 St. jährl. 6000 Rthl.

Mann zur Bedienung 20
Knechte 13

33 jährl. 3960 Rthlr.

200 Schüsse jährlich 760 Rthlr.
Anschaffung der Lafeten jährl. 150 =

10870 Rthlr.

12pfünder, 1800 Pfund schwer.

Pferde vor dem Geschütz 8 Stück.
= der Munition 12 =
= zur Fortbringung übriger Bedürfnisse 3 =

23 St. jährl. 5520 Thl.

Mann zur Bedienung 16
Knechte 12

28 jährlich 3360 Rthlr.

200 Schüsse jährlich 760 Rthlr.
Anschaffung der Lafete jährl. 150 =

9790 Rthlr.

6pfünder, 1200 Pfund schwer.

Pferde vor dem Geschütz 6 Stück.
= der Munition 6 =
= zu übrig. Bedürfnissen $1\frac{1}{2}$ =

$13\frac{1}{2}$ St. jährl. 3240 Thl.

Mann

Mann zur Bedienung	15	
Knechte	7	
	22	jährlich 2640 Rthlr.
200 Schuß jährlich		420 Rthlr.
Erhaltung der Lafete jährl.		100 „
		6400 Rthlr.

6pfünder, 900 Pfund schwer.

Pferde vor dem Geschütz	4 Stück.	
„ der Munition	6 „	
„ zu übrigen Bedürfnissen	1 „	
	10 St.	jährlich 2640 Rthlr.
Mann zur Bedienung	11	
Knechte	5	
	16	jährlich 1920 Rthlr.
200 Schüsse jährlich		420 Rthlr.
Erhaltung der Lafete jährl.		100 „
		5080 Rthlr.

Wenn man hiernach die Kosten der geringern Kaliber berechnet: so findet man, daß

der 600 Pf. schwere 3pf. kostet etwa 3300 Rthl.
der 450 „ „ 3pf. „ „ 3000 „
der 450 „ „ $1\frac{1}{2}$pf. „ „ 2000 „
der 200 „ „ 1pf. „ „ 1220 „
die 800 Pfund schwere 7pfündige Haubitze, wenn sie 100 Schuß bey sich führt 5800 Rthl.

Wenn man den §. 73. angenommenen Park nimmt: so erfordert jede Batterie von 8 Stück im Durch-

Durchschnitt 95 Pferde und 144 Menschen. Sie kömmt also jährlich auf etwa 40000 Rthlr. Eine Batterie 6pfünder von der schwersten Art kömmt hingegen auf 51200. Eine von 3pfündern auf 26400 Rthlr. eine von 12pfünd. auf 86960 Rthl.

Mithin kömmt die angenommene Artillerie auf 32 Bataillon regulaire und 4 Bataillon leichte Infanterie jährlich:

für die	16	Stück	12pfünd.	auf	173920	Rthlr.
= =	48	=	6 =	=	307200	=
= =	8	=	7pf.Haub.	=	46400	=
= =	88	=	3pfünd.	=	290400	=
= =	8	=	$1\frac{1}{2}$pf	=	16000	=
			überhaupt	auf	833920	Rthlr.

Es verstehet sich von selbst, daß sich hier nichts genau bestimmen läßt und daß diese Berechnung nur Begriffe von ihrem Vorwurf geben kann.

Es lassen sich aus ihr aber demohngeachtet verschiedene Schlüsse ziehen, welche nicht so allgemein bekannt sind, als man glauben sollte: z. B. daß bey Stücken von gleicher Schwere und verschiedenen Kalibern, die von geringen Kaliber weit weniger, als die von stärkern kosten rc. *).

*) Die französischen Schriftsteller (sogar auch Türpin in seinen Commentaires sur Vegeçe und Guibert in seiner Taktik) reden viel von den außerordentlichen Kosten und Embaras, welche die Artillerie verursacht.

Die meisten welche hier eine Vergleichung anstellen, bringen nur die Besoldung der Gemeinen in Anschlag, wel=

welche nicht die Hälfte von dem ausmacht, was ein Bataillon, oder eine Escadron überhaupt kostet.

Ein Bataillon bestand bey uns im letzten Kriege aus 7 Kompagnien, jede Kompagnie aus 115 Mann Gemeinen, das Bataillon also aus 805 Gemeinen mit Officiers und Unterofficiers, in Reihe und Glieder aus 910 Mann. Dieses kostete: der Staab 44 Rationen, jede monatlich zu 20 Rthlr. 880 Rthlr.

55 Portions jede zu $2\frac{1}{2}$ Rthlr.	737	⸗
jede Kompagn. 14 Rat. macht auf 7,	1960	⸗
jede Kompagn. 145 Port. macht auf 7,	2538	⸗
Gage des Staabs ⸗ ⸗ ⸗	282	⸗
⸗ ⸗ von 7 Kompagn. ⸗ ⸗ ⸗	3250	⸗
monatlich	8857	⸗
jährlich	106284	⸗

Nun hat man 805 Kombattanten, und so kömmt jeder also etwa 11 Rthlr. monatlich und 130 Rthlr. jährlich. Ein Regiment Dragoner hatte im letzten Kriege 8 Kompagnien, jede Kompagnie zu 80 Mann, und alle zu 640 Mann incl. Unterofficiere. Es kostete:

der Stab 73 Rat.	1460	Rthlr.
⸗ ⸗ 55 Port.	137	⸗
⸗ ⸗ Gage	229	⸗
8 Kompagnien 982 Ration.	19640	⸗
⸗ ⸗ ⸗ 897 Port.	2242	⸗
⸗ ⸗ ⸗ Gage	4382	⸗
monatlich	28090	⸗
jährlich	337080	⸗

Jeder Kombattante kam also monatlich auf 43 Rthlr. und jährlich auf 526, eine Eskadron jährl. auf 84000.

Man

Man kann also für ein Bataillon oder für $1\frac{1}{2}$ Eskadron 2 Batterien 6pfünder oder 4 Batterien 3pfünder jede zu 8 Stück halten.

Wenn man sagt, die Rationen wären bey der Cavallerie zu hoch angesetzet: so antworte ich, daß dies denn auch bey der Artillerie geschehen sey und daß man wenigstens verhältnißmäßig nicht gefehlt habe.

Für die Portion wird nur 1 Rthlr gerechnet, wenn man aber annimmt, daß die Ration 3mal so hoch kömmt, als sie vergütet wird: so wird man dies auch von der Portion annehmen können.

Die Portion muß fast beständig erfolgen, die Ration erspart man oft im Sommer und in Feindes Lande; und alsdann kömmt das Geschütz nicht so hoch, als mein Anschlag ergiebt; statt bey den Truppen, wo die Ration immer erfolgt, die Kosten fast dieselben bleiben.

Will man von dem, was die Artillerie im Vergleich der Infanterie und Kavallerie, bey gleichen Erhaltungs-Kosten leistet, urtheilen: so muß man sich den Gebrauch beyder Waffen am Tage der Schlacht vorstellen. Da wird man bald finden, daß die Artillerie bey gleichen Kosten, in den meisten Fällen weit mehr, als die Infanterie und Kavallerie thut.

Dies zeigen die Actionen und Bataillen, welche im 7jährigen Kriege bey der alliirten Armee vorgefallen sind, ganz überzeugend. Man findet in denselben nicht allein, daß bey dem eingeführten Bestand der Artillerie, 2 Batterien 6pfünder oder 4 Batterien 3pfünder einen weit grössern Ausschlag der Sache, als 1 Bataillon oder $1\frac{1}{2}$ Eskadron geben, sondern auch, daß sie dies noch bey einer Vermehrung der Artillerie geben würden.

Ich

Ich führe hier nur einige der bekanntesten Vorfälle an.

In der Bataille bey Minden hielt eine Batterie (die gewiß keine 32 Stück 6pfünder oder 64 3pfünder gleich gesetzt werden konnte, und also nicht den Aufwand zweyer Bataillons oder 3 Eskadronen erforderte) auf dem linken Flügel der alliirten, den ganzen rechten französischen ab. Hätte der alliirten Armee in der Bataille bey Krefeld auf dem rechten Flügel 2 Batterien schweres Geschütz gefehlt: so hätte sie die Franzosen hier wahrscheinlich nicht aus den Gebüschen getrieben, ehe die Verstärkung angekommen wäre.

Wäre hier ein fehlendes Bataillon oder 1½ fehlende Eskadron so wichtig, als 2 Batterien gewesen? Hätten nicht auf den linken Flügel 2 Batterien den französischen rechten Flügel, auch wenn er etwas hätte unternehmen wollen, aufhalten können?

Nicht selten findet man Fälle, wo 2 Batterien wichtiger, als mehrere Bataillons und viele Eskadrons gewesen; aber wo ist der umgekehrte Fall in Rücksicht der Entscheidung einer Affaire?

Die Fälle, wo es der alliirten Armee im 7jährigen Kriege an Artillerie fehlte, und wo Artillerie bey gleichen Aufwande weit nützlicher als Truppen gewesen wäre, sind würklich nicht so selten, als man glaubt, wenn man die Vorfälle nicht in dieser Rücksicht untersucht hat.

Hätten die Franzosen in der Bataille bey Minden in der Mitte attaquirt: so wäre die alliirte Armee wahrscheinlich geschlagen, und blos deswegen, weil hier auf 2500 Schritt keine Batterie war.

Ein Bataillon oder eine Eskadron hier mehr oder weniger, war in Vergleich zweyer Batterien von geringer Erheblichkeit.

Hätten in der Bataille bey Hastenbeck unsere Grenadiere auf dem linken Flügel ein paar gute Batterien 6pfünder bey sich gehabt: so hätten sie dem Angrif widerstehen, oder wenigstens so lange, bis der schon befohlne Rückzug der Franzosen vollzogen wurde, aufhalten können. In dieser Bataille hätte die Artillerie mehr als auf eine Art das was der Armee an der Menge der Truppen abgieng, ersetzen können.

Vier Batterien und 20 Eskadrons hätten in der Mitte und auf dem ganzen rechten Flügel alle Angriffe (wegen des inpracticablen Terrains vor der Fronte) widerstehen können, und alsdann hätte man die Infanterie auf dem linken Flügel in dem Gehölze gehabt, und wäre hier gegen jeden Angrif stark genug gewesen.

Bey Vellinghausen waren der alliirten Armee ein paar Batterien weit mehr, als viele Eskadrons oder Bataillons werth.

Hätten die Franzosen sich hier ihrer Vortheile bedient: so hätten sie unsern linken Flügel, ehe das Spörckische Corps kam, übern Hausen geworfen. Eine oder zwey gute Batterien hätten aber die Franzosen aufgehalten, oder selbst zum Rückzuge gebracht, wenn das Spörckische Corps auch nicht gekommen wäre.

Hätten im Gegentheil die Franzosen auf ihrem rechten Flügel bey Vellinghausen, statt ein Bataillon oder 1½ Eskadron 2 Batterien mehr gehabt: so wäre wahrscheinscheinlich der linke alliirte Flügel, ehe das Spörckische Corps kam, geschlagen gewesen, oder man hätte demselben vielleicht widerstehen können. 1½ Eskadron oder 1 Bataillon konnten hier aber keinen Ausschlag geben.

Die Bataille bey Sangershausen wäre wahrscheinlich nicht verlohren, wenn es dem Prinz von Isenburg nicht an Geschütz gefehlt hätte.

Es ist mir lieb, daß unser berühmte ehemalige Artillerie-Chef, Josua Brückmann, schon 1749. die Vortheile der Vermehrung der Artillerie eingesehen hat. Er hat über diesen Gegenstand einen weitläuftigen Aufsatz geschrieben, den er der damaligen Generalität übergab. Er wurde verlacht. Hätten seine Gegner aber gewust, daß bald nachher der gröste Heerführer, der König von Preussen, eben das ausführte, was er vorschlug: so hätten sie wenigstens den Vorschlag nicht lächerlich gefunden.

Vielleicht glaubt man, daß ich hier die Artillerie zu gering angeschlagen, oder manches nicht gerechnet habe.

Ich glaube beydes nicht. Sollte es aber seyn: so könnte ich doch die Gleichheit erhalten, wenn ich die Werbung der Infanterie in Anschlag brächte, welche fast ein eben so ansehnliches Object, als die Anschaffung der Pferde (welche ich mit in Anschlag gebracht) ist, weil ein Mensch doch immer theurer als ein Pferd kömmt; auch selbst wenn er aus dem Lande genommen wird, indem man jeden jungen Mann eines Landes für den Fürsten, auf 200 Rthlr. rechnet. Endlich ist das Hospital ganz übergangen. Würde der Aufwand von allen diesen Erfordernissen in Anschlag gebracht: so würden die Truppen weit theurer als oben kommen. Und ich glaube, daß am Ende eines Feldzugs, wo das Bataillon selten mehr $\frac{2}{3}$ der Kombatten hat, das Geschütz aber, wenn ihm auch einige Mann fehlen, noch seine Wirkung leistet, die Infanterie und Kavallerie verhältnißmäßig noch weit mehr als mein Anschlag ergiebt, kostet.

Man muß nicht den ganzen Park hier in Anschlag bringen, wenn man die Kosten eines Stücks berechnen will. Der Park enthält viele Dinge, als Schanzzeug, Infanterie und Kavallerie-Patronen, Haubitzen zu Belagerungen, Fourage-Wagen, Pontons, das Laboratorium rc. welche nicht zu dem Gebrauch eines Stücks am Tage der Schlacht gehören; die auch geführet werden müsten, wenn man keine Feld-Artillerie hätte.

Daß ich nur in meinen Anschlag 200 Schuß auf jedes Stück gerechnet habe, wird ihn nicht unbrauchbar machen; selten hat man auf das Stück im 7jährigen Kriege bey der alliirten Armee diese gehabt.

Drit-

Dritter Abschnitt.

Bedienung des Geschützes.

Erstes Capitel.

Von der Bedienung des Geschützes im freyen Felde.

Bedienung der Kanonen.

§. 79.

Ueberdenkt man den Gebrauch des Geschützes im freyen Felde, so findet man, daß hier folgendes vorkommen kann:

1) Die Lafete von der Protze zu separiren, d. h. abzuprotzen.

2) Die Kanonen zu laden, zu richten und abzufeuren, oder die Feuerung.

3) Die Lafeten mit der Kanone, ohne Protze, rück- und vorwärts zu bewegen (indem man wegen des Aufenthalts nicht allemahl die Lafete auf die Protze legt.)

4) Die Lafete wieder auf die Protze zu befestigen oder aufzuprotzen.

I. Laden, Richten und Abfeuren, oder die Feurung.

Hier fallen 3 Haupt-Verrichtungen gleich in die Augen *).

1) Das Wischen und Ansetzen oder Herunterschieben der Patrone.

2)

*) Wenn man ein Geschütz in Activität setzen will, so untersucht man sowol das Geschütz, als die Munition zuvor:

1) Ob die Kanone und Lafete keine Hauptbeschädigungen hat, ob das Zündloch nicht ausgebrannt ist; ob die Richtmaschine ihre Dienste leistet, und ob der Wischer in die Seele gehet.

2) Ob die Geschwindröhrchens und Stopinen in das Zündloch und die Patronen in die Seele gehen, und ob die Kugeln nicht einen zu großen, d. i. über ½ Linien großen Spielraum haben,

3) Ob die erforderliche Anzahl Schüsse mit allem Zubehör da sind. Hat man die Fehler des Geschützes, der Lafete, oder überhaupt den Mangel einer Sache bey Zeiten entdeckt: so kann man gemeiniglich noch Gegenanstalten treffen, oder man kann wenigstens die aus dem Mangel entstehenden Nachtheile um einen gewissen Grad vermindern. Die zu kleinen Kugeln braucht man, wenn der Feind noch weit entfernt ist und es ohnehin nicht auf die Genauigkeit des Schusses

2) Das Einsetzen der Patronen in die Mündung; und

3) Das Richten und Abfeuern.

Wir wollen hier zu jeder Verrichtung einen Mann setzen, den wir mit I. II. und III. bezeichnen, und nun die Arbeit eines jeden weiter zergliedern.

Nr. I. Befindet sich rechts neben der Mündung, wischt die Kanone, und schiebt die Patrone hinunter.

Im Plan II. Fig. I. ist er mit einem Quadrat bezeichnet. Er tritt gewöhnlich sobald abgefeuert wird, so weit zurück, daß er mit dem Rücken am Rade, oder bey kurzen Kanonen neben dem Rade stehet.

Nr. II. Stehet links neben dem Rade, oder vor demselben; besorgt das Einsetzen der Patronen.

Er kann dies ohne Gehülfen verrichten: allein bey geschwinden feuern nicht so geschwind als es erfordert wird die Patronen von dem Protzekasten oder dem Munitionswagen zu holen, und muß daher bey leichten Kanonen, wo er eine gewisse Anzahl, etwa

ses ankömmt; die nicht kalibermäßigen Patronen und die zu großen Stopinen legt man separat ꝛc.

Diese Regeln scheinen denen, die nicht wissen, wie oft sie vernachläßiget werden, und nicht bedenken was ihre Vernachlässigung für Folgen hat, vielleicht von geringer Erheblichkeit zu seyn.

5 bis 10 Patronen, in der ledernen Tasche haben kann, einen Gehülfen, sonst aber zwey haben, die ihm die Patronen bringen. Wir wollen diese hier Nr. II. a) und Nr. II. b) nennen. In Fig. I. befindet sich einer hinter ihm, und der andre ist auf dem Wege nach dem Munitionswagen.

Nr. III. Richtet die Kanone, setzet die Stopinen ins Zündloch und feuert ab. Er stehet links neben der Traube.

Man nimmt zu ihm den einsichtsvollsten Mann, gewöhnlich den Feuerwerker, weil er richten muß.

Bey ganz leichten Kanonen, als 1pfündigen Amusetten, kann er zwar ohne Hülfe richten und abfeuren. Da er aber bey geschwinden Feuer nicht die Lunten brennend erhalten kann: so braucht er in jedem Fall einen Gehülfen, der am bequemsten links neben ihn stehet, und in der Figur durch III a) bezeichnet ist. Bey schweren Kanonen kan III. zwar wenn sie Richtmaschinen haben, ohne weitere Gehülfen den Kanonen die rechte Elevation geben, d. i. sie höher oder niedriger richten; aber sie nicht zur Seite drehen. Hierzu wird also ein zweyter Gehülfe III b) erfordert, und dieser befindet sich mit einem Hebebaume beym Schwanze der Lafete, und bewegt ihn vermittelst demselben rechts oder links, nachdem III. mit der rechten Hand, die er rückwärts hält, winkt.

Wird auf Truppen gerichtet und geschwind gefeuert: so giebt dieser Gehülfe dem Stück die Seitenrichtung selbst, weil es alsdann nicht auf einen

Punct

Punct, und also nicht auf genaue Richtung ankömmt. Ferner muß dieser Gehülfe, wenn keine Unterofficiere ausser den erwähnten Männern da sind, beym Abfeuern nach der Seite, wo der Wind herkömmt, springen, den Aufschlag der Kugel beobachten, und III. davon avertiren. *).

Diesemnach braucht man also bey jeder Kanone 3 Haupt-Nummern, von den bey leichten II. und III. jeder einen Gehülfen hat, so daß also bey diesem 5 Mann erfordert werden. Bey Regiments-Kanonen erfordert III. einen Gehülfen mehr, und da werden also wenigstens 6 Mann erfordert. Kann man II. drey Gehülfen geben, von denen einer die

*) So ohngefähr wird bey uns das Geschütz bedient. Bey andern Artillerien geschiehet es nicht ganz so. Bey der sächsischen wischt der Mann, welcher links neben dem Rade stehet, und der, an der rechten Seite, setzt die Patrone ein. Ein 3ter an der linken Seite der Lafete richtet, ein 4ter an der rechten Seite setzt die Stopine oder das Geschwindröhrchen ein, und ein 5ter welcher linker Hand der Lafete stehet, feuert ab.

Bey der preußischen Artillerie stehet der Mann zum Wischen und Ansetzen rechts und der zum Einsetzen links neben dem Rade. Der Mann welcher abfeuert und beständig eine Lunte hat, stehet rechts neben der Traube und der welcher richtet und die Schlagröhrchen einsetzt, befindet sich links der Lafete neben jenen. Man siehet hieraus, das bey der sächsischen Artillerie auch bey leichten Kanonen 5; bey der preußischen aber nur 4 Mann im Nothfall erfordert werden.

die Munition ausgiebt, und die andern sie zutragen; kann III. 4 Gehülfen haben, so daß die ersten beyden bey den Lunten, der 3te und 4te bey den Hebebäumen am Schwanze ist: so wird die Bedienung noch geschwinder und ordnungsmäßiger, als oben geschehen können; alsdann aber werden in allen 10 Mann erfordert.

II. Avanciren und Retiriren mit Mannschaft in der Action.

§. 80.

Mit Mannschaft geschiehet das Avanciren und Retiriren der Kanonen durch Ziehen und durch Schieben an der Lafete vermittelst Hebebäumen. Man rechnet, daß ein Mensch auf der Lafete von gewöhnlicher Einrichtung 100 Pfund ziehet; so das eine Kanone von 600 Pfund durch 6 Mann auf Heiden, Wiesenwachs und in nicht ganz weichen Feldlande bewegt werden kann. Soll dies indeß mehrere 1000 Schritt geschehen, oder ist man im Sande oder weichen Feldlande oder in hügeligter Heide: so werden auf jede 100 Pfund der Kanone 2 Menschen zum Ziehen erfordert.

a) Das Ziehen geschiehet an einem Seil, das an der Lafete feste, in Bandolieren oden vermittelst eines Baums. In Figur 2. wird eine Kanone vorwärts in Bewegung gesetzt. Bey a a) hat jeder Zieher ein Seil, das an dem Schenkel und an dem Bandolier, welches er über die Schulter hat, feste ist. In b) schieben die Leute 2 Bäume vor sich

her,

her, indem sie dieselben in beyde Arme vor die Brust nehmen. Diese Bäume sind in einem großen Seile befestigt. In d schieben Leute an Bäumen die an der Lafete befestigt sind.

In Fig. 3. wird diese Kanone rückwärts bewegt. In Fig. 4. wird eine Kanone auf eine andere Art in Bewegung gesetzt. In c) ziehen mehrere Ziehers an einem Seile. Ein Seil hat hier verschiedene kleine, von dem jeder mit einem Haken der an das Bandolier gehakt wird, versehen ist. In Fig. 5. geschiehet die Bewegung rückwärts.

b) Das Schieben geschiehet 1) unmittelbar am Schenkel; 2) an einem Baum, der durch 2 Krampen auf der Lafete Fig. 2. u. 3. gesteckt ist; und 3) durch 2 Bäume, welche in die Krampen des Schwanzriegels gesteckt sind, (Fig. 2. 3. rc.)

In der Ebene kann man ein Geschütz am bequemsten durch das Ziehen, in unebenen Terrain aber durch das Schieben bewegen. Dies wird in der Mechanik erwiesen und durch die Erfahrung bestätigt.

Damit bey dem Ziehen der Schwanz nicht zu sehr, durch das Einschneiden in die Erde aufhalte, so hat man ein Blockrad, daß man auf eine bequeme Art, wenn man es nothwendig findet, unter demselben befestigen kann.

In Pl. II. Fig. 6. und 7. siehet man, wie 8 Mann und ein Feuerwerker bey den Bewegungen in ebenen Terrain angestellt werden.

In Fig. 7. wird avancirt, hier ziehen 4 Mann, an den Schenkeln, und eben so viele an Querhebeln

und

und der Unterofficier dirigirt den Schwanz, unter denen ein Blockrad oder ein Scherwenzelrad. In Fig. 6. wird mit dieser Mannschaft retirirt.

In sehr unebenen Terrain, in Gebüschen, an Bergen ꝛc. drehet man auch in Avanciren dem Schwanz der Lafete gegen den Ort, nach dem man hin will, und stellt die Leute wie es die Fig. 8. zeigt, an. Vier Leute schieben in a und b an einem Querhebel, zwey an dem Schenkel in c und f und zwey an der Lafete in e und d.

III. Eine Kanone aus dem Chargier-Lager ins Marsch-Lager zu bringen und aus diesem in jenes.

§. 81.

Man drückt vermittelst eines Hebebaums, der in die Mündung gesteckt wird, die Kanone vorne niederwärts und nimmt die Richtmaschine weg; zugleich legt man unter den Hintertheil der Kanone eine Walze über die Lafeten-Wände.

Sechs bis 8 Mann heben die Kanone vermittelst des in die Mündung gesteckten Hebebaums und eines andern, welcher unter diesen gelegt ist, damit auch unter den Vordertheil der Kanone eine Walze gelegt werden kann. Nun wird durch Hebebäume, welche man zwischen die Kanone und die Lafeten-Wände steckt, die Kanone zurück bis ins Marsch-Lager gebracht.

Soll die Kanone ins Chargier-Lager gebracht werden, so drückt man sie vorne nieder und legt eine

Walze

Walze unters Hintertheil; hebt sie vorne und legt nun hier die zweite und bringt sie dann vorwärts. Um die Traube hat man ein Tau an die Lafete befestigt, das man, so wie es erfordert wird, losläßt, damit die Kanone nicht rechts oder links fallen kann.

IV. Ab- und Aufprotzen.

§. 82.

Das Abprotzen setzet voraus, daß die Kanone an der Protze befestigt ist, d. h. daß der Schwanz der Lafete auf dem Protznagel hängt. Es geschiehet, wenn der Schwanz der Lafete und die Deichsel gehoben werden, indem dadurch jene vom Protznagel sich oberhalb, und dieser sich unterwärts bewegt.

Das Aufprotzen geschiehet, wie man von selbst leicht einsiehet, auf eben diese Art.

V. Avanciren und Retiriren mit Pferden in Actionen.

§. 83.

Wenn man mit einem Geschütze auf eine beträchtliche Weite vorrücken, und dabey zugleich feuern will, so daß die Mannschaft zu sehr durch das Vorbringen fatiguirt würde, oder wenn man nicht die erforderliche Anzahl Leute, welche zur Bewegung erfordert wrden, bey dem Geschütz hat: alsdann schlägt man ein Seil oder eine Kette um die Axe und um einen Schwengel vor dem 2 oder 4 Pferde sind. Auf 600 Pfund muß man hier in ebenen Terrain auf Heiden und nicht in zu weichen Feldlande, Wiesen rc. ein Pferd rechnen, im Sande und weichen Feldlande aber 2. Eine 3pfündige 600 Pfund schwere

schwere Kanone kann durch 1, und eine 6pfündige 1200 Pfund schwere durch 2 Pferde in dem erst erwähnten Terrain also fortgebracht werden. 2 Mann gehen bey den Bäumen des Schwanzes und nun ziehen die Pferde und bewegen das Geschütz vorwärts. Soll die Bewegung rückwärts geschehen, so befestigt man ein 20 bis 30 Fuß langes Seil an den Schwanz und an den Protznagel, alsdann schleppt der Schwanz auf der Erde, wenn die Protze rückwärts bewegt wird.

VI. Besondere Vorfälle bey der Bedienung.

1) Werkzeuge deren man sich bedient.

§. 84.

Bey den besondern Vorfällen bedient man sich verschiedener Dinge, welche bey der gewöhnlichen Manipulation nicht erfordert werden.

A. Hebebäume oder Hebel, welche 5 bis 8 Fuß lang und verschiedentlich dicke sind.

B. Die Flaschenscheibe Pl. II. Fig. 9. hat einen Haken oder Ring a) und eine Rolle über welcher ein Tau nach allen Directionen gezogen werden kann.

C. Die Taue, welche auf verschiedene Art an einander befestiget werden.

a) Zwey, Fig. 10 und 11, auf die gewöhnliche Art, und Fig. 12. so miteinander zu verbinden, daß man sie geschwind wieder trennen kann. Man treibt um dies zu bewerkstelligen, nur das Stück Holz 1 aus der Verbindung.

b) Ein Ende an einen Pfahl, um einen Ring ꝛc. feste zu machen, Fig. 13.

c) Zwey Körper mit einander zu verbinden, Fig. 14.

Die Figur zeiget in a b den ersten Knoten, den man Feuerwerksknoten zu nennen pflegt. Nachdem dieser angezogen, werden noch mehrere einfache gemacht, wie c.

d) Zwey doppelte Seile mit einander zu verbinden, Fig. 15. auf die gewöhnliche Art, und Fig. 16 und 17. so, daß man sie wieder geschwind trennen kann. Man ziehet in diesem Fall nur das Holz 2 heraus.

e) An einem Seile Hebebäume so zu befestigen, daß man an demselben bequem schieben kann, Fig. 18.

2) Mögliche besondere Fälle der Bedienung.

§. 85.

Bey der Bedienung selbst kann folgendes erfordert werden:

1) Das Geschütz auf der Erde von einem Orte zum andern zu bringen.

2) Das Geschütz auf die Lafete und von derselben zu bringen.

3) Das Geschütz mit oder ohne die zerbrochene Lafete fortzuschaffen.

4) Das im Marsch festgefahrne oder umgeworfene Geschütz wieder in Bewegung zu bringen.

5) Das Geschütz auf einen Berg, einen Thurm, durch einen Fluß rc. zu bringen.

Das Geschütz auf der Erde von einem Orte zum andern zu bringen.

Auf kurze Distanzen.

Das gewöhnliche Mittel ist das Tragen. Ein Mensch kann 100 Pfund über 200 Schritt und auf eine kurze Distanz 200 Pfund tragen. Man kann aber in den meisten Fällen nur 100 Pfund rechnen, weil die Umstände selten es erlauben, daß die ganze Kraft hier angewandt werden kann. Soll eine Kanone getragen oder gehoben werden: so befestigt man einen Strick um die Traube, und steckt durch diesen einen Baum. Ein anderer Baum ist vermittelst eines Stricks an die Delphinen befestigt, und ein 3ter wird unter einen in die Mündung gesteckten Baum angebracht. An diesen 3 Bäumen können 12 Mann fast ihre ganze Kraft brauchen, und 1200 bis 1800 Pfund heben, und von der Stelle bringen. Wenn man einen Mortier auf die Mündung setzet, und 2 Bäume parallel unter die Schildzapfen anbringt, und unter diesen ihren Enden zwey andere gleichlaufende: so kann man hier 8 Menschen anstellen, welche etwa 1000 Pfund heben können.

Man wälzet das Stück auf zwey oder auf einem starken Baume bis ans Ende desselben, legt darauf einen oder zwey andere rc. Das Walzen des Stücks geschiehet, indem man den einen Ende des Hebebaums unter die Kanone steckt, und den längern hebt. Ein Mann kann in einer vollkommenen

nen Ebene mit 2 Cylindern ein Stück fortbringen. Der erste Cylinder befindet sich unterm Bodenstücke, und der zweyte unterm Mundstücke. Ist die Kanone mit einem Hebebaum, der hinter die Traube gesetzt wird, so weit nach vorne zu geschoben, bis die Cylinder die Hinter- und Mittel-Friesen berühren: so wird der 3te vorn unters Mundstück gelegt. Wird der Hebel wieder hinter die Traube gebracht: so bleibt der erste Cylinder liegen, und kann darauf wieder, als vorher der dritte, gebraucht werden.

Auf größere Distanzen.

§. 86.

Man bringt eine Kanone fort, wenn man sie an die Protze oder an die Stirn der Lafete mit Tauen oder Ketten befestigt, Pl. III. Fig. 1. Man hebt alsdann die Deichsel oder den Schwanz der Lafete, und befestigt das Stück mit den Delphinen vermittelst Tauen an die Stirn oder den Schemel, darauf ziehet man die Deichsel oder den Lafeten-Schwanz nieder, alsdenn wird die Kanone von der Erde gehoben. Bedient man sich der Protze: so legt man eine Kette so, daß der mittlere Theil unter der Deichsel und den beiden Armen sich befindet, und die Enden über den Schemel an beiden Seiten des Protznagels herabhängen. Hier werden diese durch einen Strick verbunden, damit sie nicht vom Schemel zur Seite gleiten können. Jetzt wird die Deichsel gehoben und jeder Ende der Kette an eine Delphine befestigt. Da der Hintertheil der Kanone sich neben der Deichsel befindet: so kann nun, sobald die Deichsel durch Stricke niedergezogen wird, jener vermittelst eines

Hebels, der in die Mündung gesteckt wird, gehoben und an die Deichsel befestigt werden.

(Bey verschiedenen Artillerien hat man zu der Fortbringung der Geschütze auf kurze Distanzen, ein eigenes Gestell, das einer Protze ähnlich ist.) Man kann, wenn ein Geschütz auf diese Art weit gebracht werden soll, die Deichsel an eine andere Protze festmachen.

Den Mortier transportirt man fast auf dieselbe Art. Man setzt den Mortier auf die Mündung und befestigt die Taue an die Schildzapfen.

b) Wenn man den hintern Theil einer Kanone, welche auf ihrer Lafete liegt, mit Tauen an die Lafete bindet, ein ander Tau um den Hals derselben durch die Delphinen einer liegenden Kanone legt, indem man den Schwanz der Lafete in die Höhe bringt: so kann man die liegende Kanone nicht allein heben, sondern auch von der Stelle bringen, wenn man den Schwanz niederziehet. Man kann auf diese Art auch eine Kanone in die Lafete legen. Man kann hier auch den Schwanz durch Bäume verlängern, um einen längern Hebel zu haben.

Hat man eine starke Lafete und eine leichte Kanone in derselben oder einen leichten Mortier zu heben: so wird dies Manoeuver keine Schwierigkeit haben.

Ein Geschütz auf die Lafete zu bringen.

§. 87.

a) Ist es sehr schwer, so gräbt man die Räder ein, oder nimmt sie von der Lafete, legt Balken von der Seite mit dem einen Ende auf die Lafeten-Wand, und mit dem andern auf die Erde, und wälzt die Kanone auf Balken, welche der Queer nach über die Wände gelegt sind. Hat man die Kanone bis zu der Höhe der Lafetenwand: so legt man 2 Hebebäume über die Lafetenwände, damit man die Schildzapfen über die Schildpfanne bringen kann. Die Schenkel bringt man, wenn die Räder heruntergezogen, mit Hebebäumen in die Höhe. Man legt nemlich ein Stück Holz einen Fuß vom Schenkel, und über dieses einen Hebebaum, so, daß das Holz zur Unterlage dient, und der eine Ende des Hebebaums unter den Schenkel faßt, damit der längere niedergedrückt werden kann. So wie dies geschehen, legt man nach und nach unter die Schenkel Unterlagen. Wenn ein Mann einen Hebel von fünf Fuß hat, welcher einen Fuß über die Unterlage unter die Last greift: so kann er mit diesem Baume eine Last heben, die beynahe viermal so schwer ist, als seine eigene Schwere, also zwischen 500 und 600 Pfund. Reichte dieser Baum nur einen halben Fuß über die Unterlage: so würde er beynahe neunmal soviel, als seine eigene Schwere heben können, indem der Ende des Baums den er niederdrückt, 9mal so lang, als der, welcher unter der Last ist.

b) Ist die Kanone nicht schwer, so nimmt man nur ein Rad herunter, legt starke Bäume, wie Plan III. Fig. 2. an die Lafete, und wälzt auf diese die Kanone, indem man an das stehende Rad Stricke befestigt, die um die Kanone gehen, und nach der

Radseite angezogen werden. Man kann, wenn die Bäume oder Balken lang sind, die Schenkel auf die Nabe des abgenommenen Rades legen, und den Lünz durch den Schenkel stecken, so, daß er nicht von der Nabe gleitet. Läßt die Kanone ohne Umstände sich auf den Kopf setzen: so hebt man den Schwanz der Lafete, bis die Schildzapfen so niedrig sind, als die Schildpfanne. Alsdann legt man diese in die Pfanne, und schließt sie.

c) Wenn man unter der Culasse einen 6 Fuß starken Baum befestigt und die Räder einer Lafete nach der Stirn zu, vor diesen bringt, und ihn an die Felgen der Räder mit Tauen bindet, den Schwanz der Lafete so hoch hält, als man nur kann; und darauf einen Baum oben unter den Lafetenwänden durch die Speichen steckt: so kann man dadurch, daß man mit Stricken den Schwanz der Lafete niederzieht, das Rad umdrehen und die Kanone heben. Unterstützt man nun die Kanone und wiederholt dies Manoeuver: so kann man auf diese Art die Kanone auf die Lafete bringen, wenn sie sonst nicht von zu großen Kaliber und wenn einige Mann mit Hebeln sie leiten.

§. 88.

d) Mit dem Hebezeuge Pl. II. Fig. 19. bringt man eine Kanone auf die Lafete auf folgende Art: man befestigt ein Tau in a an die Delphine, ziehet es durch eine der beyden obern Rollen c, darauf durch eine an die Delphine befestigte Rolle b, und nun durch die 2te obere Rolle; windet es um die Welle d, drehet diese vermittelst der Hebel um, so gehet die Kanone in die Höhe. Auf eben die Art bringt man eine Kanone von der Lafete.

Man richtet das Hebezeug, wenn man die beyden Schenkel, in denen die Welle, auf die Erde legt, oberwärts bis auf 4 Fuß erhebt und alsdann den 3ten und 4ten, (wenn man sich 4 Schenkel bedient) gegen die ersten beyden schräg, so hält, daß man sie bey c durch den Bolten verbinden kann, und nun alle 3 Schenkel nach und nach so hoch erhebt, daß man eine Lafete zwischen sie bringen kann. Die Taue werden noch ehe das Hebezeug über 5 Fuß von der Erde kömmt, über die Rolle gezogen. Ist dies nicht geschehen, so steigt demnächst ein Mann auf die Riegel und ziehet sie durch. Das übriggebliebene Ende des Taues, wird bey d um die Welle zweymal gewickelt und denn anfangs von 1 oder 2 Mann festgehalten. Ist dies nicht so muß man es so legen, daß bey dem ersten Umdrehen der Welle, das Tau über den Ende gehet, und ihn also selbst feste hält; oder man muß es an einen Schenkel binden.

Soll eine Kanone von der Lafete gebracht werden: so werden die Schenkel an die Räder so gelegt, daß der obere Theil sich grade über den Delphinen befindet.

Bey jeder äußern Seite werden 2 Mann, jeder mit einem Hebel angestellt, und ausserdem stehen noch 2 Mann zwischen jenen. Es sind also 6 Mann bey dem Umdrehen der Welle. Die beyden äußern an jeder Seite drehen abwechselnd die Welle

 um.

um. An jeder Seite steigt ein Mann auf die Welle, steckt den Hebel in dieselbe, setzt einen Fuß gegen die Schenkel und drückt den Hebel nieder. Ist dies geschehen: so steigen die beyden übrigen äußern Männer auf die Welle, wiederhohlen dies, und die ersten ziehen ihren Hebel zurück. Die innern beyden Männer dienen hierbey als Gehülfen. Ausser diesen 6 Mann hält ein Mann vermittelst eines Hebels, welcher in die Mündung gesteckt, dieselbe in der erforderlichen Richtung.

Mit einem Hebezeuge, das 4 Rollen oder Scheiben hat, kann man eine 24pfündige Kanone von und auf die Lafete bringen, und größere Lasten braucht man im Kriege nicht zu heben. *)

Ein

*) Mit vielen Hebezeugen kann man zwar bey 4 Scheiben nicht eine 24pfündige Kanone oder 4800 Pfund heben. Bey diesen hat man aber auch nicht, bis zu den möglichen Grade, die Reibung vermindert.

Bey vielen Hebezeugen haben die meisten Scheiben zu kleine (unter 1 Fuß kleine) Durchmesser, die Wellen keine messingene Zapfen, und die Pfannen selbst keine angemessene Einrichtung. Meistens sind auch die Taue zu steif und die Dürchmesser der Wellen zu groß (über 8 Zoll.)

Ein Hebezeug mit einer 6 Zoll starken Welle, die in der Mitte ein Eisen hat, dessen Enden in eine messingene Pfanne laufen, hat wahrscheinlich einen großen Vorzug vor den gewöhnlichen.

Hat

Ein Geschütz auf oder ohne die zerbrochene Lafete fortzuschaffen.

§. 89.

a) Ohne die Lafete wird ein Geschütz auf kurze Distanzen vermittelst der Protze nach §. 86. fortgeschafft.

b)

Hat man eine oder mehrere Flaschenscheiben: so kann man im Fall der Noth zu einem Hebezeuge kommen, wenn es mangelt. Man schlägt um 3 Bäume, jeden zu etwa 15 Fuß lang, auf dem einem Ende ein Seil, so daß die Bäume noch Spielraum in demselben haben, darauf erhebt man diesen Ende bis etwa 6 Fuß, bringt an dem andern Ende die Schenkel aus einander, und erhebt nach und nach das Hebezeug bis zur erforderlichen Höhe. Die Flaschenscheiben befestigt man durch ein Seil, das über die obern Enden der Schenkel gehangen wird.

Zu der Welle bedient man sich eines 10 bis 12 Zoll starken Baums, der an beyden Enden ins Kreuz Löcher hat, in welche man Hebel stecken kann. Man befestigt ihn an zwey Schenkel durch ein Eisen oder starkes Holz, daß eine erforderliche Ründung hat, und auf die Schenkel genagelt wird.

Nur in Festungen und in Feldvorfällen, welche einige Zeit erlauben, kann man von diesem Nothhebezeuge Gebrauch machen.

Man kann durch einige Ueberlegung finden, ob ein Hebezeug die erforderliche Wirksamkeit leisten kann. Durch die Rollen oder Flaschenscheiben wird die Kraft so viel mal vermehrt, als Taue neben einander kom-

b) Ist die Lafete zerbrochen und ist man gezwungen, das Geschütz auf beträchtliche Distanzen ohne Lafete zu transportiren: so muß man es, wenn es möglich, auf die Protze bringen. Bey den 3pfündigen Kanonen gehet dies ohne Schwierigkeiten, indem man den Munitionskasten herunter nimmt, die Protze rückwärts bis über den Schwanz der Lafete schiebt, und denn die Kanone rückwärts durch 6 Mann auf die Protze hebt, und durch die Delphinen

men, weniger Eins, oder weniger dem, welches um die Welle gehet.

Bey dem hier im Plan gegebenen Hebezeuge, befinden sich 4 Taue nebeneinander. Ein Mann, der an das Tau, das um die Welle gehet, sich hängt, hebt hier also 3mal soviel, als seine Schwere beträgt, oder etwa 450 Pfund. Durch das Umdrehen der Welle wird die Kraft so viel mahl vermehrt, als die Hebel länger als der Halbmesser der Welle sind. Ist der Halbmesser der Welle 4 Zoll, und der Hebel mit dem sie umgedrehet wird, 4 Fuß oder 48 Zoll: so wird die Kraft 12mal vermehrt. Nun sind 2 Mann zugleich bey dem Hebel und jeder wendet (die Hülfe der mittlern nicht gerechnet) etwa 100 Pfund an; es heben also diese beyden Mann 12 mult. mit 100, mult. mit 2, oder 2400 Pfund. Nimmt man nun noch den Vortheil durch die Flaschenscheiben, welche die Last 3mal erleichtern: so können mit diesem Hebezeuge 7200 Pfund gehoben werden, wenn man nichts auf die Friction rechnet. Nimmt man für diese $\frac{1}{4}$, so werden dennoch 5400 Pfund bewegt.

nen an die Axe, durch die Traube aber, an die Deichsel befestigt. Kann man stärkere Kanonen nicht auf der Protze fortbringen, so leert man einen Munitionswagen, und bringt sie auf demselben. Denn man verläßt lieber die Munition, als das Geschütz.

c) Ist nur ein Rad der Lafete zerbrochen: so nimmt man ein anderes von der Protze oder den Munitionswagen, wenn es sonst paßt, oder man bindet einen Balken an die Lafetenwand und den Schenkel, so daß er auf der Erde schleppt.

Die zerbrochenen Räder lassen sich meistens noch brauchen; ist der Fehler in den Speichen, so treibt man ein Holz zwischen den Busch und die Felgen. Für zerbrochene Felgen bedient man sich eines nach der Ründung des Rades ausgehauenen Holzes; oder legt eiserne Bänder, welche man im Vorrath hat, um den Bruch, und von diesen führt man Seile oder Ketten um die Nabe. Eben dies thut man, wenn das Rad nicht im Busche fest ist, oder wenn vielmehr die Speichen nicht feste in der Nabe sind. Damit aber diese Ketten oder Seile straff sind: so steckt man ein Holz zwischen sie, welches man umdrehet und an einer Speiche fest bindet.

Ist ein Schenkel zerbrochen: so bindet man einen andern neben den ersten, wenn es die Zeit erlaubt. Man legt ihn neben die alte Axe, und damit man ihn desto besser befestigt: so schlägt man eine Kette um den alten und um den neuen Schenkel, steckt dadurch einen Baum von der äußern Seite zwischen die Kette, und drehet diesen nach der Lafeten-

Wand-

Wand. Dadurch spannt man die Kette, wenn man den Baum an die Lafete bindet, Pl. IV. Fig. 1. Thut man dies an beyden Seiten und macht man Einschnitte vor die Lafetenwände in die neue Axe: so wird sie eine geraume Zeit die Dienste einer Ganzen thun. Hat man nicht die Zeit, eine andere anzubringen: so bedient man sich eines Balkens, den man, wie bey Ermanglung eines Rades, unter die Axe und an die Lafetenwand bindet, so, daß er mit dem einem Ende auf der Erde, da wo das Rad gehet, schleppt, Pl. IV. Fig. 2.

Ein im Marsch festgefahrnes oder umgeworfenes Geschütz wieder in Bewegung zu bringen.

§. 90.

a) Ist ein Geschütz auf die Seite gefallen, so befestigt man an dem aufrecht stehenden Schenkel ein Tau, stellt bey dieses und an das Rad Leute, welche es herüber reißen. Eine leichte Kanone reißt man ohne Tau wieder aufrecht, und bey ganz schweren Kanonen kann man an den Tauen Pferde ziehen lassen; in jedem Fall muß man die Kanone an die Lafete befestigen.

b) Ist ein Geschütz so umgeworfen, daß beyde Räder auf der Erde liegen: so nimmt man die Kanone, wenn sie sehr schwer, aus den Pfannen; bringt die Lafete aufrecht, und die Kanone wieder in die Lafete.

Eine 6 und 12pfündige Lafete kann man mit der Kanone zugleich aufrecht bringen.

Man

Man hängt, Plan III. Fig. 3. einen Strick über die Schenkel, ziehet beyde Enden über die Kanone und dann über das Rad bb, und stellt bey den Enden Leute an, welche ziehen, indem andere mit Hebeln, an der andern Seite, agiren.

c) Ist ein Rad in eine Gleise von thonigter Erde, oder Felsen, oder bey Froste festgefahren: so befestigt man ein Tau um die Felgen oberwärts, dergestalt; daß es bey dem Umdrehen des Rades von selbst sich löset; hängt ein Pferd vor dasselbe, und läßt es mit den andern Pferden zugleich anziehen. Plan III. Fig. 4. bezeichnet die Befestigung des Taues.

d) Ist ein Geschütz versunken: so bringt man unter dasselbe Wagenwinden, die man auf die Schußkeile, oder auf Bohlen setzt; windet das Geschütz etwas in die Höhe, und läßt darauf die Pferde anziehen. Hat man keine Klauenwinden d. i. solche die unten einen Haken haben: so hängt man ein Tau über die Gaffel, und befestigt es an der Axe der Lafete.

Ist ein sehr schweres Geschütz bis unter die Axe versunken: so gräbt man die Erde um die Räder weg, sticht sie ferner vorwärts schräg ab, legt Faschinen oder Bohlen unter die Räder u. s. w.

e) Hat man mehrere Kanonen oder Fuhrwerke bey sich: so nimmt man die Pferde von mehrern vor das festgefahrne. Man bedient sich dabey der Flaschenscheiben, wenn die Wege Wendungen haben. In Plan IV. Fig. 4. ziehen die Pferde nach e wohin das Tau durch eine Flaschenscheibe bey b geführt ist.

f) Da wo man Zeit hat und keine der obigen Mittel zureichen, muß man sich der Mittel bedienen, welche in §.9. gelehrt sind, oder auch die, welche oben bey dem Fortbringen des Geschützes auf größere Distanzen vorgeschlagen sind.

Ein Geschütz auf den Wall, einen Berg, einen Thurm, durch einen Fluß rc. zu bringen.

A) Auf einen Berg.

§. 91.

Alle diese verschiedenen Methoden, welche hier erzählt werden, lassen sich wegen des Raums, der Zeit, des Terrains und einer Menge anderer Schwierigkeiten nur zum Theil anbringen, oder vielmehr nur auf gewissen Stellen, also nur als Hülfsmittel.

a) Muß man das Geschütz auf einen flachen Berg (oder auf einen steilen Wall) bringen, den man nicht im gewöhnlichen Zuge ersteigen kann: so bringt man erst die Pferde mit der Protze herauf, befestigt darauf ein Tau an die Protze und an den Schwanz der Lafete, stellt die Leute zur Fortbringung derselben an, so, daß einige an den Schenkeln ziehen, andre an der Stirn der Lafete schieben, und setzt nun die Protze in Bewegung. Wo das Tau auf der Erde schleift, legt man Hebebäume, die hier als Walzen dienen, unter dasselbe; Plan IV. Fig. 3. erläutert das übrige.

b)

b) Ist der Berg oben nicht flach, (oder ist der Wallgang zu kurz), und kann man oben die Protze nicht vorwärts bringen: so gräbt man hier einige Fuß tief einen starken Pfahl ein, Pl. IV. Fig. 4. a hängt an denselben eine Flaschenscheibe oder Rolle b, ziehet durch diese ein Tau, das unten an den Schwanz d, und an einer Protze c, neben der Lafete befestigt ist, und läßt darauf die Pferde vor der Protze rückwärts anziehen, und die Leute bey der Lafete ziehen und schieben. Damit der oben eingegrabene Baum die Last hält, so befestigt man oben an derselben einige Stricke, und läßt nach der entgegengesetzten Seite der Rolle oder Scheibe ziehen. Hat der Berg Bäume, so befestigt man die Rolle an dieselben. Ist der Berg oben nach einer Seite eben, so gehet die Protze nach dieser Seite, hier z. B. nach e.

c) Ist ein Berg, ein Wall ꝛc. sehr steil, Pl. IV. Fig. 5, so bringt man ein Gestell a b, d. i. eine Axe mit 2 Rädern, auf demselben, gräbt die Räder ein, so, daß die Axe auf der Erde liegt; schlägt Pfähle c c c, vor dieselbe, und befestigt ein Tau an 2 Speichen des Gestells und an den Schwanz der Lafete, auf den das Geschütz unterm Berge ist, und drehet die Räder des Gestells a b um, so, daß sich das Tau um die Nabe windet. Bey flachen Stellen bewegen die Leute das Geschütz, welche zur Fortbringung bey demselben angestellt sind, und nur da, wo sie Hülfe nöthig haben, bedient man sich des obigen Hülfsmittels, welches man Radwinde nennt. Je länger die Speichen und je dünner die Nabe, desto größere Wirkung leistet diese Radwinde. Sollte bey diesem Manoeuver das Tau, weil die Nabe zu kurz, nachgebunden werden müssen: so geschiehet dies wechselsweise, indem man einen Baum durch beyde Räder wirft, damit sie gehemmt werden; oder man befestigt auch ein ander Tau an den Schwanz der Lafete und an einen Pfahl der oben eingegraben ist.

d) Kann man ein Hebezeug, daß man oblik etwa vor Bäume oder Pfähle setzt, anbringen: so befestigt man ein Tau an einem Riegel a, Plan III. Fig. 5. das andre Ende an eine Rolle welche an der Lafete oder Protze befestigt, führt dies Tau durch die Rolle des Hebezeugs c, bis um die Welle d, und drehet diese vermittelst der Hebebäume ee.

e) Oft kann man bey sehr jähen Bergen und auf Wällen, das Hebezeug nicht auf die beschriebenen Arten anbringen. Alsdann setzt man es so, daß die beyden Schenkel mit der Welle nach oberwärts sich gegen die Last neigen, und bringt an das obere Ende ein Tau an, das rückwärts an der Erde befestigt ist, und das Hebezeug aufrecht hält; und verfährt nun nach Plan III. Fig. 5.

f) Sind Bäume auf dem Berge, auf den man eine Kanone bringen will: so kann man hinter 2 Bäume eine Welle, so wie die beym Hebezeuge anbringen, und um diese ein Tau, das an dem Geschütz befestigt ist.

Zu der Welle kann man leicht kommen, denn jedes Stück Holz, etwa 12 Fuß lang und 1 Fuß dick,

läßt

läßt sich dazu bald durch 2 Löcher, an jedem Ende ins Kreuz, einrichten.

Man braucht hier keine Pfanne, sondern nur eine Unterlage, damit die Welle 3 Fuß von der Erde bleibt und bequem umgedrehet werden kann.

Ein Geschütz auf einen Thurm, ein Haus rc. zu bringen.

§. 92.

a) Man bringt auf demselben eine Rolle oder Scheibe an, indem man einen Baum durch die Wand steckt, den längern Ende im Hause feste bindet, und an den kürzern die Rolle hängt. Durch diese wird ein Tau unten mit einem Ende an das Geschütz befestigt, an dem andern Ende ziehen Leute herunter, so daß das Geschütz hinauf gehet. Hier muß die Schwere der Leute der Schwere des Geschützes gleich seyn.

b) Man kann auch oben auf dem Thurm oder Hause ein Hebezeug anbringen. Man bedient sich nemlich nur zweyer Schenkel mit der Welle, läßt den obern Theil über die Wand hervorragen und befestigt ihn rückwärts mit Tauen. Nun befestigt man das Tau an die Kanone, führt es über eine Rolle, und von da um die Welle; und hebt durch Umdrehen derselben das Geschütz.

Hat man kein Hebezeug so nimmt man ein anderes Holz, daß man als Welle gebrauchen kann, und giebt ihn eine Unterlage.

Ein Geschütz durch einen Fluß und hohlen Weg zu bringen.

§. 93.

a) Man sucht mit Böten Plätze in denen das Flußbette eben ist, sticht die Ufer ab, und bringt die Pferde über den Fluß.

Man kann sie schwimmen lassen, oder eine Stelle aussuchen, in der dies nicht erfordert wird, welche sich gewöhnlich bey nicht zu großen Flüssen findet; meistens nicht in graden aber doch in obliken Linien über den Fluß. Sind die Pferde über den Fluß: so befestigt man ein Tau an die Arme der Protze, nachdem man die Deichsel herausgenommen, und läßt die Pferde anziehen. Rückwärts befindet sich an der Axe der Lafete ein Tau, und ein anders an der Kanone. Beyde hält man am Ufer, damit man sich helfen kann, wenn man im Flusse umwirft.

b) Einen hohlen Weg oder Graben paßirt man der Queer nach am geschwindesten, wenn man die Ufer desselben mit dem Spaten absticht und die Erde in den Graben oder hohlen Weg wirft. Ist der Weg oder Graben tief, oder lassen sich die Ufer nicht abstechen: so muß man ihn mit Faschinen rc. füllen.

Oft wird man hier durch starke Hölzer und Bretter (wenn man nahe bey einem Dorfe ist) sich helfen, indem man von diesen eine Brücke macht, bey der zu Zeiten auch ein Wagen als Joch dienen kann.

Zweytes Capitel.

Bedienung des Geschützes auf Batterien oder in Belagerungen und Festungen.

Kanonen.

§. 94.

Hier feuert man durch die Schießscharten; die Kanone stehet mit dem Vordertheil oder Kopfe in derselben, und mit den Rädern auf einer Bettung, d. h. auf Bohlen die auf Balken, oder Batterie-Rippen genagelt sind.

Es kann hier nur vorzüglich das Laden, Richten und das Vorbringen und Zurückbringen der Kanone vorkommen.

Da die Kanone auf einer ebenen Fläche steht, und das Laden und Richten langsam geschiehet, indem ganze Tage gefeuert wird: so braucht man hier weniger Mannschaft, als im freyen Felde.

1) Zurückbringen und Vorbringen.

Der 12pfünder kann durch 4 Mann bedient werden, gewöhnlich läuft die Lafete soviel zurück, daß der Kopf der Kanone aus der Schießscharte kömmt. Ist dies nicht, so stecken N. 1 und 2 ihre Hebebäume nach dem Schwanze zu, durch die Speichen, so

 daß

daß sie unter die Lafeten mit den Enden fassen, darauf drücken sie den andern Ende nieder.

Nr. 3 und 4 stecken zugleich ihre Hebebäume oblik hinter die Haken am Schwanze, so daß der eine Ende auf der Erde den Ruhepunkt hat, und bringen nun den Hebebaum vertikal.

Wenn auf diese Art alle viere zugleich ihre Kräfte gebrauchen. so bringen sie die Kanone zurück.

Sie wird vor gebracht, wenn die beyden ersten Männer ihre Hebebäume durch die Speichen nach der Schießscharte zu, bis unter die Lafete stecken, und der 3te und 4te die ihrigen unter den Schwanzriegel, und dann alle, wie vorher agiren.

2) Laden und Richten.

§. 95.

Wenn die Kanone nicht durch den Schuß so weit zurückgelaufen, daß sie gänzlich aus der Schießscharte: so wird sie, wie oben gezeigt, zurückgebracht und geladen. N. 1 wischet, N. 2 holt das Pulver oder die Patrone, N. 3 holt die Vorschläge von Heu, welche auf das Pulver und auf die Kugel kommen, und N. 4 hält, während der erste wischt, das Zündloch mit dem Daumen zu, und holt die Kugel.

Sobald gewischt ist, setzt N. 2 die Patrone ein, N. 1 stoßt sie mit dem Ansetzkolben herunter, und nun stoßen ihn beyde mit 3 Stößen feste aufs Pulver. Jetzt wird die Kugel von N. 1 heruntergebracht, und nun wird endlich auch der Vorschlag auf die Kugel, so wie aufs Pulver, gebracht.

Nach-

Nachdem die Kanone geladen, bringt man sie in die Schießscharte, darauf tritt N. 1 in die Lafete, N. 2 und 3 mit Hebeln an den Schwanz, und N. 4 hält die Lunte bereit.

Der erste richtet rechts oder links, wobey er dem zweiten und dritten winkt, den Schwanz der Lafete zu drehen.

Nachdem nun die Seitenrichtung bewerkstelligt, fassen N. 2 und 3 mit ihren Hebeln unter den Hintertheil der Kanone, und heben ihn, damit N. 1. die Elevation geben kann. N. 2 feuert ab, wozu ihn N. 4 die Lunte reicht, und N. 1 tritt an die Brustwehr, und beobachtet den Aufschlag der Kugel.

Hat man 5 Mann zur Bedienung: so kann einer blos auf die Lunten warten, sonst aber muß der 4te neben der zugetheilten Function, sie bereit zu erhalten suchen.

24pfündige Kanonen brauchen 6 Mann zur Bedienung, damit an jeden Hebel im Zurückbringen und Vorbringen 2 Mann angestellt werden können. 6pfünder können allenfalls durch 3 Mann bedient werden.

Mortiere.

§. 96.

Ein 30pfündiger Mortier kann durch 3 Mann bedient werden. Nachdem er abgefeuert, und durch den Rückstoß zu weit zurückgekommen ist, stecken 2

Mann zu beyden Seiten den Hebebaum unter den vorstehenden Bolten, und der 3te hinten unter den Stuhl, und so schieben sie ihn vor, und bringen ihn auf die Mitte der Bettung. Hier wird er gerichtet und darauf geladen. Das Richten geschiehet auf folgende Art.

Erst bestimmt man die Mitte hinten und vorn in g und h auf den Mortier, Plan IV. Fig. 6. mit einem Instrument oder nach dem Augenmaaß. Alsdann nimmt man eine Pendel b, d. i. einen Faden an dem ein schwerer Körper, läßt diesen frey hängen, indem man den Faden mit der linken Hand so hält, daß er vor das rechte Auge a kömmt, und mit dem beyden Puncten h und g auf den Mortier in grader Linie ist. Trift in diesem Augenblick der Faden auch auf das Object d: so hat der Mortier die gehörige Seitenrichtung; denn das Auge a, und der Pendelfaden b, waren mit dem beyden obigen Puncten g und h und dem Objecte d in einer Linie, also muß auch g und h aufs Object treffen. Sollte man wegen der Brustwehr das Object nicht sehen können, so bemerkt man Plan IV. Fig. 7. sich einen Punkt a auf der Brustwehr, und einen andern d hinter dieser und dem Object c und bringen alsdann die beyden auf dem Mortier bemerkten Punkte g und h zwischen a und d.

Nachdem der Mortier die Seitenrichtung hat, giebt man ihn auch die Erhöhungsgrade vermittelst des Quadranten, das ist eines 4tel Zirkels, der in 90 Theile oder Grade getheilt ist; man sezt ihn in

wie man Pl. IV. Fig. 8. siehet, auf dem Mortier, und läßt diesen vermittelst eines in die Mündung gesteckten Baums ausbrechen oder einfallen, d. i. höher oder niedriger halten, damit man die Keile so lange vorschieben kann, bis der Pendel o die erforderlichen Grade zeigt.

Nachdem der Mortier völlig gerichtet, bringt man das Pulver hinein, macht einen kleinen Vorschlag drauf, setzt die Bombe ein, und löset die Verkappung d. i. das Papier übers Näpfchen der Brandröhre, damit beym Abfeuren diese in Brand kömmt. Endlich ziehet man an der Lafetenwand einen Strich auf die Bettung. Ergiebt der Wurf, daß man die rechte Seitenrichtung hat: so bringt man nun den Mortierstuhl wieder an ben bemerkten Strich, hat man sie nicht, so corrigirt man sich; so bringt man den Mortierstuhl nicht ganz mit dem Strich parallel.

Es versteht sich von selbst, daß jeder hier seine Function haben muß. N. 1 richtet z. B. und N. 2 hilft ihm mit dem Hebebaum; N. 3. holt unterdeß eine Bombe, die Vorschläge und endlich die Pulverladung. N. 1 setzt die Ladung ein, und N. 2 reicht ihm dabey die Hand, und N. 3 besorgt die Lunte. Da die Brandröhren in den Bomben eine solche Länge haben müssen, daß sie ohngefähr grade zu Ende gebrannt sind, wenn die Bombe an die Erde kömmt: so zündet man eine andere durchlöcherte Brandröhre an, und bemerkt, wie weit sie gebrannt ist, wenn die Bombe niederfällt. Hat man keine durchlöcherte Brandröhren: so zündet man verschiedene von verschiedener Länge an, in-

 dem

dem man abfeuert, und bemerkt diejenige, welche zu Ende gebrannt, indem die Bombe niederfällt, so hat man die Länge welche erfordert wird.

Wenn man einen Ort vermittelst Kugeln von brennbarer Materie d. i. Brand= oder Lichtkugeln in Brand setzen oder erleuchten will: so verfährt man ohngefähr eben so, wie bey den Bomben.

Wenn man Steine und Lichtkugeln wirft: so hat man einen Spiegel von Eisen oder von Holz auf dem Pulver, und bedient sich immer so geringer Ladung, als es die Weite erlaubt, indem hier ohne den Spiegel und bey einer starken Ladung die Lichtkugeln und Steine aus einander fliegen.

Vierter Abschnitt.

Von der Wirkung der Artillerie.

Erstes Capitel.

Begriffe von der Kugelbahn, den Schußweiten und der Richtung auf verschiedene Distanzen.

---

1) Kugelbahn und Schußweite.

§. 97.

In Plan V. Fig. 1. durchschneidet die Kugelbahn f, g, h, s, r, die Visirlinie a, e, s, in g und in s, weil die Kanone hinten dicker als vorne ist. Anfangs bleibt die Kugel in der Verlängerung der Axe der Seele, oder weicht doch wenigstens nur ein geringes von derselben, und erst auf eine beträchtliche Entfernung fängt sie an sich der Erde merklich zu nähern. Man kann annehmen, daß auf 4 bis 500 Schritt die Kugel schon 4 bis 6 Fuß von h nach i gesunken ist.

Wenn

Wenn eine Kanone, wie in Fig. 2. so gerichtet ist, daß die Axe der Seele parallel mit der Erde stehet: so schlägt die Kugel von unserm 3pfünder auf 400, vom 6pfünder und 12pfünder auf 500 Schritt das erstemal, hier in o auf die Erde (vorausgesetzt, daß die Mündung etwa 6 Fuß sich über der Erdfläche befindet). Haben aber die Kugeln einen Spielraum, der über $\frac{1}{24}$ ihres Durchmessers ist, so ist nach Verhältniß der Verschiedenheit des Durchmessers die obige Weite einige 100 oder noch mehrere Schritt geringer. Hätte man die Kanone auf den Punkt i. Fig. 1. gerichtet, und wäre die hintere und vordere Dicke der Kanone dergestalt verschieden, daß die Axe der Seele und die Visirlinie a e s i n g sich mit einem Winkel von 1° schnitten: so würde die verlängerte Axe der Seele auf 500 Schritt sich etwa $21\frac{1}{2}$ Fuß über der Visirlinie befinden, und die Kugel des 12pfünders also $21\frac{1}{2}$ weniger 6, oder etwa 15 Fuß. Richtet man daher den 12pfünder auf i, so trift die Kugel 15 Fuß höher, hier in h. Wäre die Kanone vorne so dicke als hinten, oder hätte man den Unterschied des Metalls vorne aufgesetzt, wie in Fig. 2. in w: so würde man 6 Fuß niedriger als die Visirlinie v w n q und in o treffen. Eben dies würde erfolgen, wenn man in einer Ebene auf 100 Schritt bey unserm Geschütz gegen die Erde richtete; indem die Visirlinie v g Fig. 2. sich auf eine gewisse Weite vom Geschütz mit der Erdfläche schneidet, wenn die Axe der Kanone p q mit derselben parallel läuft.

Aus diesen ergiebt sich, daß man den Ort wo die Kugel sich befindet, bis in den Punkt h F. 1. einigermaßen bestimmen kann. Von da an bis sie die Visirlinie in s wieder durchschneidet, läßt sich aber ihre Bahn nicht gewiß angeben; man weiß nur, daß sie bey unserm 3pfünder auf 750, und bey dem 12pfünder auf 950 Schritt die Visirlinie durchschneidet; so daß man also auf diese Distanzen den Punkt auf den man übers Metall richtet, trift. Kann man das Object mit diesen d. i. dem Visirschuß nicht erreichen, so muß man den Hinterheil der Kanone senken. Alsdenn macht die Kugel einen größern Bogen und gehet weiter. In Fig. 3. Plan V. ist ein Geschütz in einer solchen Richtung.

Um sich bald einen ohngefähren Begriff von unsern Schußweiten zu machen, so nehme man an: 1) daß der 6pfünder im Visirschuß 100 Schritt weiter als der 3pfünder, und der 12pfünder wieder 100 Schritt weiter als der 6pfünder seine Kugel trage. 2) daß man von 0 bis 3 Grad durch Ein Grad Erhöhung, bey dem 3pfünder 300, bey dem 6pfünder 350 und bey dem 12pfünder 400 Schritt weiter schieße;

also mit dem 6pfünder:	bey	1 Grad		850	Schritt
	"	2	"	1200	"
	"	3	"	1550	"
mit dem 12pfünder	"	1	"	950	"
" " "	"	2	"	1350	"
" " "	"	3	"	1750	"
und mit dem 3pfünd.	"	1	"	750	"

bey

bey 2 Grad 1050 Schritt
" 3 " 1350 "

Die genauern Schußweiten werden in der Folge gegeben. Zum Gebrauch im freyen Felde, kann man die ganz genaue Bestimmung entbehren, weil man hier ohnehin nicht genau die Entfernung des Feindes weiß.

Da man eine Kanone auf einer Lafete von gewöhnlicher Einrichtung, nicht über 10 Grad eleviren kann: so läßt sich der 3pfünder nicht über 2390; und der 12pfünder nicht über 3200 Schritt ohne besondere Vorrichtungen gebrauchen.

2) Richtung.

§. 98.

Wenn man eine Kanone mit dem Gradbogen, oder mit einem eingetheilten Quadranten, an dem eine Pendel sich befindet, in gegebene Grade richten wolte: so würde man viel Zeit verlieren, und dann würde man diese Methode doch nur in einer horizontalen Ebene anwenden können. Man setzt daher hinten auf die Kanone einen gewissen Aufsatz, und visirt dann über diesen und über den Kopf nach dem Objecte. Bey unserm Geschütz beträgt der Aufsatz von 1 Grad bey dem 3pfünder 1 Zoll $1\frac{1}{2}$ Linien, bey dem 6pfünder 1 Zoll $2\frac{1}{2}$ Linien, bey dem 12pfünder 1 Zoll $6\frac{1}{2}$ Linien, und bey der 7pfündigen Haubitze 8 Linien *), zwey Grad betragen das doppelte, 3 das dreyfache ꝛc.

§. 99.

*) Man kann auf eine leichte Art den Aufsatz zu einem Grade bey jedem Geschütz, so genau als es hier erfor-

§. 99.

Wenn die Axe der Seele verlängert auf das Object trift: so nennt man die Schüsse, die alsdann aus der Kanone geschehen, Kernschüsse *). Die Kernschüsse finden nur auf kurzen Distanzen statt, indem die Kugel bald merklich von der Verlängerung der Axe der Seele abweicht. Ist der Hintertheil der Kanone gesenkt, damit die Verlängerung der Axe übers Ziel trifft, so entstehen Elevations- oder Bogenschüsse.

Die

fordert wird, finden: man verdoppelt die Länge des Geschützes, multiplicirt die herausgekommene Zahl mit 3, oder genauer mit 3. 14, und dividirt das Product durch 360. Die Länge der Kanone sey z. E. 5 Fuß d. i. 60 Zoll, die doppelte Länge ist also 120, diese durch 3 multiplicirt und darauf durch 360 dividirt, giebt 1 Zoll zum Aufsatz für 1 Grad. Nimmt man diesen doppelt: so hat man den Aufsatz für 2 Grad u. s. w.

Da man die Schußweite und den Aufsatz für jeden Grad weiß: so hat man nunmehr für jede bestimmte Distanz die erforderliche Richtung. Leuten die keine Begriffe von Graden haben, bezeichnet man nur die Aufsätze mit den sie die verschiedene Distanzen erreichen.

*) Im Kernschuß richtet man die Kanone, wie aus dem vorhergehenden folgt, auf 100 Schritt in die Erde, wenn das Terrain eben und das Object so hoch von derselben als die Kanone stehet.

Ist

Die Schüsse bey welchen man das Object trift, auf das man richtet, heissen Visirschüsse (einige nennen sie, wiewohl uneigentlich, Kernschüsse.) In Fig. 2. Plan V. ist die Kanone im Kernschuß, in Fig. 3. im Bogen- oder Elevations-Schuß gerichtet.

Ist dieß nicht, so setzt man den Unterschied des Metalls vorn auf, und visirt über denselben und über die höchsten Friesen.

Zweytes Capitel.
Wahrscheinlichkeit des Treffens.

1) Theorie.

§. 97.

Siehet man in Fig. 2. Pl. V. die Linie w n o, als Kugelbahn an, so folgt, daß jeder, der sich zwischen w und o befindet, getroffen wird.

Dies geschiehet also, wenn die Kanone im Kernschuß, oder vielmehr so gerichtet ist, daß die Axe der Seele parallel mit der Oberfläche der Erde läuft. Beym Visirschuß ist aber die Kugel nicht so lange so nahe an der Erde, daß sie einen 6 Fuß hohen Gegenstand in n noch treffen kann. In Fig. 1. ist der Visirschuß bezeichnet, und hier ist auf 500 Schritt die Kugel etwa 18½ Fuß über der Oberfläche der Erde, und also 12 Fuß über den Kopf eines Mannes, der sich in i befindet. Bey 2 Grad Elevation kömmt die Kugel beynahe doppelt so hoch u. s. w.

Die Erfahrung hat gelehret, daß die Kugel sich ohngefehr mit einem doppelt so großen Winkel der Erde nähert, als sie abgeschossen ist. Der Winkel s r v, Fig. 1. ist bey dem Visirschuß also 2 Grad, und die Linie v r, etwa 180 Fuß oder 67 Schritt groß, wenn s v, 6 Fuß beträgt. Es können demnach hier alle Menschen, die auf v r, stehen,

stehen, getroffen werden. Da die Kugel in ebenem ganz harten Erdreiche aber auch mit beynahe eben dem Winkel wieder in die Höhe gehet: so sind in dem Raum r W, noch eben so viel Menschen der Kugel bloß gestellet, als in V r. Bey 1° Grad Elevation können also alle Menschen, die innerhalb 360 Fuß oder 135 Schritt um r sich befinden, getroffen werden. Bey 2 Grad Elevation ist der Winkel s r v 4 Grad, und also doppelt so groß, als oben. Wenn in diesem Fall s v 6 Fuß, so ist v r nicht über 90 Fuß. Bey 2 Grad können also alle Menschen, die in einem Raum von 180 Fuß oder 67 Schritt sich um r befinden, getroffen werden. Bey 3° ist dieser Fleck nur 120 Fuß oder 45 Schritt groß rc.

Ist der Boden, auf den die Kugel aufschlägt, aber nicht ganz hart und eben, so ist der Winkel mit dem die Kugel in die Höhe gehet größer, als oben. Auf einer Heyde die nicht eben, und in Acker-lande ist dieser Winkel oft bis 2mal so groß, als der Einfals-Winkel. Es werden also in diesem Fall

bey	1°	10,	Schritt bis auf 6′ rasirt.
-	2°	50,	
und bey -	3°	35,	

Da nun die Erfahrung ergiebt, daß die Schußweiten bey einer Elevation 250 Schritt voneinander verschieden sind: *) so kann man also die Anzahl

*) In §. 100. wird man sehen, daß ½ der Anzahl Schüsse 100, ¾ aber 200, und 11/12 fast 300 Schritt bey einer Ele-

zahl der treffenden Schüsse bey 1° auf etwas mehr, als $\frac{1}{3}$ der ganzen Anzahl rechnen. Denn es werden von 250 Schritt 100, also etwa der dritte Theil rasirt. Auf ähnliche Art findet man, daß von den Schüssen mit 2 Grad Elevation, wenigstens $\frac{1}{6}$ und von dem mit 3 Grad, $\frac{1}{9}$ der ganzen Anzahl treffen. Nimmt man hier einen harten Boden, so wird der Effect größer seyn, wie aus dem vorhergehenden folgt. Und es werden bey 1° mehr, als die Hälfte, bey

Elevation und Ladung von einander verschieden sind. Eben diese Differenz findet man in den noch vorkommenden Versuchen, welche zu Douay und la Fere angestellt sind. Diese gar nicht zu vermeidende Differenzen haben dem Artilleristen zu manchem Vorurtheil Anlaß gegeben. Man glaubte die Ursache derselben meistens in irgend einem vermeidlichen Umstande zu finden. Man glaubte, wenn ein Rad schief oder fester, als das andere stände; wenn die Kanone einmal weiter als das andere mal zurück liefe: so machte dies einen Unterschied in der Schußweite. Von der andern Seite bestärkten diese Differenzen die unrichtigen willkührlichen Meynungen. Man glaubte z. B. daß die alten langen Kanonen in jedem Fall weiter, als kürzere, 21 oder 18 Kaliber lange schössen, weil die längern zu Zeiten ihre Kugeln weiter, als die kürzern brachten. Daß die kürzern dies ein andermal ebenfalls thaten, schrieb man irgend einen besondern Umstande zu, einem Versehen ꝛc. Man siehet hieraus, wie wenig die bloße Erfahrung unsere Einsicht erweitert, wenn nicht eine gründliche Theorie vorhergehet.

bey 2° etwa $\frac{1}{4}$ bis $\frac{1}{3}$ und bey 3° ohngefehr $\frac{1}{8}$ bis $\frac{1}{9}$ von der ganzen Anzahl der Schüsse treffen *).

2) Wenn gegen Truppen gefeuert wird.

§. 98.

§. 97. giebt den Effect, wenn man nicht zur Seite vorbey schießen kann, wenn das Object keine Tiefe hat und 6 Fuß hoch ist, kurz wenn man gegen Infanterie schießt, die in gewöhnlicher Schlachtordnung steht. Da die Kavalerie $8\frac{1}{2}$ bis 9 Fuß hoch ist, so vermehrt sich der Effect hier auch beynahe um $\frac{1}{3}$

*) Die Versuche, welche der verstorbene regierende Graf von der Bückeburg, von 1768 bis 1771, hat machen lassen, bestätigen diese Angaben, in so fern sie durch Versuche bestätigt werden können.

Die Scheibe, welcher man sich hier bedienet hat, ist 16 Fuß breit und 6 Fuß hoch gewesen. In diese Scheibe hat man mit einem 1pfündigen Falconet und $\frac{1}{3}$ kugelschwerer Ladung, auf 375 Schritt bey 1 Grad Elevation von 20 Schuß 11, bey $1\frac{3}{4}$ Grad und auf 500 Schritt von 91 Schuß 34, bey $2\frac{1}{2}$ Grad und auf 625 Schritt von 124 Schuß 32, und bey $3\frac{1}{2}$ Grad und auf 900 Schritt von 45 Schuß 6, gebracht. Bey 1 Grad hat man also mit der Hälfte, bey $2\frac{1}{2}$ mit $\frac{1}{4}$ und bey $3\frac{1}{2}$ Grad mit $\frac{1}{8}$ der ganzen Anzahl getroffen, und also mehr geleistet, als oben versprochen ist; zumal da hier noch seitwärts Kugeln vorbeygegangen sind, welches nicht vorkommen kann, wenn man gegen Infanterie, wie oben vorausgesetzt wird, feuert.

$\frac{1}{3}$; so daß hier bey 1 Grad Elevation $\frac{1}{2}$ bis $\frac{3}{4}$, bey 2 Grad $\frac{1}{4}$ bis $\frac{3}{8}$ und bey 3° $\frac{1}{6}$ der geschossenen Kugeln treffen. Ist der Gegenstand 250 Schritt tief; oder ist die Infanterie oder Kavalerie in 2 bis 300 Schritt tiefen Kolonnen, so treffen alle Kugeln.

Ist die Kolonne 100 Schritt tief, so trift die angegebene Anzahl, und überdieß $\frac{1}{3}$ der Anzahl der gethanen Schüsse.

Bey dieser Schätzung des Effects ist noch immer vorausgesetzt, daß die Entfernung des Objects bekannt ist; irrt man sich aber in derselben um 100 Schritt, so ist der Effect etwa $\frac{1}{3}$ geringer; irrt man sich um 200 Schritt, so ist er um $\frac{2}{3}$ geringer, und irrt man sich um 300 Schritt, so trift man gar nicht. Doch findet dies nur in dem Falle gänzlich statt, indem man den Aufschlag der Kugel nicht sehen kann. Kann man diesen noch sehen, wie dies bis zu 1200 Schritt bey hellem Wetter angehet: so kann man sich wenigstens vor das Ueberhinschiessen in Acht nehmen. Und alsdenn kann man, nachdem die Oberfläche des Erdbodens und die Entfernung, noch etwas von den aufgeschlagenen Kugeln erwarten.

In der folgenden Tabelle siehet man die Anwendung, von dem was bisher gesagt ist.

Elevation in Graden	Weite in Schritt.			Der Theil welcher von der ganz. Anzahl d. Schüsse trift		Schritte die rasirt werden	
				Inf.	Kaval.	Inf.	Kaval.
	3 pf.	6 pf.	12 pf.	Harter Boden	Harter Boden	Harter Boden Schr.	Harter Boden Schr.
1	750	900	950	1/2	3/4	135	200
2	1080	1300	1390	1/4	3/8	67	100
3	1350	1630	1770	1/6	3/12	45	66
4	1570	1900	2100	1/8	3/16	34	50
5	1750	2120	2380	1/10	3/20	27	40
10	2280	2680	3680	1/20	3/40	14	20

Bey den verschiedenen Graden nimmt das Treffen also so ab, wie die Grade zunehmen. Dies gehet jedoch nur bis zum 5ten Grad. Hier bleiben die Kugeln in weichem unebenen Erdreiche ohne Ricochette nach dem ersten Aufschlage liegen. Dadurch wird der Effect mehr, als bis um die Hälfte verringert, und es wird in diesem Fall kaum die 40ste Kugel treffen. Auf zarten Boden, wo die Kugel noch bis zu dem 10ten Grad, ricochettirt, ist der Effect bey 5 und über 5 Grad größer, als oben. Da der 3pfünder bey 5 Graden die Kugel nun auf 1750, der 6pfünder auf 2130, und der 12pfünder auf 2380 Schritt bringt: so kann man über diese Distanz in weichem Terrain, mit jedem dieser Kaliber fast gar keinen Effect mehr erwarten.

3)

3) Wenn gegen Fortifications-Werke gefeuert wird.

§. 99.

Die Erfahrung hat gelehret, daß die Seiten-Abweichungen der Kugeln auf 800 Schritt nicht weit über 24 Fuß betragen (wenn sonst die Kugeln nicht einen zu großen Spielraum haben); daß in einem 9 Fuß hohen und 12 Fuß breiten verticalen Gegenstand, bey 1° Elevation, die halbe Anzahl Kugeln kommen *) und daß gegen kleinere Flächen sich das Treffen beynahe wie die Fläche des Gegenstandes verhält; so daß bey einem Gegenstand der halb so groß im flächen Inhalte die 4te ist und bey einem der ¼ so groß d. i. halb so hoch und breit, oder 4½ Fuß hoch und 6 breit ist die 8te kömmt. Es kömmt daher in eine Schießscharte die 8 Fuß weit und 4 hoch ist (also 32 Quadratfuß groß ist) auf 800 Schritt die 6te Kugel, wenn die Kugel bey 1 Grad diese Weite erreicht. Erreichte die Kugel bey 1° aber nur 500 Schritt, so würde sie hier, weil die Seitenabweichung etwas geringer, etwa mit der 4ten bis 6ten treffen. **) er-

*) Dies habe ich bey dem Scheibenschiessen vielfältig bemerkt. Wir haben gewöhnlich in eine 800 Schritt entfernte 10 Fuß hohe und 16 Fuß breite Scheibe, mit unsern alten Kanonen und Kugeln ⅓ bis ⅔ der ganzen Anzahl der Schüsse gebracht. Es waren zwar Kanonen da, mit den nur zu Zeiten der 4te bis 6te Schuß gefehlt wurde; allein ich rede hier von dem, was im Ganzen erhalten werden kann.

**) Dies hat sich bey einem Versuche, welchen der ver-

 Kor-

Da der Visirschuß des 3pfünders 750, des 6pfünders 900, des 12pfünders 950 und des 24pfünders 1050 Schritt beträgt: so kann man über diese Distanz auch nicht den obigen Effect bey den verschiedenen Geschützen erwarten. Ist die Distanz 300 bis 450 Schritt größer, so erfolgt nur $\frac{1}{3}$ des obigen Effects; es trift also denn nur die 18te Kugel. Nähert man sich aber dem Gegenstande unterm Visirschuß, so wird auch die Gewißheit des Schusses größer, und bey dem Kernschuß (also auf 300 Schritt) kommt in einem $4\frac{1}{2}$ Fuß hohen und 6 Fuß breiten Gegenstand wenigstens die Hälfte der Anzahl der Schüsse. *)

Nä-

storbene regierende Graf Wilhelm von Bückeburg im Sept. 1768. anstellen ließ, auch wirklich gezeigt, denn von 26 1pfündigen Falkonets-Schüssen, welche 5tel kugelschwere Ladung und 1° Elevation hatten, trafen 5 auf 500 Schritt in die Schießscharte.

*) Das Treffen vertikaler Objecte verhält sich bey verschiedenen Graden, verkehrt wie die Grade, multiplicirt mit der Entfernung. Denn die Seitenabweichung verhält sich, wie die Entfernung; und das Treffen der gleich hohen Gegenstände, verkehrt, wie die Grade (§. 98.) Bey 2 Grad erhält man also den dritten, bey 3 Grad den 6ten und bey 4 den 10ten Theil der Wirkung, den man bey 1 Grad hatte.

Antoni erzählt in seinem de l'Usage des Armes à feu S. 58. daß ein 6pfünder auf 320 Schritt, bey einer großen Menge Schüsse, wenigstens den 4ten Theil der ganzen Anzahl in eine 4 Fuß große Scheibe gebracht

Nähere Bestimmungen der Anzahl der Kugeln, die in verticale Objecte von verschiedener Größe, auf verschiedene Weiten treffen, enthält die folgende Tabelle.

bracht habe. In eine von einer doppelten Höhe würde er ohngefähr die doppelte Anzahl, also die halbe der ganzen, gebracht haben. Da nun 4 multiplicirt mit 6 beinahe das doppelte von 4 multiplicirt mit 4 ist: so stimmt also diese Angabe mit der gegebenen einigermaßen überein.

Im Jahre 1773. ließ der verstorbene regierende Graf Wilhelm von Schaumburg-Lippe versuchen, ob man auch in nahen Distanzen, mit der Kanone so richtig, als mit der Büchse schiessen könnte. Erst geschahen 12 Schuß nach einer 250 Schritt entfernten Scheibe mit einem Falkonet, das mit 9 Loth Pulver und einer bleiernen Kugel von 1 Pfund 14 Lt. geladen wurde. Die gröste Abweichung der Kanonen-Kugel von dem Punct, auf dem visirt wurde, betrug $2\frac{7}{8}$, und die der Büchsenkugel $2\frac{1}{2}$ Fuß. Auf 400 Schritt geschahen 10 Schüß, von den die gröste Abweichung der Kanonenkugel nicht über 5, und die der Büchse nicht über 7 Fuß betrug. (Ein guter Hannöverischer Scheiben-Schütze hätte hier mit den langen Scheiben-Büchsen, die 2 Loth schiessen, besser geschossen, als mit der Kanone es jetzt geschah. Denn dieser bringt gewöhnlich auf 350 Schritt, alle Schüsse nicht über, $2\frac{3}{4}$ Fuß vom Mittelpunkt der Scheibe.) Auf 400 Schritt würde demnach die Kanone alle Kugeln in ein Object bringen, das 10 Fuß hoch und breit wäre.

Anzahl der Kugeln, die von der ganzen Anzahl treffen.					Weite und Elevations-Grade
Wenn ein Object					
ein Quadrat, das 40 Fuß zur Seite hat	18 Fuß hoch und 24 Fuß breit ist	ein Quadrat, das 10 Fuß zur Seite hat	ein Quadrat, das 5 Fuß zur Seite hat	ein Quadrat, das $2\frac{1}{2}$ Fuß zur Seite hat	
1	1	$\frac{1}{2}$	$\frac{1}{8}$	$\frac{1}{32}$	bey 1 Grad 850 Schritt
1	$\frac{1}{3}$	$\frac{1}{6}$	$\frac{1}{24}$	$\frac{1}{96}$	bey 2 Grad 1200 Schritt
$\frac{1}{3}$	$\frac{1}{6}$	$\frac{1}{12}$	$\frac{1}{48}$	$\frac{1}{192}$	bey 3 Grad 1580 Schritt

Wahrscheinlichkeit des Treffens durch Ricochette bey der gewöhnlichen Ladung.

§. 100.

Bisher ist nur die Rede von dem ersten Aufschlag der Kugel gewesen. Die Kugel macht aber nach

Nach unserer Theorie kömmt auf 850 Schritt in ein solches Object die Hälfte der ganzen Anzahl der Schüsse und auf 400 Schritt, also beinahe jeder Schuß; so daß diese Versuche unsere Angaben nicht widersprechen.

Mit einer gezogenen leichten 1 bis 2pfündigen Kanone, ist nach A Description of Rifled Ordonnance, by James Lind, Edinburg 1776., auf 560 Schritt oder 1500 Fuß, die gröste Seitenabweichung der Kugel $1\frac{1}{2}$ bis 2 Fuß und also geringer als bey den angeführten Büchsen. Aber diese gezogene Kanone ist durch ein darauf angebrachtes Fernrohr gerichtet.

nach dem ersten Aufschlag noch verschiedene Sprünge, die man Ricochette nennt. Bey $\frac{1}{2}$ kugelschwerer Ladung und einer 18 Kaliber langen 6pfündigen Kanone, macht die Kugel im Kernschuß nach dem ersten Aufschlage, einen Ricochett von 400 bis 600 Schritt, und darauf 3 bis 4, welche zusammen genommen jenen etwa gleich sind.

Die ersten Ricochette der 12pfünder, sind um etwa 50 Schritt größer, und die der 3pfünder um 50 Schritt kleiner, als die der 6pfünder.

Ferner sind die ersten Ricochette bey 1 Gr. um etwa 100 Schritt kleiner, als die bey 0, die bey 2 Graden wieder, um eben so viel kleiner, als die bey 1 ꝛc. In einer Ebene ist der 2te Ricochett ohngefähr halb so groß, als der erste.

In der 4ten Figur Plan V. ist der 3pfünder so gerichtet, daß die Kugel parallel mit der Oberfläche der Erde aus der Kanone gefahren ist. Auf 400 Schritt ist die Kugel zum erstenmal, auf 900 oder auf 500 Schritt vom ersten Aufschlage zum 2ten, auf 1150 zum 3ten und auf 1345 zum 4tenmal aufgeschlagen. In der 5ten Figur ist der Visirschuß des 3pfünders, und in der 6ten der Schuß mit 2 Grad Elevation vorgestellt. Die obern Zahlen zeigen die Weite des Aufschlags vom Stück angerechnet, und die untern die Größe eines jeden Sprungs *).

*) Da ich nicht weiß, daß Versuche dieser Art gedruckt, und daß anderswo die Regelmäßigkeit, welche in den Ricochetten herrscht, entdeckt ist, so setze ich hier die

Versuche her, welche im May und August 1785. von dem Herrn Obersten von Trew (zur Untersuchung der Schußweiten der Kanonen von verschiedener Länge bey ½ kugelschwerer Ladung), mit der möglichsten Genauigkeit ohnweit Hannover angestellt, und von mehrern Artillerie-Officieren protocollirt sind. Das Terrain in den man diese Versuche anstellte, war mit Heyde bewachsen, an den meisten Oertern uneben, an vielen so weich, daß man es nicht ohne Stiefeln paßiren konnte, und an einigen sogar morastig. Die niedrigsten Stellen waren 5 Fuß niedriger, als der Ort worauf die Kanonen standen. Es ist sicher, daß viele Unregelmäßigkeiten in den Ricochetten, welche sich hier finden, auf einem andern Terrain, auf einer ordinairen Heyde, auf ordinairen Wiesen, und sogar auch auf Aeckern nicht statt finden würden. Da die Länge der Stücke auf die Ricochette keinen Einfluß zu haben scheinen, so habe ich alle Schußweiten hier zusammen genommen. Es ist kein Schuß ausgelassen, wie dies wohl in Versuchen zu geschehen pflegt, und deswegen ist auch die Differenz der Schüsse größer, als in manchen andern Versuchen; als in denen die Belidor und Antoni angestellt, die aber auch deswegen von fast keinem Nutzen sind. Ferner sind diese Versuche mit alten Kugeln gemacht, welche nicht die vorzügliche Beschaffenheit unsrer neuen haben; so daß alles hier so war, wie es im Felde seyn kann. Die Ladung ist wie erwähnt ½ kugelschwer, die Schußweite ist durch Schritte ausgedrückt, davon jeder 2⅔ Kalenbergische Fuß hält. Die Ricochette geschahen gewöhnlich mit einem größern Winkel, als der Einfals-Winkel. Es wurde bey dem ersten Ricochett des Visirschusses, auf 20 bis 30 Schritt von dem Aufschlage, schon die 9 Fuß hohe Scheibe gewöhnlich nicht getroffen, bey dem 3ten und den übrigen Ricochetten, erhob sich aber die Kugel selten so hoch von der Erde, daß sie über einen Kavaleristen weggegangen wäre.

Horizontalschuß des Dreypfünders.

Aufschläge.

Länge des Stücks in Calibern	1ster	2ter	3ter	4ter	5ter
24	406 425	830 1136	938 1240	1520	
23	394 370 508	882 1025 870	1380 1300 1202	1520 1580 1390	1570
22	424 450 407	907 1196 1200	1270 1250 1240	1460	1500
21	411 422	1170 1000	1200 1274	1440 1350	1480
18	414	1106			
Mitlere Distanz	421	1027	1220	1400	1516

Mitlere erreichte Distanz von allen Schüssen 1406.

Der erste Ricochett ist hier also 600 Schritt
, 2te , , , 199 ,
, 3te , , , 180 ,
, 4te , , , 116 ,

Die mitlere Schußweite oder Distanz findet man, wenn man alle Schußweiten addirt und durch ihre Anzahl dividirt. Addirt man von 12 Schuß die 6 größten und 6 kleinsten Schußweiten und dividirt jede Summa durch 6: so erhält man die größte und kleinste mitlere Schußweite. Man muß aber bey dieser Art, die Schußweiten der Geschütze zu vergleichen, wenigstens

stens 12 Schuß thun, wenn man nur einigermaßen ein richtiges Resultat erhalten will.

Visirschuß des Dreypfünders.

Aufschläge.

Länge des Stücks in Calibern	1ster	2ter	3ter	4ter	5ter
24	740	1234	1450	1570	1700
	719	1270	1500	1600	1700
	753	1128	1510		
	708	1290			
	774	1230	1512	1650	
23	700	1029	1376	1490	
	750	971	1300	1500	
	923	1470	1670	1700	1550
	883	1124	1440		
	840	1400	1560	1690	
	860	1118	1410	1640	
	760	870	1420	1500	1536
22	910	1445	1574	1670	1715
	720	1176	1500		
	725	1310	1330		
	786		1400		
21	890	1340	1600	1780	1920
	790	1292	1408	1550	1650
	820	1180	1380	1600	1620
	800	1018	1130	1370	1410
18	850	1210	1450	1630	
	800	1430	1630	1772	
	780	1176	1376	1450	1880
	810	909	1550	1734	
Mitlere Distanz	795	1201	1461	1592	1648

Mitlere erreichte Distanz von allen Schüssen 1607.

Der erste Ricochett 406 Schritt
" 2te " 260 "
" 3te " 131 "
" 4te " 107 "
" 5te " 56 "

Zwey

Zwey Grad Elevation beym Dreypfünder.

Aufschläge.

Länge des Stücks in Kalibern	1ster	2ter	3ter	4ter	5ter
24	1124	1400	1429		
	1220	1600	2000		
	921	1425	1500	1600	
23	1140	1620	1780	1820	
	1072	1420	1508	1660	
	1140	1270	1470		
22	1196	1524	1640		
	1091	1500	1560		
	1040	1370	1490	1600	1728
21	966	1340	1500		
	1070	1520	1620		
	1070	1240	1530	1640	1800
18	1300	1605	1650		
	1070	1520			
	1080	1550			
Mitlere Distanz	1100	1456	1567	1620	1764

Mitlere erreichte Distanz von allen Schüssen 1635.

Der erste Ricochett 356 Schritt
,, 2te ,, 221 ,,
,, 3te ,, 53 ,,

Horizontalschuß des Sechspfünders.

Aufschläge.

Länge des Stücks in Kalibern	1ster	2ter	3ter	4ter	5ter
24	600	1200	1610	1700	
	600	1400	1665	1775	
23	426	1400	1600	1890	2000
	400	1430	1510	1660	
	405	1320	1675	1730	
	570	1110	1680	1780	2020
	564	873	1020	1600	1900
	489	1042	1320	1750	1900
	426	1361	1560	1670	1730
22	426	907	1510	1630	1950
	712	1000	1340	1516	
	506	1045	1320	1510	1620
	640	1200	1550	1960	2212
	409	1200	1400	1900	2050
21	530				
18	570	1300	1783	2200	2300
	475	1260	1550	1600	1980
Mitlere Distanz	513	1190	1505	1772	1969

Mitlere erreichte Distanz von allen Schüssen 1815.

Der erste Ricochett		677	Schritt
„ 2te	„	315	„
„ 3te	„	267	„
„ 4te	„	197	„

Visirschuß des Sechspfünders.

Aufschläge.

Länge des Stücks in Kalibern	1ster	2ter	3ter	4ter	5ter
24	706	1376	1520		
	1012	1500	1805	1950	
	950	1500	1600		
	930	1480	1920	1980	
23	1000	1600	1680		
	1017	1300	1500	1780	2010
	1000	1290	1500	1780	1910
22	939	1436	1791	1920	
	900	1520	1724	1820	1980
	958	1600	1830	1980	
21	850	1340	1718	1790	1818
	800	1401	1890	2000	
	1050	1500	1790	1820	
	1000	1680	1750		
18	1100	1750	1900		
	930	1440	1680	1890	
	1030	1400	1667	2100	2120
	900	1650	1930		
Mitlere Distanz	948	1487	1734	1854	1967

Mitlere erreichte Distanz von allen Schüssen 1931.

Der erste Ricochett		539	Schritt
= 2te	=	247	=
= 3te	=	120	=
= 4te	=	113	=

Zwey

Zwey Grad Elevation beym Sechspfünder.

Aufschläge.

Länge des Stücks in Kalibern	1ster	2ter	3ter	4ter	5ter
24	1416	1900	2500		
	1300	1760	1890		
	1312	1686	1870	1900	
23	1500	1910	2000	2050	
	1232	1612	1700	1800	
	1212	1752	1841	1920	
22	1122	1680	1920		
	1450	1620	1900		
	1300	1800	1900	2100	
21	1177	1600	1600		
	1366	2030	2200		
	1250	1540	1680		
18	1390	1790	2002	2200	
	1114	1540	1760	1760	
	1330				
Mitlere Distanz	1317	1730	1867	1961	

Mitlere erreichte Distanz von allen Schüssen 1890.

Der erste Ricochett 413 Schritte
" 2te " 137 "
" 3te " 94 "

Visir=

Visirschuß des Zwölfpfünders.

Aufschläge.

Länge des Stücks in Kalibern	1ster	lezter
24	1057	3000
	1182	2144
	800	2860
	806	2866
	930	2900
21	986	2400
	913	2214
	1037	2800
	977	2229
	840	2319
18	982	2422
	1049	2080
	868	2712
	868	2400
	978	2390
	1070	1953
Mitlere Distanz	959	2480

Zwey Grad Elevation beym Zwölfpfünder.

Aufschläge.

Länge des Stücks in Kalibern	erster	lezter
24	1374	2422
	1470	2600
	1700	2600
21	1338	2250
	1375	1824
	1490	1882
18	1340	2828
	1320	1850
	1180	2280
Mitlere Distanz	1398	2282

Die folgende Tabelle giebt die Schußweiten der Kanonen, inclusive der Ricochette, auch bey höhern Graden, welche die obigen nicht enthalten.

Die Versuche, aus denen diese folgende Tabelle genommen, sind 1773. bey der dänischen Artillerie angestellt, und die Stücke sind durchgehends mit ⅓ kugelschweren Pulver geladen.

Wäre man bey diesen Versuchen nicht von Grade zu Grade gegangen, und hätte man mehrere Schüsse bey einer Elevation gethan so wären sie für uns brauchbarer, indem man alsdann eine Mittelzahl würde erhalten haben, die einigermaßen die mitlere Schußweite eines gewissen Grades angäbe. Sie sind indes von einer andern Seite immer merkwürdig, indem sie zeigen, wie weit die Unregelmäßigkeit der Schüsse gehet. Das Terrain auf dem diese Versuche gemacht, scheint ebener und harter gewesen zu seyn, als das, auf dem die oben erwähnten angestellt sind.

[illegible]

Schußweite der dänischen 22 Kaliber langen 12pfündigen Kanonen mit 4 Pfund Pulver in haartuchenen Kardusen.

Aus mehrern Schüssen die mitlere Distanz.

Zu den weiten von Schüssen	Die Zeit des Fluges in Secunden	Erhöhet mit Aufsatz über selbigen und das Metall gerechnet		Nach der Visirlinie über das Metall gerechnet		Die Kugel bleibe liegen
		Größe des Aufsatzes	Der Aufsatz giebt Elev. von der gerad. Linie des Ziels ab	Unter einem hochliegenden Ziel	Auf ebnen Felde in die Erde von dem Stück ab	
Schr						Schr.
100	—	Ganze Vgl. vorne oder 1 Zoll $9\frac{3}{8}$ Linien	0°	3 F. 6 Z. 6 L.	136 Schr.	2900
200	—			7 = 1 =		
300	—			14 = 2 =		
400	—			13 = 3 = 4 =		
500	—	¾ Vg. 1 Z. 4.	0° 15′	10 = 3 = 4 =	180 =	2800
600	—	½ Vg. vorn. od. $10\frac{11}{16}$ L.	0° 30′	10 = 7 = 6 =	270 =	2600
650	—			11 = 6 = 1 =		
700	—	¼ Vg. oder $5\frac{11}{12}$ Lin.	0° 40′	6 = 2 = 4 =	538 =	2500
775	—			7 = 1 =		
900	—	Visirschuß	1° 1′	Grade aufs Ziel oder bey Truppen auf die Brust des Mannes		2400
1100	—	1 Zoll hint.	1° 35′	Mit diesen hintern Aufsätzen und vorne übers Metall wird ebenfalls gerade aufs Ziel gehalten; bey Truppen aber auf die Brust des Mannes.		
1400	—	2 =	2° 39′			2600
1800	—	4 =	3° 17′			
2000	$5\frac{1}{4}$	6 =	4° 25′			2900
2200	$5\frac{3}{4}$	8 =	5° 33′			
2800	8	1 Fuß	7° 48′			3000
3000	9	1 = 4 Zoll	10°			
4000	$14\frac{1}{2}$	2 = 1 =	15°			4000

Fortsetzung.

§. 101.

Die Versuche ergeben, daß zwischen dem ersten und 2ten Aufschlage ein Raum auf den kein 9 Fuß hoher Gegenstand getroffen wird, von etwa 400 bis 600 Schritt, und zwischen dem 2ten und 3ten ein Raum von 200 bis 300 Schritt sich befindet; daß aber von hier an, die Ricochette nur selten über einen Infanteristen oder Cavaleristen hinschlagen können. Schießt man daher mit dem 12pfünder unter 0 Grad, so wird der 1ste Aufschlag auf 600, der 2te auf 1300 Schritt kommen; so daß auf 700 Schritt nur 50 bis 100 Schritt bis auf 9 Fuß rasirt werden; statt bey 1° Elevation in einem Raum von 250 Schritt 135 bis 200 Schritt auf jener Höhe rasirt würden. Es ist also sicher bis zu 1300 Schritt die zur Entfernung erforderliche Elevation vortheilhafter, als das Ricochettiren. Schießt man aber über 1300 Schritt, und ist die Entfernung des Feindes auf 300 bis 400 Schritt ungewiß: so kann man sich der Ricochettschüsse mit gewöhnlicher Ladung bedienen. Alsdann nimmt man bey dem 6pfünder 0° Elevation, wenn der Feind 1500 bis 1700 Schritt, und 1 bis 2 Grad, wenn er 1700 bis 2000 Schritt entfernt ist.

Nimmt man an, daß die 6pfündige Kugel bey 0° auf 450, auf 1200, 1475 und 1725 aufschlägt: so hat man von 1200 Schritt an 3 Aufschläge, welche in 525 Schritt sich befinden. Diese Distanz wird also ziemlich unsicher gemacht; und da jeder Aufschlag auf etwa 50 bis 60 Schritt, wenn das Terrain auch nicht vollkommen eben ist, 6 Fuß hohe Ge-

Gegenstände trift: so würde etwa die Hälfte der ganzen bericochettirten Distanz rasirt, und es würde also bey den vortheilhaftesten Ricochetten, die 2te Kugel treffen. Rechnet man hier nun noch, daß zuweilen wegen einer Furche, einer Anhöhe ꝛc. die Kugel stecken bleibt: so kann man annehmen, daß nur etwa die 3te Kugel trift; gleichwohl ist diese Wirkung noch größer, als die, welche man durch den ersten Aufschlag erwarten kann, wenn man die erforderliche Elevation nimmt.

In einer vollkommenen Ebene ist die Wahrscheinlichkeit des Treffens durch Ricochette noch grösser, als oben; einentheils weil man mehrere Ricochette erhält, und anderntheils weil die Ricochette nicht so hoch sind. Nimmt man an, daß der 2te, 3te ꝛc. Einfalswinkel der Kugel, jedesmal so groß ist, als der mit dem sie vorher in die Höhe gieng: so wird, Fig. 5., die 3pfündige Kugel bey dem Visirschuß von 575 bis 1200, also auf 375 Schritt, beständig so nahe an der Erde seyn, daß sie jedes 9 Fuß hohe Object, und also die feindliche Cavalerie, welche diese Ebene passirt, fast an allen Orten trifft. Bey dem Kernschuß des 6pfünders wird das Terrain von 1500 bis 2000, also auf 500′ Schritt, bis auf 9′ rasirt; so daß also hier etwa $\frac{4}{5}$ der Anzahl der Kugeln trift.

In Pl. V. Fig. 4, 5 und 6, bezeichnet die punktirte Linie die Höhe eines Mannes, und man siehet in denselben daß von a bis a, von d bis d, und von e bis e, jeder getroffen, und daß noch überdies in Fig. 4. von c bis b das Terrain bis auf 6 Fuß hoch

 rasirt

rasirt wird. Zwischen b und a, a und d, und d und e, gehet aber die Kugel über den 6 Fuß hohen Mann weg.

Ist der Feind en Colonne, so treffen die Schüsse, von welchen die Kugeln mit dem ersten Aufschlage in den Feind kommen, nach §. 98. sicherer, als die durch Ricochette, und diese haben hier überdies nicht die erforderliche Gewalt. Man kann aus allen folgenden Schluß für den Gebrauch des Feldgeschützes ziehen: daß man

bey dem 3pfünder	bis auf	1200 Schritt
= = 6 =	= =	1300 =
= = 12 =	= =	1400 =

mit einer der Distanz angemessenen Elevation schiessen müsse; daß aber auf eine weitere Distanz

0°	beym 3pfünder	von	1400	bis	1600 Schritt
	6 =	=	1500	=	1700 =
	12 =	=	1600	=	1800 =
1°	beym 3 =	=	1500	=	1800 =
	6 =	=	1700	=	1900 =
	12 =	=	1800	=	2000 =

der vortheilhafteste Schuß sey. *)

Drit-

*) Hätte Antoni die Regelmäßigkeit, welche in den Ricochetten herrscht (wie es §. 100. dargethan) gewußt: so hätte er vielleicht nicht in seinem Usages des Armes à feu S. 262. behauptet: daß man auch in der Ebene auf beträchtliche Distanzen sich einer solchen Elevation bedienen müsse, daß die Kugel mit dem ersten Aufschlage hinkäme.

Drittes Capitel.
Würkung der treffenden Kugeln.

1) Wenn auf Truppen gefeuert wird.

§. 102.

Bey einem Grad ist die Kugel beym ersten Aufschlage 135 Schritt nicht über 6 Fuß von der Erde. Da nun en Front auf jeden Schritt ein Mann, und in der Tiefe (im Marsch) auf etwa 2 Schritt ein Mann gerechnet werden kann: so werden also bey 1 Grad 135, wenn der Schuß in die Flanke, und 68 wenn er von vorne kömmt, im vortheilhaftesten Fall getroffen; wenn sonst die Kugel nicht durch den Widerstand aufgehalten wird, ihre Bahn zu vollenden. Die folgende Tabelle giebt einen Begriff von dem, was eine Kugel gegen Menschen auf verschiedene Distanzen leistet. Von Pferden durchdringt sie nur die Hälfte der gegebenen Anzahl. Es ist hier vorausgesetzt: 1) daß die Kugel von jedem den ganzen Körper trift, und 2) daß die Kanonen halb kugelschwere Ladung und 18 Kaliber zur Länge haben. *)

Ge-

*) Diese Tabelle ist aus Antoni Usage des Armes à feu genommen, und gründet sich auf Erfahrungen, bey denen man auf alte Pferde geschossen. Antoni setzt längeres Geschütz, aber auch bey größern Kalibern eine

Geschütz	Auf 400 Schritt	Auf 800 Schritt
12pfünder	48 Mann	36 Mann
6 „	39 „	28 „
3 „	30 „	19 „

2) Wenn auf Mauern und Brustwehren gefeuert wird.

§. 103.

Schießt man mit einer starken Ladung gegen eine schwache Mauer oder gegen Holz, so daß die Kugeln durchgehen, so erfolgt nicht die Würkung oder die Erschütterung, die bey einer geringeren erfolgen würde. Ist die Mauer aber so stark, daß die Kugel darin bleibt, so giebt die größte Geschwindigkeit oder die größte Ladung die größte Tiefe und Erschütterung, und also den größten Effect. Schießt man nicht grade gegen ein Object, so wird das Eindringen, nachdem der Winkel mehr von dem rechten abweicht, vermindert. Schießt man mit einer sehr schiefen Richtung gegen eine Mauer, so daß die Kugel abgehet: so erschüttert oder würkt eine Kugel mit schwacher Ladung mehr, als eine mit stärkerer.

eine geringere Ladung voraus, so daß seine Kugeln mit unsern oder den erwähnten etwa Eine Geschwindigkeit haben werden. In **Tielke Beyträgen zur Kriegeskunst und Geschichte des siebenjährigen Krieges** findet man, daß eine Haubitzgranate in der Bataille bey Zorndorf 41 Menschen weggerissen hat.

rer. Aus allem siehet man, daß mehr als auf eine Art Fälle vorkommen können, in denen eine geringere Ladung, als die gewöhnliche, vortheilhaft seyn kann. Sie kann überdies die Stücke nicht so sehr erhitzen, und erlaubt also mehr Schüsse in einer gewissen Zeit.

Aus der folgenden Tabelle siehet man, wie tief ohngefehr die Kugeln auf verschiedene Distanzen in eine Brustwehr dringen, die eine Zeit gelegen, und aus Sand oder mit Thon vermischt ist, bestehet, wenn sie grade auf dieselbe geschossen werden,

Die Länge der Kanonen ist zu 18 Kaliber und die Ladung zu $\frac{1}{2}$ kugelschwer angenommen.

Eindringen in Fußen.

Kaliber der Kanonen	Nahe	400 Schritt	800 Schritt	1200 Schritt
24pfünder	8 Fuß	$7\frac{1}{2}$ Fuß	5 Fuß	4 Fuß
12 =	7 =	$5\frac{1}{2}$ =	4 =	3 =
6 =	6 =	$4\frac{1}{2}$ =	3 =	$2\frac{1}{4}$ =
3 =	5 =	$3\frac{1}{2}$	$2\frac{1}{2}$ =	$1\frac{1}{4}$ =
7pf. Haub.		$2\frac{1}{2}$ =	$\frac{1}{2}$ =	

In sehr festes schon lange gelegenes Erdreich dringt die Kugel nicht so tief, als in das oben angenommene; und in lockeres oder eben aufgeworfenes dringt sie tiefer *). Bey $\frac{1}{3}$ kugelschwerer Ladung vermindert sich die Tiefe um etwa $\frac{1}{3}$.

Wenn

*) Ich habe das Eindringen der Kugel geringer angesetzt, als man es gewöhnlich annimmt. Ich gründe mich auf die Versuche, welche bey der hannövrischen

Ar,

Wenn man mit einer geringen Ladung, oder auf eine beträchtliche Distanz, oder mit einem kleinen

Artillerie gemacht sind, bey denen ich gegenwärtig gewesen bin. Da ich indeß nicht sicher weiß, wie weit die größere Lockerheit des Erdbodens bey andern Versuchen, größeres Eindringen kann verstattet haben: so setze ich hier die Erfahrungen her, die mir bekannt sind.

24pfünder.

1) 20 Kaliber lang, $\frac{1}{2}$ kugelschwer Pulver.

Hat auf 500 Schritt eine Brustwehr, 12 Fuß dick, von gut gestampfter Erde, nicht durchdrungen.

" " 600 Schritt in lockere eben aufgeschüttete Erde 14 Fuß eingedrungen.

" " 130 Schritt in eine sandigte Brustwehr 7 Fuß eingedrungen.

Dies sind Resultate verschiedener Versuche, welche vor vielen Jahren mit aller Genauigkeit bey unserer Artillerie gemacht sind.

2) Belidor hat zu Metz gefunden, daß mit einer 24pfündigen Kugel, auf 75 Schritt, bey halb kugelschwerer Ladung, die 24pfündige Kugel 9 Fuß in einen senkrechten Berg, von mitteln Erdreiche bringe.

3) Nach Buchner Theor. und Prax. Artill. erster Theil, S. 52, dringt die 24pfündige Kugel bey $\frac{1}{2}$ kugelschwerer Ladung auf 300 Schritt 10 bis 12 Fuß in wohlgeschlagene gesetzte Erde, 14 bis 15 Fuß in gemeine, und 18 bis 20 Fuß in sandigte Erde.

4) Nach St. Julien Forge du Vulc. S. 38. dringt die Kugel auf 600 Schritt 15 bis 16 Fuß in eine Brust-

nen Kaliber gegen eine harte Mauer schießt: so dringt zu Zeiten die Kugel gar nicht ein und es erfolgt alsdann kein Effect.

In

Brustwehr und 1 bis $1\frac{3}{4}$ Fuß in eine Mauer von Ziegelsteinen. (Struensees Art. S. 327.)

16pfünder und 18pfünder.

1) 22 Kaliber lang, und $\frac{1}{3}$ kugelschwere Ladung. Auf 750 Schritt 10 bis 12 Fuß. L'ordre profond & l'ordre mince. S. 51. (Böhms Mag. Theil 9. S. 156.)

2) Nach Robins Versuchen; Neue Kriegsbibl. 1stes Stück. S. 44 ist die 18pfündige Kugel, bey $\frac{1}{3}$ kugelschwerer Ladung, in Eichen Pfosten, jeden zu $1\frac{1}{2}$ Fuß, $3\frac{5}{8}$ Fuß gedrungen; bey $\frac{1}{6}$ kugelschwerer Ladung aber nur $2\frac{3}{4}$, und bey $\frac{1}{12}$ kugelschwerer Ladung nur $1\frac{1}{3}$ Fuß.

12pfünder.

1) 24 Kaliber lang und $\frac{1}{2}$ bis $\frac{3}{4}$ kugelschwere Ladung. Auf 14 Schritt, die erste Kugel in gemeine, lange sich sehr fest gelegene Erde 7 Fuß. Diese Observation, welche zu Hannover bey dem Canonprobieren gemacht ist, hat noch ergeben: daß die letzten Kugeln nicht tiefer als die ersten eindringen, und zuletzt fast gar keine Wirkung mehr leisten, indem alsdenn Kugel auf Kugel kömmt.

2) Nach L'ordre prof. & l'ordre mince S. 51. (Böhms Magaz. 9r Bd. S. 156.) dringt bey $\frac{1}{3}$ kugelschwerer Ladung, die 12pfündige Kugel auf 750 Schritt 7 bis 8 Par. Fuß in ordinaire Erde.

3)

In Holz dringt die Kugel nur etwa $\frac{2}{5}$ und in Mauerwerk etwa $\frac{1}{10}$ so tief, als in die oben in der

Ta=

3) Nach Tielks Beyträgen zur Kriegeskunst und zur Geschichte des Krieges rc. 5r Theil S. 259. ist die 12pfündige Kugel durch ein steinigt und fest gerammeltes Erdreich auf 700 bis 800 Schritt 10 Fuß gedrungen und ausserdem noch durch die Bekleidungsfaschine. Die Kanone war vermuthlich 16 Kaliber lang und die Ladung 5 Pfund.

8 und 6pfünder.

1) Die 8pfündige Kugel ist auf 750 Schritt $4\frac{3}{5}$ bis 5 Par. Fuß in die Erde. (Kanone vermuthlich 24 Kaliber lang und $\frac{1}{2}$ kugelschwere Ladung) Böhms Magazin Th. 9. S. 156. L'ordre prof. &c. S. 51.

2) 6pfünder 18 Kaliber lang und $\frac{1}{2}$ und $\frac{1}{3}$ kugelschwere Ladung, auf 14 Schritt in festgelegene Erde $5\frac{1}{2}$ Fuß.

Ist bey dem Kanonenprobiren zu Hannover bemerkt.

4 und 3pfünder.

1) Nach Tielks erwähnten Beyträgen Theil 5. S. 259. ist die 4pfündige Kugel in ein mit Steinen vermischtes und festgerammeltes Erdreich auf 700 bis 800 Schritt 6, und auf 600 Schritt 10 Fuß tief gedrungen, und noch überdies durch die Bekleidungsfaschine. (Kanone vermuthlich 16 Kaliber lang, Ladung $1\frac{3}{4}$ Pfund Pulver.)

2) 4pfünder (vermuthlich 26 Kaliber lang und $\frac{1}{2}$ kugelschwere Ladung) auf 750 Schritt $2\frac{1}{2}$ Par. Fuß. Böhms Magaz. Th. 9. S. 156. oder L'ordre prof. &c. S. 51.

3)

Tabelle angenommene Erde. Ueberhaupt aber ist der

3) Ein 18 Kaliber langer 3pfünder, bey 1 Pfund Pulver, brachte auf 1000 Schritt seine Kugel 3 Zoll in büchen Holz. Auf 500 Schritt schlug die Kugel durch einen 8 Zoll dicken büchenen Pfosten.

8 und 7pfündige Haubitze.

1) 8pfündige Haubitze drang (vermuthlich mit 1½ Pfund Pulver) auf 600 Schritt 4 Fuß tief in steinigtes, festgerammeltes Erdreich und durch eine Faschine. Tielke Beytr. S. 259.

2) Eine Bombe, welche 10 Pfund wog, wurde bey einem Versuche, den ich beygewohnt, mit 16 Loth auf 250 Schritt, durch eine 1zollige Diele 4 Fuß in den Kugelfang getrieben.

Amusetten.

1) Nach Versuchen, denen ich beygewohnt, drang eine bleyerne Kugel von 1 Pfund 14 Loth mit ⅜ kugelschwerer Ladung, aus einem 21 Kaliber langen Stücke geschossen, auf 625 Schritt durch eine zollige büchene Diehle 3 bis 4½ Fuß tief in den Kugelfang, Auf 105 Schr: durch eine 1zollige eichene Diehle und 5½ Fuß in den Kugelfang; auf 250 Schr. 11 Zoll in einen trockenen eichenen Baum; auf 1000 Schritt in einen büchen Baum 2 Zoll, auf 750 Schr. und 8 Zoll, auf 20 Schritt durch 7 bis 11 Stück 1zollige eichene Bohlen, welche vor einander ohne Zwischenraum standen.

2) Der Graf von Sachsen hat mit seinen Amusetten, welche ½ Pfund Bley schiessen, auf 1000 Schritt 1½ Fuß dicke Eichen durchdrungen. Mes reveries T. II. S. 61 und 62.

der Effect der Kugeln gegen Mauern größer, als gegen Brustwehren. Denn obgleich die Kugeln weniger in die ersten dringen: so macht doch die Erschütterung, daß die Mauer Risse bekömmt, und daß ein gewisser Theil davon einfällt, ohne daß die Kugeln sie unmittelbar umwerfen. Und es ist wahrscheinlich, daß man mit 6pfündern auf 200 bis 300, mit 12pfündern auf 400, und mit 24pfündern auf 500 Schritt eine Mauer niederschiessen kann; gewöhnlich aber liegen die Breschbatterien nicht über 200 Schritt von der Mauer in die sie die Bresche legen *).

Mit einer Erdbrustwehr gehet es anders zu; sie hat eine Abdachung; die Erde fällt dahero eben nicht herunter, und die Brustwehr verlieret durch eine beträchtliche Anzahl Schüsse nur oben ein geringes von ihrer Stärke.

Da

*) In den Memoires sur la Fortification perpend. 1786. heißt es p. 73. daß vor der Citadelle Tournay 1745. auf 120 Toisen von der Crete des bedeckten Weges, und 175 Toisen (also 440 Schritt) vom Hauptwerke, die Maure desselben niedergeschossen sey, und daß 1760. vor Dillenburg auf 200 Toisen oder 500 Schritt, und 1741. vor Carthagena auf 250 Toisen oder 625 Schritt eine Bresche bewirkt worden sey. Die Verfasser der Memoires, welche sich für französische Ingenieurofficiere ausgegeben, versichern: daß man auf 350 Toisen oder 870 Schritt eine Mauer mit 24pfündern niederschiessen könne. Auf diese Weite wird aber eine große Anzahl Schüsse dazu erfordert werden.

Da man nicht leicht die Schüsse auf einen Fleck bringen kann, und nur die, welche oben treffen, zuletzt durchdringen: so kann man auf diesen Effect, auch selbst bey dem Angriff einer Festung, wo man viel und schweres Geschütz hat, nicht rechnen, wie dieses durch die Erfahrung bestätigt wird. Wenn man alles in Erwägung ziehet, so scheint es, daß man mit dem 12pfünder Thore noch auf 1000 und schwache Mauren auf 600 Schritt niederschiessen könne; daß bey gleicher Weite der 12pfünder sowohl gegen diese, als andre Gegenstände beynahe zweymal so wirksam als der 3pfünder, und um $\frac{1}{3}$ wirksamer als der 6pfünder sey; daß man aufs weiteste mit dem 12pfünder auf 1200, und mit dem 3pfünder auf 800 Schritt ordinaire Wohnhäuser, schwache Thore rc. durchdringen könne; daß die 7pfündige Haubitze gegen dicke Mauren ohne Effect, gegen kleine Mauren, hölzerne Gebäude rc. aber wirksamer, als die 3 und 6pfündige Kanone sey, indem ihre Granate hier wegen ihrer Schwere und geringerern Geschwindigkeit mehr Erschütterung verursacht, als die 3 und 6pfündige Kanonkugel.

Wenn auf Schießscharten gefeuert wird.

§. 107.

Es ergiebt sich aus dem obigen: daß es schwer wird, jemand hinter einer Brustwehr zu beschädigen, und daß man daher gegen Batterien von vorne zu nichts thun kann, als daß man gegen die Schießscharten schießt.

Es läßt sich nicht eigentlich bestimmen, durch wie viel Kugeln eine Schießscharte ruinirt und ein Geschütz hinter ihr ausser Activität gesetzt werden kann. Der Major von Tempelhof glaubt, daß 50 Kugeln erst eine Schießscharte ruiniren. (Geschichte des siebenjährigen Krieges, 2r Theil S. 63). Alsdann müssen auf 800 bis 1000 Schritt 250 Schuß, (weil hier nur etwa die sechste Kugel trift,) und auf 400 bis 500 Schritt 125 Schuß nach derselben gethan werden. Auf 1200 bis 1500 Schritt trift nach §. 99. erst etwa die 15te bis 18te Kugel. Man muß aber bedenken, daß hier mehr Kugeln treffen als §. 99. angiebt; weil mehrere Schießscharten bey einander sind und die meisten Schüsse doch sicher in den Raum kommen, in dem sich die Schießscharten befinden. Es ist daher wahrscheinlich, daß auf 1200 bis 1500 Schritt die $\frac{1}{10}$ bis $\frac{1}{12}$ Kugel trift, und daß in diesem Fall also nur 500 bis 600 Schuß erfordert werden.

Man siehet, daß, zumal auf beträchtliche Distanzen, viel dazu gehört, eine Schießscharte gänzlich zu ruiniren; man muß deswegen in den meisten Fällen hierauf renonciren. Selten wird es auch erfordert, daß man die ganze Schießscharte ruinirt; denn 10 bis 20 gutgetroffene Schüsse in jede Schießscharte, bringen meistens die Kanonen zum Schweigen.

Viertes Kapitel.
Von den eigentlichen Ricochettschüssen.

Begriff.

§. 108.

Eigentliche Ricochettschüsse geschehen mit kleinen Ladungen und einigen Erhöhungsgraden, so daß die Kugel oder Bombe an dem Orte, wo das Object sich befindet, auf der Oberfläche der Erde durch kurze Sprünge oder Ricochette eine beträchtliche Distanz zurücklegt.

Gewöhnlich bedient man sich der Ricochettschüsse gegen Festungen. Man schießt alsdann die Kugel- oder Haubitzgranate so, daß sie eben über die Brustwehr gehet, und auf dem Wallgange ricochettirt.

Wurfweite und Ricochette der schweren Haubitzen.

§. 109.

Aus der folgenden Tabelle wird man sich einen Begriff von der Größe der Ricochette, welche die Granaten der Haubitzen unter verschiedenen Erhöhungsgraden und bey verschiedenen Ladungen leisten, machen können. Diese Tabelle ist aus Versuchen, die mit einer 18pfündigen Haubitze angestellt sind, genommen.

Elevation in Graden	Ladung im Gewicht der Bombe	Erster Aufschlag in Schritten	Wo der 2te oder 3te Aufschlag etwa hinfällt	Wo die Bombe liegen bleibt	Anzahl der Ricochette	Jeder Ricochett von dem 3ten angerechnet, hält etwa Schr. wenn man sie gleich annimmt	Zeit bis zu den ersten Aufschlag Sec.	Zeit bis zu den letzten Sec.
0 bis 1	$\frac{1}{32}$	70	450	800	8	70		15
	$\frac{1}{18}$	130	750	1300	11	70		
3	$\frac{1}{64}$	200	450	700	6	70	$1\frac{1}{4}$	15
	$\frac{1}{32}$	300	650	1000	6	90	$1\frac{1}{2}$	
	$\frac{1}{18}$	480	1000	1800	6	200	$1\frac{1}{8}$	
	$\frac{1}{11}$	550	1100	1900	6	200	2	
5	$\frac{1}{64}$	200	450	700	6	70	$1\frac{1}{2}$	15
	$\frac{1}{32}$	400	700	1000	6	80	3	
	$\frac{1}{18}$	550	1000	1400	5	130	$2\frac{1}{4}$	
	$\frac{1}{14}$	700	1100	1900	6	190	$2\frac{3}{4}$	
7	$\frac{1}{64}$	300	500	650	5	50	$2\frac{1}{2}$	15
	$\frac{1}{32}$	500	750	1000	5	80	$2\frac{1}{4}$	
	$\frac{1}{18}$	700	1100	1300	4	100	$3\frac{1}{4}$	
	$\frac{1}{13}$	900	1200	1800	5	200	4	
10	$\frac{1}{64}$	350	400	500	3	50	3	$11\frac{1}{2}$
	$\frac{1}{32}$	700	900	1100	4	100	$3\frac{1}{2}$	
	$\frac{1}{18}$	1100	1200	1300	2	100	4	
15	$\frac{1}{64}$	600		700	1		$4\frac{1}{4}$	$8\frac{1}{2}$
	$\frac{1}{32}$	1000		1200	1			
	$\frac{1}{18}$	1700		1700				

Wurfweite und Ricochette der Haubitzen von kleinen Kaliber.

§. 110.

Die 7pfündige Haubitze giebt folgende Schußweite und Ricochette in einem mit Halde bewachsenen bültigten Terrain

1 Pfund

1 Pfund oder $\frac{1}{11}$ bombenschwere Ladung
und $2\frac{1}{2}$ Gr. El. 288, 468, 550, 753, 983 Schritt
$2\frac{1}{2}$ = 301, 590, 681, 780, 900 =
$4\frac{1}{2}$ = 420, 560, 800, 865, 938 =
$5\frac{1}{2}$ = 500, 738, 810, 915 =
$5\frac{1}{2}$ = 580, 780, 887, 1008 =
$5\frac{1}{2}$ = 847, 1056, 1246 =

$1\frac{1}{2}$ Pfund oder $\frac{1}{10}$ Bombenschwer
und 2 Gr. 500, erste Aufschl. 1300 Schr. letzte Auff.
= = 570, = = 1400 = = =

Mit 2 Pfund oder $\frac{1}{7}$ bombenschwere Ladung
und 2 Gr. 700, 1600 Schritt
3 = 900, 1800 =
4 = 1100, 1900 =

Fast eben so werden die Weiten und Ricochette bey den Kanonen bey gleicher Ladung und Elevation fallen.

Schußweite mit Kanonen, wenn sie eine geringe Ladung haben.

§. 111.

Erster Aufschlag der Kugeln bey geringen Ladungen (Böhms Magaz. 2 Th. S. 195.)

24pfünder mit 5 Grad	$\frac{3}{4}$ Pfund	76	Toisen.
	$1\frac{1}{4}$ =	240	=
	2 =	310	=
	$2\frac{1}{4}$ =	380	=
	6 =	600	=

24pfünder mit 10 Grad	1	Pfund	200	Tois.
	1½	:	340	:
	2	:	440	:
	2½	:	600	:
12pfünder mit 5 Grad	¾	:	160	:
	1	:	390	:
	1½	:	540	:
	2	:	700	:
12pfünder mit 10 Grad	½	:	170	:
	¾	:	450	:
	1	:	600	:
	1¼	:	650	:
	1½	:	700	:
4pfünder mit 5 Grad	¼	:	160	:
	½	:	470	:
	1	:	600	:
4pfünder mit 10 Grad	¼	:	260	:
	½	:	600	:

Allgemeine Bestimmung der Wurf- und Schußweiten bey geringen Ladungen.

§. 112.

Um einen allgemeinen Begriff von den Weiten der Ricochett-Schüsse zu haben, nehme man an, daß bey leichten Haubitzen und bey Kanonen 1) bey 5 Grad der Körper mit $\frac{1}{12}$ kugel- oder bombenschwere Ladung das erstemal auf 800 Schritt niederfällt; und daß die andern Weiten für die übrigen Ladungen und Elevationen sich wie diese verhalten; so daß eine doppelte Elevation, oder eine doppelte Ladung, eine doppelte Weite giebt; vorausgesetzt, daß man nicht über

über 8 Grad Elev. und über $\frac{1}{9}$ und unter $\frac{1}{18}$ kugelschwere Ladung nimmt.

2.) Daß bey $\frac{1}{9}$ kugelschwerer Ladung der Körper überhaupt bis zu 1500 bis 2000 Schritt, nachdem die Elevation größer oder kleiner, ricochettiren. Nur muß man hierbey Rücksicht aufs Terrain nehmen, und in Erwegung ziehen, daß in den meisten die Kugel sich schon bey 6 bis 8 und die Bomben bey 10 bis 12 Grad im ersten Aufschlage eingraben. Ferner ist hier zu merken, daß der 12pfünder nur mit der Haubitze übereinstimmt, und daß der sechspfünder und noch mehr der 3pfünder eine kleinere Schußweite und noch kleinere Ricochette giebt *).

Größe der Ricochette.

§. 113.

Die Größen der Ricochette stehen bey allen Graden und Ladungen nicht in einem Verhältniß. Es scheint aber, daß der erste Ricochett oder Sprung so groß ohngefähr, als alle andere sey (wie dies auch schon von den Ricochettschüssen mit gewöhnlicher Ladung erwiesen) und daß in einem ebenen Terrain der 2te halb so groß als der erste, der 3te halb so groß als der 2te, und der 4te halb so groß als der 3te sey.

*) Den ersten Aufschlag des Körpers kann man, wie in der Folge gelehrt wird, nach der parabolischen Theorie berechnen; nur muß man mehr Probeschüsse oder Würfe thun, um eine mitlere Weite derselben zu bekommen, weil ihre Differenzen in Verhältniß der Weite, hier sehr groß sind.

sey. Ein Versuch, der 1773. bey der Festung Wilhelmstein auf dem Eise des Steinhuder Meers gemacht wurde, setzt dies fast ganz ausser Zweifel. Man bediente sich der Stein-Kugeln, welche $8\frac{1}{2}$ Pfund wogen und eines Mortiers mit einer cylindrischen Kammer.

Der erste Wurf geschah unter 12 Grad mit 12 Loth oder $\frac{1}{24}$ kugelschwerer Ladung. Auf 300 Schritt fiel die Bombe das erstemal aufs Eis, und machte darauf verschiedene Ricochette, wovon der erste 110, der 2te 43, der 3te 22, und der 4te 12 Schritt groß war. Von dem letzten an, rollte die Bombe noch 75 Schritt auf dem Eise.

Der 2te Wurf geschah mit derselben Ladung unter 15 Grad. Die Kugel erreichte 440 Schritt, ehe sie aufschlug und machte darauf mehre Sprünge; den ersten von 95, den 2ten von 40, den 3ten von 19, und den 4ten von 8, und rollte noch 68 Schritt auf dem Eise.

Unter 21 Grad erhielt man nur einen Ricochett von 55 Schritt, unter 30° blieb aber die Kugel da liegen, wo sie das erstemal aufschlug.

Ricochettschüsse mit Mortieren.

§. 114.

Da es hier an Versuchen fehlt: so will ich hier die bekannten Belidorschen mit dem 8zolligen Mortier hersetzen. (Belidors vermischte Werke S. 321.) Ich habe die Toise zu $2\frac{1}{2}$ Schritt gerechnet.

Ohn-

Ohngefähre Ladung im Gewicht der Bombe	Ladung in Pfunden	Elevation in Graden	Fall der Bombe in Schritten	Ricochetts in Schritten
$\frac{1}{27}$	$1\frac{1}{2}$	8	530	132 — 37 — 25
		10	625	63 — 30 — 25
		12	312	100 — 50 — 150
		15	725	0 — 0 — 0
$\frac{1}{40}$	1	8	350	75 — 32 — 55 — 62
		10	400	25 — 37 — 25
		12	350	32 — 98 — 0
		15	412	25 — 0 — 0
$\frac{1}{54}$	$\frac{3}{4}$	8	137	63 — 50 — 125
		10	175	50 — 37 — 87
		12	225	75 — 75 — 0
		15	337	50 — 0 — 0
$\frac{1}{80}$	$\frac{1}{2}$	8	100	37 — 113 — 0
		10	100	37 — 50 — 0
		12	128	25 — 108 — 0
		15	150	37 — 0 — 0

Diese Versuche enthalten nach allen Irregularitäten einzelner Würfe. Bey 10 Grad ist z. B. der Wurf um 300 Schritt größer, als bey 12.

Anwendung.

§. 115.

1) Da die ersten Ricochette gewöhnlich sehr hoch und groß sind, so kann man von denselben nur einen geringen Effect erwarten. Man muß daher die Elevation und Ladung so nehmen, daß bey 0 Grad erst nach dem 3ten und bey 3 und mehrern Graden nach dem 2ten Aufschlage die Kugel das Object erreicht.

Will man auf 200 Schritt ein Terrain mit einer 10 bis 30pfündigen Haubitze ricochettiren, so sucht man in der 4ten Columne der Tabelle §. 109. diese Weite auf. Man findet hier, daß bey 0 Grad und $\frac{1}{18}$ kugelschwere Ladung von 750 Schritt an bis zu 1300 Schritt etwa 8 Aufschläge kommen, so daß von 70 Schritt zu 70 Schritt also einer fällt, wenn die Ricochette einander gleich wären. Es wäre hier nicht rathsam, eine höhere Elevation und geringere Ladung zu nehmen, weil in diesem Fall die Kugeln zu hohe Bogen machen, wenn gleich die Ricochette etwas kleiner werden. Nimmt man z. B. 7° und $\frac{1}{32}$ kugelschwere Ladung, so erreicht man, wie die Tabelle lehrt, die Distanz von 1000 Schritt und erhält etwa eben die Größe der Ricochette, welche man im ersten Fall bey 0 Grad hatte. Hier aber gehen die Kugeln mit weit größern Winkeln von der Erde, und thun sicher nicht den Effect, den sie bey 0 Grad thun; über dies würden bey 7° nur 300 und bey 0 Grad 50 Schritt unsicher gemacht. Wollte man mit der 12pfündigen Kanone oder 7pfündigen Haubitze gegen ein Object auf 700 Schritt ricochettiren, so sucht man in den Tabellen §. 110. diese Weite in den vorlezten Aufschlägen auf. Man findet alsdenn, daß man sich hier $\frac{1}{17}$ kugel- oder bombenschwere Ladung und $2\frac{1}{2}$ bis $4\frac{1}{2}$ Grad bedienen könne.

2) Hat man eine kurze Linie auf 700 Schritt zu bericochettiren, die noch dazu durch eine Brustwehr und durch Traversen gedeckt ist: so muß man sich einer Elevation von 7 bis 10 Grad

Grad bedienen; und den Körper so schleudern, daß er wenigstens das Ende der Linie erreicht. Bey einer höhern Elevation macht der Körper hohe Sprünge, und hüpft also ehender, als im Gegentheil, über die Brustwehr oder Traverse.

Will man z. B. eine Schanze, die ohngefehr 80 Schritt im Durchmesser hat, auf 800 bis 900 Schritt mit einer 16 bis 30pfündigen Haubitze ricochettiren: so nimmt man 10 Grad und $\frac{1}{32}$ kugel- oder bombenschwere Ladung §. 109. Alsdann wird die Bombe etwa mit dem 3ten Aufschlag die Schanze erreichen, wie die Tabelle es ergiebt.

Ist das Werk nur 400 bis 600 Schritt entfernt, so nimmt man $\frac{1}{64}$ kugelschwere Ladung und 7 Grad. Alsdann können nach der Tabelle §. 109. durch einen Schuß 2 Aufschläge in dasselbe kommen.

3) Ist eine Linie über 12 Fuß hoch, oder befinden sich vor derselben breite Gräben und andere Hindernisse, in welchen die Kugel oder Bombe beym Aufschlagen liegen bleiben kann: so muß man eine solche Richtung nehmen, daß der erste Aufschlag auf die Linie kömmt.

Man muß hierbey sich aber hüten, daß der Körper nicht überhin gehe. Denn die Erfahrung lehrt, daß es oft scheint, als wenn der geworfene Körper nahe hinter der Brustwehr niederfällt, und gleichwol übers Werk hingehet. Da die Differenz der Schüsse bey einer Ladung und Richtung 200 bis 300 Schritt beträgt: so muß man also bey der besten Richtung, wenn die zu ricochettirende Linie nicht

nicht über 200 bis 300 Schritt lang ist, den Körper zu Zeiten vor der Brustwehr aufschlagen sehen, wenn man nicht eine zu hohe Richtung hat.

Wirkung durch Ricochette.

1) Wenn auf Truppen gefeuert wird.

§. 116.

Befindet der Feind sich zwischen 1000 und 1500 Schritt, so wird man, wenn man $1\frac{1}{2}$ oder 2 Grad und $\frac{1}{15}$ bombenschwere Ladung nimmt, in dieser Distanz von 100 zu 100 Schritt, einen Aufschlag erhalten. Nimmt man an, daß der Aufschlag 40 bis 50 Schritt bis auf 6 Fuß rasirt, wie dies die Erfahrung lehrt: so wird der 2te bis 3te Schuß eine Linie Infanterie treffen. Mit voller Ladung trift bey den Kanonen auf 1200 Schritt der 3te, so daß hier die Wirkung der Haubitz-Ricochette und der ordinairen Kanonenschüsse, sich ohngefehr gleich ist.

Weis man die Entfernung des Feindes nicht, oder kann man den Aufschlag der Kugel nicht sehen, und sich darnach in der Elevation corrigiren: so wird, wenn man nicht die rechte Elevation trift, ein Fehler bey dem Ricochettiren nicht sehr viel machen; statt Schüsse mit voller Ladung dadurch merklich in ihrer Wirkung verlieren werden. In diesem Fall würden die Haubitz-Ricochettschüsse mehr, als die Kanonschüsse leisten; zumal da man bey den ersten noch den Vortheil hat, daß sie durch das Aufschlagen die Truppen decontenanciren. Ist aber das Terrain von dem ersten Aufschlag, d. i. von 500 Schritt an, weich und hügeligt: so wird man nicht den obigen Effect erhalten; und alsdann wird der Kanonschuß mit voller Ladung, dem Haubitz-Ricochettschusse vorzuziehen seyn. Man kann aus allem den Schluß ziehen: daß auf mitlere Weiten, in den meisten Fällen, die Kanonschüsse mehr Effect, als die Haubitz- und um so mehr als die Kanon-Ricochettschüsse, leisten. Am meisten scheint der Gebrauch der Ricochettschüsse auf beträchtliche Distanzen, vor denen mit voller Ladung, Vorzüge zu haben: da man aber mit diesen alsdann auch nach §. 100. ricochettirt: so ist die Frage, welche Ricochettschüsse die vorzüglichsten sind.

Von 1000 Schritt bis 1800 Schritt, also auf 800 Schritt, hat der 6pfünder mit voller Ladung bey 0 (§. 100.) 4 bis 5 Aufschläge. Dies giebt beynahe auf jede 160 bis 200 Schritt einen Aufschlag. Bediente man sich der ordinairen Ricochettschüsse, so würde man bey 3° und $\frac{1}{7}$ kugelschwerer Ladung von 1200 bis 1800 Schritt, also auf 600, höchstens 4 Aufschläge und auf jede 150 Schritt 1 haben: so daß hier also in Absicht der Aufschläge, der eigentliche Ricochettschuß einen kleinen Vorzug, vor dem mit voller Ladung, hätte. Dagegen ist aber auch der mit voller Ladung sicherer; indem bey ihm, wenn das Terrain nicht ganz hügeligt oder morastig ist, die Kugeln sich nie bey den ersten Ricochetten eingraben; welches aber bey den mit schwacher Ladung nicht selten geschiehet. Ferner machen die Ricochettschüsse mit voller Ladung einen niedrigern Bogen, als die mit schwächerer und mehrer Elevation;

tion; und vielleicht giebt dies einen so beträchtlichen Unterschied in der Wirkung, daß ein Ricochett des ersten, den doppelten Effect des 2ten leistet.

2) Wenn auf Fortificationswerke gefeuert wird.

§. 117.

Nach §. 115. kann in ein 80 Schritt langes Werk auf 800 Schritte, bey jedem Schuß ein, und auf 400 Schritt zwey Aufschläge gebracht werden. Ist das Werk 160 Schritt lang, so erhält man den doppelten Effect; ist es aber 40 Schritt lang: so erhält man nur den halben.

Liegt ein Werk hoch, und hat es Gräben vor sich, so daß man von dem ersten Aufschlage alles erwarten muß: so kann man in eine 300 Schritt lange Linie auf 800 Schritt nur Einen, auf 400 Schritt aber 2 Aufschläge bringen. Eine 80 Schritt lange Linie wird also nur im ersten Fall etwa mit dem 4ten, und im 2ten mit dem 2ten Schuß getroffen. In solchen Fällen ist die Wirkung der Ricochett-Schüsse sehr gering.

Nimmt man an, daß auf 800 Schritt die 3te und auf 400 die 2te ricochettirende Kugel in die Linie kömmt, in der sich die Kanonen befinden; so leistet im ersten Fall nur der 3te, und im 2ten nur der 2te treffende Schuß Wirkung.

Folgende Tabelle enthält die Wirkung der Ricochettschüsse in verschiedenen Fällen.

Größe

Größe der Linien, die ricochettirt werden	Entfern. der Ges. in Schr	Wenn die Kugel vorher aufschlägt, so trifft von der ganzen Anzahl der Schüsse	Wenn die Kugel nicht vorher aufschlägt, so trifft von der ganzen Anzahl der Schüsse
bey einer 80 Schritt langen Linie	800	der 3te Schuß mit einem Aufschlag	der 12te Schuß
	400	von 2 Schuß 1 Schuß mit einem Aufschlag	der 4te Schuß
bey einer 160 Schritt langen Linie	800	von 6 Schuß 4, mit einem Aufschlag	der 6te Schuß
	400	Jeder mit einem Aufschlag	der 2te Schuß
bey einer 300 Schritt langen Linie	800	von 3 Schuß 4 Aufschläge	der 3te Schuß
	400	von 1 Schuß 2 Aufschläge	Jeder
bey einer 40 Schritt langen Linie	800	der 6te Schuß, mit 1 Aufschlag	der 24ste Schuß
	400	der 4te Schuß mit 1 Aufschlag	der 12te Schuß

jeder mit einem Aufschlag

Gegen Schießscharten trift nach §. 99. die 6te Kugel auf 800 und die 3te auf 400 Schritt. Es ist wahrscheinlich, daß die Kugel, welche in die Schießscharte kömmt, mit der, welche durch einen Ricochett trifft, gleichen Effect leiste; weil diese bey 6° Elevation nicht mehr als etwa 30 Schritt bis auf 6 Fuß rasirt. Vergleicht man nun die Anzahl der Kugeln, welche in die Schießscharte kommen, mit den, welche durch Ricochette treffen: so findet man, daß bey 40 Schritt langen 800 Schritt entfernten Linien, die Ricochette im vortheilhaftesten Fall nicht die Wirkung der Schüsse auf Schießscharten leisten.

Schießt

§. 118.

Schießt man auf 800 Schritt mit voller Ladung, so rasirt die Kugel 135 Schritt bis auf 6 Fuß. Nimmt man die Differenz der Schüsse zu 250 Schritt, und die Linie die man beschießt eben so lang an: so kommen in diesem Fall alle Schüsse in diese Linie.

Ist die Linie 125 Schritt lang, so kömmt der 2te in dieselbe; ist sie $62\frac{1}{2}$ Schritt lang, so kömmt der 4te, und ist sie $3\frac{1}{4}$ Schritt lang, so kömmt der 8te Schuß hinein.

Nun trifft von jedem Schuß der 3te auf die Breite in der die Kanonen stehen: so daß auf

800 Schritt in eine	250	Schritt lange Linie der	3te	Schuß trifft
„ „ „	125	„ „	6te	
„ „ „	$62\frac{1}{2}$	„ „	12te	
„ „ „	$31\frac{1}{4}$	„ „	24te	

wenn man mit voller Ladung schießt.

Da ein Schuß mit 1 Grad Elevation etwa 135 Schritt, und mit 6° beym Ricochettiren etwa 30 Schritt auf 6 Fuß rasirt: so ist also der Effect eines Enfilirschusses 4mal so groß, als der eines Ricochettschusses. Es leistet also auf eine 62 Schritt lange Linie der Enfilirschuß mehr Wirkung als der Ricochettschuß. Da aber die Brustwehr die 3 Fuß hohen Kanonen Lafetenwände bey Ricochettschüssen auf 7 bis 8 Schritt, bey Enfilirschüssen aber auf 30 Schr. deckt: so kann man erst etwa bey 90 Schritt langer Linie dem Enfilir- und Ricochettschuß gleiche Wirkung zuschreiben; bey kleinern aber den Ricochettschuß dem Enfilirschusse, und bey größern den Enfi-

Enfilirschuß dem Ricochettschuß vorziehen. Muß man bey dem Ricochettiren die Kugel mit dem ersten Aufschlag ins Werk bringen, so ist der Effect der Ricochettschüsse um etwa halb so groß, als oben. Und dann leisten, auf 50 bis 60 Schritt lange und auf größere Linien, die Enfilirschüsse eben so viel, als jene.

Fälle in denen man sich der Ricochettschüsse bedient.

§. 119.

Aus dem was man hier über die Vergleichung des Effects der Ricochett- und Enfilirschüsse und der Schüsse auf Schießscharten gehabt hat, scheinen folgende Regeln sich zu ergeben.

1) Daß man sich der Ricochettschüsse bedienen müsse:

a) In Feldschlachten bey Haubitzen fast in jedem Fall, wenn man über 1000 Schritt, bey Kanonen aber wenn man über 1500 Schritt agirt und das Terrain so beschaffen, daß man sich des Kern- und Visirschusses mit voller Ladung nicht bedienen kann.

Diese Fälle treten ein, wenn man auf einem hohen Berge stehet; wenn man Gräben, Morast rc. vor sich hat. Da sie selten vorkommen und kein geschwindes Feuer erfordern: so hat man zu ihnen keine besondern Patronen; sondern man bedient sich gewisser Theile von den ordinairen.

b) Wenn die Werke, die man beschiessen soll, nicht unter 50 Schritt lang, und so niedrig situiret sind, daß man die Kugeln oder Granaten vorher aufschlagen lassen darf, als bey dem bedeckten Wege, Schanzen, Zickzacks einer Tranchee ꝛc.

c) Wenn man hohe Werke gegen sich hat, und wenn die Werke keine Schießscharten, sondern Geschütz das über Bank feuert, haben.

2) Daß man jedesmal, wenn man sich auf 500 bis 600 Schritt genähert, das Ricochettiren und das Schießen auf Schießscharten mit einander verbinden müsse; wenn sonst die Linie auf welcher das feindliche Geschütz sich befindet, über 70 Schritt lang ist; daß bey kürzern Linien aber, das leztere den ersteren vorzuziehen sey.

3) Daß man bey über 100 Schritt langen Linien, zumal wenn sie keine Traversen haben, auf 800 Schritt und größern Distanzen, wenn die Werke nicht zu hoch und man nicht die Kugel beym Ricochettiren, ehe sie ins Werk kömmt, aufschlagen lassen kann, sich vortheilhafter der Enfilir- als der Ricochettschüsse bediene *).

*) Puget (im Gebrauch der Artillerie im freyen Felde) Tielke und du Teil haben die Ricochettschüsse mit Kanonen zum Gebrauch im freyen Felde empfohlen. Aus dem obigen folgt aber, daß das eigentliche Ricochettiren in den gewöhnlichen Feld-Vorfällen, nicht die Vortheile des gewöhnlichen Schusses mit voller Ladung leiste. Ueberdieß würde zu den ei-

gent-

gentlichen Ricochettiren, wenn man es sich unter 1500 Schritt bedienen wollte, ein besondrer Vorrath von leichten Patronen erfordert werden, welcher ausser der Beschwerlichkeit des Transports, mehr, als auf eine Art, dem Effect des Geschützes hinderlich seyn kann; zumal wenn die Leute in der Schlacht nicht die Ricochett-Patronen von den andern unterscheiden. Mir hat ein noch jetzt lebender hannöverischer Artillerie-Capitain erzählt, daß man in den braunschweigischem Leib-Regiment links Hastenbeck durchs zur Seite springen den eigentlichen Ricochetten ausgewichen sey. Freylich kann dies nur in besondern Fällen geschehen und nicht im Marsch, auch nicht allemal, so daß dadurch die Gefahr gänzlich vermieden wird; unterdeß scheint doch dieser Umstand in besondern Fällen Rücksicht zu verdienen. Verschiedene Artilleristen sind sogar nicht für die Ricochettschüsse gegen Festungen sehr portiert. Der Graf von Bückeburg hat sich ihrer bey keiner Belagerung im 7jährigen Kriege bedient, und der preußische Artillerie-Major Tempelhof sagt in der Beschreibung der Belagerung von Olmütz, im 2ten **Theil seiner Geschichte des 7jährigen Krieges**: daß sie das nicht leisteten, was man sich von ihnen verspräche. Wenn man alles in Erwägung ziehet, was oben gesagt ist, so findet man auch, daß sie bey Belagerungen nur gegen die bedeckten Wege und im freyen Felde gegen Schanzen vorzüglich nützlich seyn können. Tielke hält in seinen **Beyträgen zur Kriegeskunst und zur Geschichte des Krieges, im ersten Theil**, es für einen wichtigen Vortheil der eigentlichen Ricochettschüsse, daß sie vor dem Feind aufschlagen, und ihn dadurch decontenanciren. Man wird aber in der Folge sehen, daß bey ordinairen Schüssen, wenigstens der dritte Theil der Kugeln, wenn sie eine gute Richtung haben, dies ebenfalls thun muß; und daß dies bey den Ricochettiren mit gewöhnlicher Ladung mehr, als bey dem eigentlichen Ricochettschüssen geschiehet. Belidor verspricht sich eine außerordentliche Wirkung vom Ricochettiren mit Bomben, weil sie mehr Aufschläge als die Kugeln geben und am Ende crepiren. Dagegen kostet aber auch die Herbeyschaffung der Bomben weit mehr, als die der Kanonkugeln; und dann crepirt die Bombe nicht allemal im Werke, zumal wenn der erste Aufschlag in dasselbe kommt.

Fünftes Kapitel.

Anzahl der treffenden Schüsse bey verschiedenen Ladungen und Längen der Stücke.

Schußweite bey verschiedener Ladung und Länge der Kanonen *).

I. Schußweite der 24pfünder.

§. 120.

1. Französische. Aus 4 Schüssen, welche im Octob. 1771. zu la Fere geschahn. (Bezout Cours T.

*) Die Schußweiten des dänischen, sächsischen, hannövrischen, französischen und preußischen Geschützes, sind so wie sie hier gegeben, bey diesen Artillerien angenommen und sonst nirgend gedruckt. Die des preußischen, hannövrischen und französischen sind Resultate einer großen Menge Versuche, und verdienen vielleicht mehren Glauben, wie irgend andere, die öffentlich bekannt sind, wie sich dies ergiebt, wenn man sie nach Anmerkung §. 123. untersucht.

Die Schußweiten der englischen Kanonen sind von dem verstorbenen englischen Artilleriegeneral Desagulier, dem Herrn Obersten von Trew mitgetheilt.

Die Bemerkung, welche in den Anmerkungen der verschiedenen Schußweiten mitgetheilt sind, werden zei-

T. IV. p. 460.) ist die mitlere Schußweite bey $8\frac{1}{2}$ Pfund Pulver in folgender Tabelle enthalten:

Einfalls-winkel	Zeit	Elevation	Weite	
$8\frac{1}{2}$ Grad	7 Sec.	5 Grad	920 Tois. od.	2300 Schr.
18 —	$10\frac{1}{4}$ —	10 —	1231 —	3077 —
32 —	$15\frac{1}{4}$ —	15 —	1600 —	4000 —
42 —	19 —	20 —	1726 —	4315 —
50 —	20 —	25 —	1805 —	4512 —
58 —	$24\frac{1}{2}$ —	30 —	1923 —	4807 —
64 —	27 —	35 —	1880 —	4700 —
68 —	3[illegible] —	40 —	1951 —	4877 —
70 —	34 —	43 —	2183 —	5457 —
72 —	34 —	45 —	2057 —	5142 —
75 —	36 —	50 —	1976 —	4940 —
81 —	$43\frac{1}{2}$ —	60 —	1631 —	4077 —
83 —	46 —	70 —	1234 —	3085 —
84 —	$48\frac{3}{4}$ —	75 —	898 —	2245 —

Nach den bekannten Versuchen, die Dumetz hat anstellen lassen, (Belidors vermischte Schriften Seite 106) hat der 24pfünder in 45 Grad mit 16 Pfund Pulver 2250 Toisen oder 5625 Schritt getragen.

2. Dänische. Man sehe die Tabelle S. 166.

3. Preußische. 22 Kugel-Durchmesser lang, und 10 Pfund Ladung

1 Grad	950 Schritt
2 —	1350 —
3 —	1720 —

4 Grad

zeigen, daß es nicht überflüßig ist, hier Erfahrungen drucken zu lassen.

4 Grad 2050 Schritt
5 — 2320 —
6 — 2500 —

II. Schußweite der 12pfünder.

§. 121.

1. Hannövrische. Nach den Versuchen bey Fahrenwalde erhält man aus 18 Schüssen zur mittlern Schußweite

a) Mit unsern alten Kugeln. 6 Pfund Pulver und 18 Kaliber langen Stücken: im Visirschuß oder

bey 1 Grad 950 Schritt
, 2 — 1390 —
, 3 — 1770 —
, 4 — 2102 —
, 5 — 2381 —

b) Mit unsern neuen Kugeln.

Bey 8 Pfund Pulver und 1 Grad 1200 Schritt
— 6 — — — 1 — 1190 —
— 5 — — — 1 — 1140 —
— 4 — — — 1 — 942 — *)

c) Mit 16 Kaliber langen Kanonen, alten Kugeln und 6 Pfund Pulver 1 Grad 859 Schritt
2 — 1288 — **)

2.

*) Diese Schußweiten zeigen, daß die Versuche bey Donay (Scheel Memoires p. 221.) aus welchen man geschlossen, daß bey dem 4pfünder $1\frac{1}{2}$ Pfund Ladung schon die größte Schußweite gebe, noch nicht außer allen Zweifel gesetzt ist.

**) Vergleicht man diese Schußweite, mit der, welche man

2. **Sächsische.** 16 Kugel-Durchmesser lange Kanonen mit 5 Pfund Ladung. *)

Visirschuß oder		1 Grad Elev.	800 Schr.
Bey 2 Zoll Aufsatz	ohngef.	$2\frac{4}{5}$ —	1200 —
= 4 —	etwa	$4\frac{1}{9}$ —	1600 —
= 6 —	—	$5\frac{2}{3}$ —	2000 —

Bey

man oben bey den alten Kugeln erhalten hat, so ergiebt sich: daß 18 Kaliber lange Kanonen, bey $\frac{1}{2}$ kugelschwerer Ladung, etwa 100 Schritt im Visirschuß weiter tragen, als 16 Kaliber lange.

*) Die Schußweiten des sächsischen Geschützes beweisen, daß, vorzüglich bey kürzern Geschützen, ein kleiner Unterschied der Ladung, merklichen Einfluß auf die Schußweite hat. Bey 5 Pfund erreicht man mit 1 Grad die Distanz, welche man bey 4 Pfund erst mit $1\frac{1}{2}$ Grad erhält. Die Schußweiten des sächsischen Geschützes sind etwas geringer als die des preußischen bey gleicher Ladung und Länge der Geschütze. Vielleicht sind die sächsischen Schußweiten nach dem Stande der Scheibe bestimmt, welchen man gewöhnlich so nimmt, daß die kürzesten Schüsse die Scheibe erreichen (wiewohl dies nicht der vortheilhafteste Stand ist.) Bey den Preußischen und allen andern, hat man die mittlere Weite des ersten Aufschlags genommen, welche, wie anderwärts dargethan, 100 bis 125 Schritt weiter als der obige Stand der Scheibe fällt; so daß man zum Vergleich der Schußweite verschiedener Geschütze, die des Sächsischen um 100 bis 125 Schritt größer annehmen muß, als sie angegeben.

Bey den leichten 12pfündern giebt mit 4 Pfundladung

$\frac{1}{2}$ Zoll Aufsatz oder		$1\frac{9}{14}$ Gr. Elev.		800 Schr.	
$2\frac{1}{4}$	— —	$2\frac{7}{9}$	—	1200	—
$4\frac{1}{2}$	— —	$4\frac{5}{9}$	—	1600	—
$6\frac{1}{4}$	— —	$6\frac{1}{5}$	—	2000	—

3. Preußische. 18 Kugel=Durchmesser lang,

4 Pfund Pulver	1 Grad	800	Schritt
	2 —	1200	—
	3 —	1570	—
14 Kugeldurchmesser lang,			
3 Pfund Pulver	2 —	1150	—
	3 —	1370	—
	4 —	1570	—
22 Kugeldurchmesser lang,			
5 Pfund Pulver	1 —	890	—
	2 —	1290	—
	3 —	1650	—

4. Bückeburgsche. 21 Kugel=Durchmesser lang, 4 Pfund Ladung $1\frac{1}{2}$ Grad 880 Schritt

5. Dänische. 22 Kugel=Durchmesser lang, 4 Pfund Pulver. Nach den Angaben, welche man auf den Aufsätzen findet, deren man sich bey der dänischen Artillerie bedient:

Visirschuß oder in 1 Grad		900	Schritt
	2 —	1200	—
	3 —	1500	—
	4 —	1800	—

Eine sichere Nachricht giebt die Tabelle S. 167.

Nach Scheel Memoires d'Artill. trägt bey der obigen Ladung und Länge der dänische 12pfünder im Visirschuß oder bey 1 Grad 1 Min. 1000 Schritt
= 3 = aber 1900 =

P 5 6.

6. Französische. Sichere Angabe. 25 Kugel-Durchmesser lang und $4\frac{1}{2}$ Pfund Pulver

	3 Grad	644 Tois.	1610 Schr.
Mit $4\frac{1}{4}$ Pfund und 21 Kugeldurchmesser lang	6 —	934 —	2335 —
	3 —	627 —	1561 —
Mit 4 Pfund und 18 Kaliber lang	3 —	599 —	1497 —
	6 —	911 —	2277 —*)

Nach

*) Die Schußweiten welche bey dem französischen Geschütz **durch sichere Angabe** bezeichnet, sind, so wie sie hier gegeben, bey der französischen Artillerie, als richtig angenommen. Sie widersprechen den Versuchen bey Douay (Scheel Mem. S. 221.) wie man bey den 4pfündern finden wird, und beweisen, daß 18 Kaliber lange Kanonen bey $\frac{1}{4}$ bis $\frac{1}{3}$ kugelschwere Ladung noch nicht die größte Schußweite geben. Sind die Versuche richtig, so hat man hier wahrscheinlich besseres Pulver und Kugeln gehabt, als gewöhnlich; und alsdann hat eine geringere Quantität Pulver, als bey schlechteren Pulver und Kugeln die zur größten Schußweite erforderliche Geschwindigkeit, der Kugel mittheilen können.

Bey der französischen Artillerie hat man 3 Gattung Geschütze; die erste bestehet aus dem nach der Ordonanze von 1732. gegossenen und ist sehr schwer und 25 bis 27 Kaliber lang. Die 2te Gattung ist in und kurz nach dem 7jährigen Kriege gegossen und etwa 21 Kaliber lang und leichter als die erste Gattung. Die 3te Gatttung bestehet aus dem neuen 18 Kaliber langen Geschütze, welches in der Folge das Feldgeschütz ausmachen soll.

Nach Dumetz, mit 8 Pf. 45 Gr. 1870 Toiſ. 4675 Schr.
Nach einer Angabe in Puget Verſuch des Gebrauchs d. Art. im Felde 3 — — — 1800 —

(Vermuthlich mit $\frac{1}{7}$ kugelſchwerer Ladung und mit den alten Kanonen.)

III. Schußweite der 8 und 6pfünder.

§. 122.

1. Sächſiſche 8pfünder. $3\frac{1}{4}$ Pfund Pulver.

Viſirſchuß oder	1 Grad	700	Schritt
$\frac{1}{4}$ Zoll Aufſatz oder	$1\frac{2}{9}$ —	800	—
$2\frac{1}{8}$ — —	$2\frac{8}{9}$ —	1200	—
$4\frac{1}{4}$ — —	$3\frac{2}{3}$ —	1600	—
3 Pfund Ladung Viſirſchuß		500	—
$\frac{1}{4}$ Zoll Aufſatz oder	$1\frac{2}{9}$ —	600	—
$\frac{1}{2}$ — —	$1\frac{4}{9}$ —	700	—
$\frac{3}{4}$ — —	$1\frac{2}{3}$ —	800	—
$2\frac{1}{2}$ — —	3 —	1200	—

2. Däniſche 6pfünder. Nach Scheel Mem. 22 Kaliber lang und 2 Pfund Pulver,

Viſirſchuß oder	1 Gr. 1 Min.	800	Schr.
	3 — —	1600	—

Nach dem däniſchen Aufſatz

$2\frac{1}{2}$ Pfund Pulver Viſirſchuß		900	—
	2 — —	1200	—
	3 — —	1500	—
	4 — —	1800	—

3. Hannöveriſche 6pfünder. 6 Pfund Pulver, 18 Kaliber lang, 1 Grad 900 Schritt
2 — 1300 —

3 Grad

	3 Grad	1630	Schritt	
	4 —	1900	—	
	5 —	2120	—	
16 Kaliber lang	1 —	831	—	
	2 —	1121	—	

4. Preußische 6pfünder. 18 Kugeldurchmesser lang und 2¼ Pfund Pulver 1 Grad 820 Schr.

	2 —	1150	—
	3 —	1420	—
22 Kugeldurchm. lang, 3 Pf. Pulv.	2 —	1310	—
	2 —	1580	—

5. Englische. 16 Kugeldurchmesser lang, 1½ Pf. Pulver,

	¼ Grad	443	Yards	519	Schr.	
	¾ —	548	—	641	—	
	1 —	639	—	747	—	
	1½ —	750	—	877	—	
	1¾ —	824	—	964	—	
	2 —	940	—	1100	—	*)
dieselbe Kanone mit 3 Pf. Pulver	3 —	1176	—	1376	—	

9.

*) Die Schußweiten, welche hier, bey dem preußischen 12pfünder und dem englischen 6pfünder bey geringen Ladungen vorkommen, beweisen daß Antoni in seinem Buche de l'usage des armes à feu S. 265. und verschiedene andere Artilleristen dieselbe zu gering ansetzen. Die englischen Schußweiten sind etwas größer, als andere bey geringen Ladungen; vielleicht hat Desagulier besser Pulver gehabt, als man gewöhnlich bey der Artillerie hat. §. 29.

6. Französische 8pfünder. Sichere Angabe.

$3\frac{1}{4}$ Pf. und 24 Kal. lang	6 Gr.	930 Tois.	2325 Schr.	
	3 —	623 —	1567 —	
3 Pf. Pulv. u. 20 Kal.	6 —	877 —	2192 —	
	3 —	588 —	1470 —	
$2\frac{1}{2}$ Pf. Pulv. u. 18 Kal.	6 —	833 —	2083 —	
	3 —	560 —	1400 —	

Nach Dumetz trägt der 8pfünder bey $\frac{2}{3}$ kugelschwerer Ladung in 45 Grad 1660 Toisen oder 4150 Schritt.

Nach einer Angabe in Puget Versuch des Gebrauchs der Artillerie mit 3 Grad 1650 Schritt (vermuthlich mit $\frac{1}{3}$ kugelschwerer Ladung und den alten Kanonen.)

IV. Schußweite der 4 und 3pfünder.

§. 123.

1. Sächsische 4pfünder. 16 Kugeldurchmesser lang und $1\frac{1}{4}$ Pfund Pulver,

	Visirschuß	500	Schritt
$\frac{3}{4}$ Zoll Aufsatz oder	$1\frac{15}{18}$ Grad	800	—
$2\frac{5}{8}$ — —	$3\frac{33}{36}$ —	1200	—
$4\frac{3}{4}$ — —	— —	1600	—
$7\frac{1}{2}$ — —	— —	2000	—

2. Dänische 3pfünder. $\frac{1}{3}$ kugelschwere Ladung, 22 Kugeldurchmesser lang. (Nach Scheel Mem.)

Visirschuß oder	1 Grad	1 Min.	700	Schritt
	3 —	—	1300	—
Nach dem erwähnten Aufsatz mit $1\frac{1}{2}$ Pf. Pulver.				
Visirschuß oder	1 —	1 —	900	—

2 Gr.

	2 Grad	1 Min.	1200 Schritt
	3 —	—	1500 —
1 Pfund Pulver 16 Kugeldurchmesser lang	1 —	—	650 —
	2 —	—	900 —

3. Hannövrische 3pfünder. 21 Kalib. lang und $1\frac{1}{2}$ Pfund Pulver

	1 Grad	750 Schritt
	2 —	1080 —
	3 —	1350 —
	4 —	1570 —
	5 —	1750 —
16 Kaliber lang	1 —	716 —
	2 —	988 —

4. Preußische 3pfünder, $1\frac{1}{4}$ Pfund Pulver, 20 Kugeldurchmesser,

1 Grad	550 Schritt
2 —	900 —
3 —	1170 —
4 —	1400 —

5. Englische 3pfünder, 14 Kugeldurchmesser lang, $\frac{1}{2}$ Pf. Pulver,

	$\frac{1}{4}$ Grad	238 Yards	278 Schr.
	$\frac{3}{4}$ —	337 —	394 —
	1 —	475 —	556 —
	$1\frac{3}{4}$ —	685 —	684 —
	$2\frac{3}{4}$ —	675 —	870 —
	$3\frac{1}{4}$ —	835 —	917 —
	$3\frac{1}{2}$ —	912 —	1067 —
24 Kal. lang, $1\frac{1}{2}$ Pf.	$\frac{1}{4}$ —	470 —	550 —
	$\frac{3}{4}$ —	581 —	681 —
	1 —	569 —	697 —
	$1\frac{1}{4}$ —	628 —	735 —
	$1\frac{3}{4}$ —	863 —	1010 —
	2 —	930 —	1088 —
	3 —	1053 —	1232 —

6.

6. Französische 4pfünder. Sichere Angabe.
Alte Kanonen 2 Pfund Pulver, 26 Kaliber lang

6 Grad 804 Toisen 2010 Schritt
3 — 586 — 1465 —

Neue Kanonen, 18 Kaliber lang, 1½ Pf. Pulver,

3 Grad 501 Toisen 1252 Schritt
6 — 773 — 1933 —

Versuche welche zu Douay gemacht.

Aus Proces-Verbale des Epreuves faites aux Ecoles d'Artillerie de Douay 1771.

Der neue 4pfünder ist 18 und der alte 26 Kaliber lang gewesen. Aus 5 Schüssen die mittlere Schußweite.

		Neue Kan.		Alte Kan.	
		Schr.	Toisen	Schr.	Toisen
0 Grad	1½ Pfund	492	179	560	224
	2 —	537	215	587	235
	2½ —	447	179	645	258
	Mittl. Dist.	492	197	597	239
3 Grad	1½ Pfund	1587	635	1555	622
	2 —	1385	554	1482	593
	2½ —	1457	583	1492	597
	Mittl. Dist.	1476	590	1509	604
6 Grad	1½ Pfund	2112	845	2350	940
	2 —	2045	818	2352	941
	2½ —	2107	843	2372	949
	Mittl. Dist.	2088	835	2358	943
10 Grad	1½ Pfund	2735	1094	2645	1058
	2 —	2585	1034	2822	1129
	2½ —	2855	1142	2847	1139
	Mittl. Dist.	2725	1090	2771	1108
15 Grad	1½ Pfund	3300	1320	3515	1406
	2 —	3450	1380	3325	1330
	2½ —	3500	1400	3335	1334
	Mittl. Dist.	3416	1366	3391	1356

*)

*) In den Mem. à l'occas. des epreuves, faites à Douay, wird bemerkt, daß der neue 4pfünder ⅔ niedrigere Räder, als der alte gehabt hat. Hieraus läßt sich der Unterschied der Schußweite bey 0 und bey 3 Grad erklären. In Scheel Memoires stehet statt 0 Grad 58 Minuten, dies ist aber ein Versehen, denn im Proces-verbale stehet Portées horizontalement. Es ist, wie sich aus mehrern ergiebt, die Axe der Kanone horizontal gerichtet. Von dem Terrain wird gesagt, es sey das ebenste um Douay gewesen. Es ist aber wahrscheinlich, daß es abhängend gewesend ist; denn sonst hätte man bey 0 Grad keine 600 Schritt die Kugel bey einer Höhe, welche nicht 4 Fuß betrug, bringen können. Außer denen S. 204 in der Anmerkung gegen diese Versuche gemachte Einwendungen, muß man noch bemerken: daß 5 Schuß keine sichere mittlere Schußweite geben, und daß man hier besser gethan hätte, wenn man nicht über 3 Grad gegangen wäre. So hätte man bey einem mehr Schüsse gehabt, überdies verdient die höhere Elevation hier auch keine Rücksicht. Die Schußweite von 6, 10 und 15 Grad verdienten hier wenigstens weniger, als die von 1, 2 und 3 untersucht zu werden.

Nur erst dann, wenn man die mittlere Schußweite aus einer großen Anzahl Schüsse ziehet, findet man eine richtige. Das Zeichen derselben ist: daß die Differenz der Schüsse bey verschienenen Graden, und die Differenzen jener Differenzen im Steigen beständig abnehmen oder kleiner werden. Ein Beyspiel mag das, was ich gesagt habe, erläutern. Unser 6pfünder bringt seine Kugel, wenn er einige Fuß höher stehet, als das umliegende Terrain,

bey 0 auf 513 Schritt
" 1 " 948 "
" 2 " 1317 "
" 3 " 1636 "
" 4 " 1900 "

Bey 15 und 10 Graden haben die Kugeln nicht mehr ricochettirt, sondern sich gänzlich eingegraben.

Bey 6 Grad hat man einige Ricochette erhalten, sie haben jedoch nicht über 65 Schritt betragen. Bey 3 Grad sind die Ricochette zahlreicher und größer gewesen; die von den alten Kanonen haben, von den ersten Aufschlag an, oft 300 Toisen oder 750 Schritt betragen; die von den neuen sind nicht so zahlreich und groß gewesen.

Die alte Kanone war 26 Kaliber und die neue 18 lang.

Nach

Dies giebt folgende Differenzen: 435, 369, 319.
Hievon sind die Differenzen wieder: 66, 55,

Wenn diese Abnahme sich noch nicht in den Differenzen und den Differenzen der Differenzen findet: so sind noch zu wenig Schüsse geschehen; so haben die Unregelmäßigkeiten der einzelnen Schüsse einander noch nicht aufgehoben. Gehet man von einem Grad zum andern, ohne bey einen 9 bis 10 Schuß zu thun; so erhält man nichts gewisses. Hat man aber nur von einigen Graden die Schußweite sicher: so läßt sich auf die andern mit einiger Theorie wenigstens sicherer schliessen, als wenn man bey jeden nur einige Schüsse gethan hat.

Hat man von mehrern Graden die Schußweite: so kann man schon ohne Theorie aus den Differenzen der Schüsse und der Abnahme, welche die Differenzen unter sich haben, auf die Schußweite, welche die nächsten Grade geben, schließen.

Nach Dumetz trägt der 4pfünder bey $\frac{2}{3}$ kugelschwerer Ladung in 45 Grad 1520 Toisen oder 3800 Schritt.

V. Schußweite der Amüsetten oder Falkonets.

§. 124.

1. Dänische, 1pfündige, 12 Loth Pulver,

1 Grad	800	Schritt
2 —	1000	—
3 —	1200	—
5 —	1500	—

2. Bückeburgische, 1pfündige, 1 Pfund 14 Loth Bley, 10 Loth Pulver, 21 Kaliber lang,

$1\frac{1}{2}$ Grad	550	Schritt
$2\frac{1}{2}$ —	750	—
$4\frac{1}{2}$ —	1060	—

3. Englische 1pfündige Amüsette, 30 Kaliber lang, $\frac{1}{2}$ Pfund Pulver,

$\frac{1}{4}$ Grad	440 Yards	515	Schritt
$\frac{3}{4}$ —	525 —	614	—
1 —	656 —	767	—
$1\frac{3}{4}$ —	787 —	921	—
$2\frac{3}{4}$ —	906 —	1060	—

Effect gleicher Kaliber bey verschiedener Länge und Schwere.

§. 125.

Man weiß, aus §. 98. daß man bey 3° Elevation $\frac{1}{3}$ so viel Effect, als bey 1 erhält? Hat man

man daher eine Kanone, die mit 1° so weit schießt, als eine andere mit 3°: so leistet die erste auf diese Distanz beynahe 3mal so viel Effect, als die 2te.

Kanonen, die zu einer gewissen Weite wenigere Grade, als andere zur Elevation erfordern, haben also wesentliche Vorzüge vor diesen. Und diejenigen welche zur Vertheidigung des leichten Geschützes sagen, daß man die Schußweite des schwerern durch eine etwas größere Elevation bey dem leichtern erhalten könne, bedenken nicht: daß es bey dem Gebrauch des Geschützes nicht auf die Schußweite, sondern auf den Effect desselben ankomme; *) daß

*) Man scheint bey der Einrichtung des Geschützes nicht erwogen zu haben, daß ein 16 Kaliber langes Geschütz bey ½ kugelschwerer Ladung auf 1200 Schritt meistens nicht den halben Effect eines schwerern leistet, sonst wäre man wahrscheinlich nicht so weit in diesem Stück gegangen; oder man hätte (wo man durchaus Erleichterung forderte) geringere Kaliber genommen, wie dies der verstorbene regierende Graf Wilhelm von Schaumburg-Bückeburg in Portugal gethan hat. Es läßt sich leicht erweisen, daß 3 Stück schwere 3pfünder nicht mehr kosten, als 2 Stück leichte 6pfünder, und daß die ersten in vielen Fällen doppelt so viel Effect, in jeden aber doch mehr als die letzteren leisten. Diejenigen, welche glauben, daß der 6pfünder in diesem Fall in der Nähe durch Kartätschen wirksamer, als der 3pfünder ist, irren sich; denn da beyde gleiche Schwere und gleiche Ladung haben: so kann man beyde auch mit einer gleichen Anzahl Kartätschen

daß man die doppelt so schweren Kanonen mit doppelt so viel Kartätsch-Kugeln laden kann, und also dadurch beynahe doppelten Effect erhält *).

Wenn

kugeln, die gleiche Schwere haben, laden. In den meisten Armeen hat man seit dem 7jährigen Kriege wieder schwereres Geschütz, als vorhero eingeführet; man hat z. B. in der preußischen die Holzmannischen leichten Kanonen mit conischen und cylindrischen Kammern abgeschafft. In der englischen hat der verstorbene General Desagulier wieder 6 u. 3pfünder zu den Bataillen-Kanonen, die doppelt so schwer, als die alten waren, giessen lassen. Ein österreichischer Artillerie-Officier hat mich versichert, daß man den Nachtheil der zu großen Erleichterung ihrer Artillerie erfahren hätte, und daß man deswegen im Begriff gewesen wäre, die 3pfünder ganz abzuschaffen. Vielleicht ist dies jetzt geschehen, denn man findet in dem neuen Gesetzbuche der K. K. Armee, daß jedes Bataillon in der Folge 3 Stück 6pfünder führen soll.

*) Wollte man wegen des Transports nicht die doppelte Anzahl bey gleicher Schwere nehmen: so könnte man dadurch, daß man die Kugel kleiner nähme, zur grössern Anzahl kommen, und doch sich von den Kugeln gleichen Effect, wegen der stärkern Ladung versprechen. Wollte man aber in Rücksicht der Kartätschen, eine grössere Schwere den Stücken geben, als der wirksamste Kugelschuß erfordert: so führte man in Rücksicht der Kugeln eine überflüßige Schwere, und verlöhr auch etwas in Rücksicht jener. Denn werden aus 2 Kanonen eine gleiche Anzahl gleich schwerer Kartätsch-

Wenn man noch diesen Gründen die Wirkung, welche die verschiedenen Geschütze auf eine gewisse Distanz leisten, untersucht: so wird man finden, daß der leichte englische 3pfünder auf 750 Schritt nur den halben Effect des hannöverischen 3pfünders leistet, daß das dänische Regimentsstück auf 900 Schritt nur halb so viel trift, als der dänische ordinaire 3pfünder; daß ein Theil des sächsischen, englischen und preußischen Geschützes nicht den Effect des schwerern, das diese Armeen führen, gewähren kann.

Effect der verschiedenen Kaliber auf eine Distanz.

§. 126.

Man hat in dem vorhergehenden gesehen, daß die Ungewißheit des Schusses, so wie die Erhöhungs-Grade sich vermehren, zunimmt. Da nun die kleinen Kaliber nicht so weit als die größern tragen: so müssen also auch auf beträchtliche Weiten diese mehr als jene treffen.

Nach der Tabelle von den Schußweiten §. 98. trägt der 3pfünder bey 3° nicht weiter, als der 12pfünder bey 2°.

Es treffen also hier 2 Stück 12pfündige Kanonen eben so oft als 3 Stück 3pfündige. Aus der an-

tätschkugeln geschossen: so leisten sie mehr Effect, als wenn sie aus einer mit den beyden Ladungen geschossen würden, wie man in dem folgenden Kapittel sehen wird.

angeführten Tabelle lassen sich die Schüsse, welche von den verschiedenen Kalibern auf jeder Distanz treffen, ohngefehr bestimmen.

Auf 1700 Schritt

gegen Infanterie	3pfünder	9te	Schuß
	6 —	7	—
	12 —	6	—
gegen Kavalerie	3pfünder	6te	Schuß
	6 —	$4\frac{1}{2}$	—
	12 —	4	—

Ziehet man ferner in Betracht, daß bey einer Erhöhung von 5° in weichen und von 10 Grad in harten Erdreich, die Kugel keine Ricochette mehr macht, und daß man mit dem 3pfünder bey 5 Grad nur 1750 Schritt erreicht: so folgt, daß 3 Stück 12pfünder, welche hier nur 3 Grad Elevation haben, 5 Stück 3pfünder in dem Fall, da man nicht ricochettiren kann, übertreffen; und daß das Schiessen mit dem 3pfünder auf diese Distanz von sehr geringem Nutzen seyn muß *).

Wenn

*) In dem **Nöthigen Unterricht den Gebrauch der neuern Feldartillerie betreffend**, hat der Ritter du Teil irgendwo gesagt: daß man bey dem Scheibenschiessen ohnweit Metz gefunden habe, daß die kleinern Kaliber fast den Effect der größern leisten. Da dies Scheibenschiessen aber auf 1200 Schritt und auf ebenem Terrain geschehen ist: so kann dies bey unsern Behauptungen wol statt finden.

Wenn nicht allein vom treffen durch den ersten Aufschlag die Rede ist; wenn man durch Ricochette wirksam seyn kann: so ist der Unterschied des Treffens der verschiedenen Kaliber nicht so groß, als er in der Tabelle angegeben ist, und dann hat die 7pfündige Haubitze, in besondern Fällen, Vorzüge vor der 3pfündigen Kanone. Ihre Granate gräbt sich nicht so leicht als die 3pfündige Kugel ein, weil sie die Größe einer 24pfündigen Kugel bey 15 Pfund Schwere hat, sie macht mehr Sprünge, als die Kugeln, und da man sie wegen der Größe und der Brandröhre besser als die Kugeln sehen kann: so wirkt sie mehr als diese auf die Gemüther; überdies crepirt sie noch zuletzt.

Effect bey verschiedener Materie der Kugeln.

§. 127.

Versuche welche bey Bückeburg 1771. gemacht sind, zeigen: 1) daß bey einer Ladung eiserne Kugeln weiter als bleyerne und steinerne gebracht werden, doch so, daß die Schußweite der beyden erstern nicht merklich verschieden ist. 2) Daß bey bleyernen Kugeln die Differenz der Schüsse bey weiten nicht so groß, als bey eisernen und steinern ist.

Um dies bestimmter zu zeigen, will ich hier die Versuche selbst hersetzen.

Man bediente sich bey den Versuchen einer 6pf. Kanone		Ladung	Elev.	Erreichte Schußweite in Toisen	Mitlere Schußweite
Mit einer Bleykugel zu 8 Pfund 20 Loth	1ster Schuß	2	Visirsch	271	
	2 —	2	—	253	$257\frac{2}{3}$ T.
	3 —	2	—	249	
Mit einer eisernen Kugel zu 6 Pf.	1 —	2	—	356	
	2 —	2	—	288	$292\frac{2}{3}$ T.
	3 —	2	—	254	
Mit einer Steinkugel zu $1\frac{1}{2}$ Pfund	1 —	2	—	140	
	2 —	2	—	211	$222\frac{1}{3}$ T.
	3 —	2	—	316	
Nach einer Scheibe die 400 Toisen entfernt war — Bley 8 Pf. 20 Loth	1 —	2	$2\frac{1}{2}$	zu hoch	
	2 —	2	$2\frac{1}{2}$	getroff.	
	3 —	2	$2\frac{1}{2}$	getroff.	
Eis. Kugel 6 Pf.	1 —	2	2	zu hoch	
	2 —	2	$1\frac{3}{4}$	vorbey	
	3 —	2	$1\frac{3}{4}$	getroff.	

Die steinernen Kugeln zerspringen, sobald sie die Erde berühren.

Sech-

Sechstes Kapittel.

Kartätschschüsse.

Gewalt in verschiedenen Entfernungen.

§. 128.

Die Kartätschen sind nur auf gewisse Weiten wirksamer als die gewöhnlichen Kugeln; überschreitet man diese, so erreichen die Kartätschkugeln den Feind nicht, oder haben nicht mehr die Gewalt, ein oder mehrere Menschen zu tödten.

Die Erfahrung hat gelehrt, daß bey folgenden Ladungen und Distanzen die Kartätschkugeln noch einen Menschen ausser Stand zu fechten setzen können.

$\frac{1}{3}$ bis $\frac{1}{2}$ kartätschschwerer Ladung	15löthige	auf	900	Schritt	
	8	=	750	=	
	4	=	600	=	
	2	=	300	=	*)

Es

*) Die Angaben in §. 133. zeigen die Gewalt der Kartätschkugeln bey verschiedenen Ladungen.

Nach Antoni Usage des Armes à feu S. 283. durchdringen bey $\frac{1}{3}$ bis $\frac{1}{2}$ kugelschwerer Ladung:

24löth.	Kug.	auf	450	Schr.	9,	u. auf	900	Schr.	4	Menschen
12	=	=	450	=	6	= =	900	=	1	=
6	=	=	450	=	4	= =	700	=	2	=
2	=	=	450	=	1	= =	700	=	$\frac{1}{7}$	=

Es leisten jedoch hier nur einige Kugeln den erwähnten Effect, statt andere die Distanz nicht erreichen, in der Erde sitzen bleiben, oder nur so geringe Gewalt haben, daß sie eine unerhebliche Contusion verursachen. Hieraus kann man nun bey jeder Einrichtung die Regeln des Gebrauchs ziehen. Sind wie bey der hannöverschen Artillerie die Kartätschkugeln von 2 Gattungen; wiegen die Kugeln von der ersten bey dem 12pfünder beynahe 15 bis 18, bey dem 6pfünder 7 bis 9, und bey dem 3pfünder $3\frac{1}{2}$ bis 4 Loth; sind die Kugeln der zweyten Gattung halb so schwer, und die Kartätsche dem ganzen, und die Ladung dem halben Gewicht der Kugel gleich: so würde man

die erste Art Kartätschen mit dem	12pfünder	auf	900	Schritt mit Effect gebrauchen können.
	6 =	=	750	
	3 =	=	600	
die zweyte Art mit dem	12 =	=	600	
	6 =	=	400	

Richtung des Geschützes.

§. 129.

In einer nicht zu unebenen Gegend thut man vielleicht am besten, wenn man bey dem Gebrauch der Kartätschen das Geschütz beständig im Kernschuß richtet. Alsdenn treffen die Kugeln, welche in der Richtung der Seele sich befinden, auf etwa 300 Schritt, und die welche eine höhere Richtung haben, auf 300 bis 800. Die, welche eine niedrige Richtung haben, schlagen auf 50 bis 300 Schritt auf, nähern sich auf 400 bis 700 Schritt

der

der Erde zum zweytenmal, und ricochettiren dann noch einige 100 Schritt. *)

Im Plan V. Fig. 7. siehet man, wie schon auf 50 Schritt in c Kugeln aufschlagen, wie andre durch Ricochette aus b das Object treffen, wie andre in f wegen des zu hohen Bogens sich eingraben, und wie wieder andere ohne Aufschlag treffen, oder in d übers Object weggehn.

Ist das Terrain so uneben, daß man auf das Ricochettiren der Kugeln gar nicht rechnen kann: so giebt man dem Geschütz eine Elevation.

Antoni setzt in seinem Usage des Armes à feu S. 289. folgende:

Ka-

*) Bey der sächsischen Artillerie giebt man dem Geschütz bey dem Gebrauch der Trauben und Kartätschen eine gewisse Elevation; so daß der schwere 12pfünder bey grossen Trauben auf 700 Schritt den Visirschuß bekommt, und auf 1200, $2\frac{1}{4}°$; der 4pfünder mit Kartätschen auf 300 den Visirschuß, und auf 500 Schritt 2° Elevation. Dem dänischen 12pfünder giebt man bey 4löthigen Kugeln und $\frac{1}{3}$ kugelschwerer Ladung auf 500 Schritt 1° und auf 700 Schritt 2°; dem leichten 3pfündigen dänischen Regiments-Kanon giebt man bey $\frac{1}{2}$ kugelschwerer Ladung und 1löthigen Kugeln, auf 500 Schr. 2°. Ich habe Versuchen beygewohnt, wo auf 600 Schritt bey 3löthigen Eisen im Horizontalschuß mehr Kugeln, als bey 1 und 2° Elevation trafen; auch selbst dann, wenn man die Ladung bis zu $\frac{1}{4}$ Kugelschwer herabsetzte.

Kaliber der Kugeln	Ladung Kugel=schwer	Elevation		
		450	700 Schritt	900
		Grad	Grad	Grad
24löthige	$\frac{1}{2}$	$\frac{2}{3}$	$1\frac{1}{4}$	$2\frac{1}{5}$
12 —	$\frac{1}{2}$	$\frac{3}{4}$	$1\frac{1}{2}$	3
6 —	$\frac{1}{2}$	$\frac{5}{6}$	2	5
2 —	$\frac{1}{2}$	$1\frac{1}{4}$	$4\frac{5}{5}$	$32\frac{2}{3}$
12 —	$\frac{1}{4}$	$1\frac{1}{4}$	2	6^{1}
6 —	-	$1\frac{1}{2}$	$4\frac{1}{4}$	14
2 —	-	$2\frac{1}{2}$	$16\frac{1}{2}$	—

Ausbreitung der Kugeln eines Kartätschschusses und Wirkung desselben.

§. 130.

Man hat durch die Erfahrung gefunden, daß auf 100 Schritt mit $\frac{1}{3}$ kartätschschwerer Ladung die kleinen Kartätschkugeln 20 bis 24 und die großen 15 bis 18 Fuß zum Durchmesser des Streuungskreises haben, so daß also Fig. 8. Pl. V. AB 20 oder 15 Fuß beträgt, wenn AC 100 Schritt ausmacht. Man hat ferner bemerkt, daß bey gleichen Kugeln die kleinen Kaliber weniger als die größern streuen, und daß eine 7pfündige Haubitze, die den Kaliber einer 24pfündigen Kanone hat, mit 12löthigen Trauben mehr, als eine 12pfündige Kanone mit eben demselben streuet. Erfahrungen die bey unserer Artillerie gemacht sind, haben gezeiget, daß auf 100 Schritt der Streuungs=Durchmesser der 7pfündigen Haubitze bey 12löthigen Kartäsch=Kugeln, die Kartätsche zu 15 Pfund und die Ladung zu 2 Pfund Pul=

ver,

ver, ohngefehr 20 bis 30 Fuß beträgt. Mit kleinern Kartätsch-Kugeln würde dieser Durchmesser noch größer seyn, und aus diesem und dem in §. 128. angeführten Grunde, sind daher diese nicht so vortheilhaft als die 12löthigen; es sey dann gegen einen Feind, der unter 300 Schritt nahe ist.

Wenn man die Streuungs-Durchmesser der Kartätschschüsse in Erwägung ziehet, so siehet man daß auf 200 Schritt bey den großen Kugeln, der Streuungs-Durchmesser 30, auf 300 Schritt 45, auf 400 Schritt 60 Fuß u. s. w. groß seyn muß. Da nun der Gegenstand nach dem man schießt, wenn es Kavalerie 9, und wenn es Infanterie, 6 Fuß hoch ist: so müssen also viele Kugeln überhin, und andre in die Erde gehen. Pl. V. Fig. 7. stellt einen Kartätschschuß vertikal dar. In g schlägt die erste Kugel auf und bleibt stecken; in h schlägt die 2te auf und macht einen Sprung bis f, bleibt aber hier ebenfalls sitzen; in c und b schlagen Kugeln auf die Erde, welche in e die 6 Fuß hohe Infanterie-Linie treffen. In a trift eine Kugel ohne Aufschlag und in d gehet eine über die Linie weg.

Der Gegenstand H befindet sich hier 600 Schritt vom Stücke, wäre er weiter entfernt, so würde vielleicht keine Kugel bey dieser Richtung überweg gehen. Auch würden die Kugeln e ihn alsdenn nicht treffen, weil sie beym 2ten Aufschag sich nicht wieder erheben werden.

Näher würden auch die Kugeln, welche in f sitzen geblieben, sicher treffen.

§. 131.

Ist das Terrain zwischen dem Feinde und dem Geschütz nicht eben, nicht so, daß man auf die ricochettirenden Kugeln rechnen kann: so läßt sich die Anzahl der treffenden Kugeln ohngefehr berechnen. Man suche erst die Fläche des Streuungs-Kreises, dann die Fläche einer Infanterie- oder Kavalerie-Linie, welche so lang als der Diameter des Streuungs-Kreises ist. Nun setzt man: die Fläche des Streuungs-Kreises verhält sich zur Fläche des Segments, welche die Kavalerie oder Infanterie in demselben einnimmt: so wie sich die ganze Anzahl der Kugeln einer Kartätsche, zu der Anzahl der Kugeln verhält, welche in das Segment, oder in die Infanterie oder Kavalerie treffen.

Aus folgender Tabelle ersiehet man die Anzahl der Kugeln, welche von der ganzen Anzahl der Kartätsche, ohne Aufschlagen, nach der obigen Berechnung ohngefehr treffen werden *).

Schritt

*) Beträgt die Ausbreitung der Kugeln auf 100 Schritt 20 Fuß = 2r und wird die Höhe der Infanterie angenommen zu 6 Fuß = a: so trift in die Infanterie auf 100 Schritt von der ganzen Anzahl der Kartätschkugeln $\frac{2ar}{rr\pi} = \frac{2.6.10}{10.10.3,14} = \frac{120}{314}$. Auf 400 Schr. wäre hier 2r = 80 und also die Anzahl der treffenden Kugeln ein Bruch der ganzen Anzahl $= \frac{2.6.40}{1600.3,14} = \frac{480}{5024}$. Dies giebt beynahe $\frac{1}{11}$.

Schritt	Große Kartätschkugeln		Kleine Kartätschkugeln	
	Gegen Kaval.	Infant	Kaval.	Infant
Auf 100	$\frac{1}{1\frac{1}{2}}$	$\frac{1}{2}$	$\frac{1}{2}$	$\frac{1}{3}$
— 200	$\frac{1}{3}$	$\frac{1}{3}$	$\frac{1}{4}$	$\frac{1}{6}$
— 300	$\frac{1}{4}$	$\frac{1}{6}$	$\frac{1}{6}$	$\frac{1}{9}$
— 400	$\frac{1}{6}$	$\frac{1}{9}$	$\frac{1}{8}$	$\frac{1}{12}$
— 500	$\frac{1}{8}$	$\frac{1}{12}$	$\frac{1}{9}$	$\frac{1}{14}$
— 600	$\frac{1}{9}$	$\frac{1}{14}$	$\frac{1}{11}$	$\frac{1}{15}$

Aus allen ergiebt sich, daß in diesem Fall auf 600 Schritt von den großen Kugeln auf Kavalerie nur die 9te und auf Infanterie nur die 14te Kugel trifft. Bestehet die 12pfündige Kartätsche aus 35 Kugeln, so wird die Kavalerie durch 4 und die Infanterie durch 2 bis 3 getroffen; so daß also der Effect der Kartätschen hier noch vor den, der ordinairen Kugeln, wie es scheint, Vorzüge hat.

§. 132.

Aus dem, was über das Streuen und die Gewalt der Kartätschkugeln gesagt ist, folgt: daß man in den Fällen, wo man nichts vom ricochettiren der Kugeln erwarten kann, bey unsern Kartätschen, (deren Kugeln einige Lothe mehr als die Kugeln Pfunde schießen, wiegen) beym 12pfünder nicht über 600 Schritt, und bey der 7pfündigen Haubitze (mit 6löthigen, die Kartätsche zu 64 Stück,) nicht über 300 Schritt mit Sicherheit größern Effect, als von ordinairen Kugeln erwarten kann. Nachdem das Ter-

Terrain mehr oder weniger eben, ist der Effect der Kartätschen größer als oben.

In einem vollkommen ebenen Terrain treffen, nach sichern Erfahrungen, in eine Eskadron,

vom 12pfünder auf 900 Schritt
" 6 " " 800 "
" 3 " " 600 "

6 bis 8 Stück von den großen Traubenkugeln, jede Traube zu 30 bis 35 Kugeln;

vom 12pfünder auf 500 Schritt
" 6 " " 400 "

30 bis 40 Kugeln, die 6pfündige Kartätsche zu 63, und die 12pfündige zu 112 Stück;

vom 3pfünder auf 300 Schritt

12 bis 20 Kugeln, die Kartätsche zu 54 Stück;

von der 7pfündigen Haubitze auf 600 Schritt 12, und auf 400 Schritt 20 Stück, die Kartätsche zu 64 Stück 6löthige Kugeln gerechnet.

In die Infanterie trifft nur $\frac{2}{3}$ der obigen Anzahl.

Verschiedene Versuche über die Wirkung der Kartätschen.

§. 133.

Gegen kleinere Flächen ist die Wirkung nach der Größe der Fläche kleiner, als die hier angegebene.

Wo die Versuche gemacht	Die Kugel auseinander. Fuß	Anmerkung.
Durch die sterreichische tillerie bey T ne an der D dau.	80 bis 120	Man hat hier jedesmal die mitlere Wirkung von 8 Schüssen genommen. Einige Kugeln sind bis zu 1000, viele aber bis zu 750 Schritt ricochettirt.
	80 bis 120	Hier ist jedesmal die mitlere Wirkung von 10 Schuß genommen.
	120 bis 168	
Bey der sard schen Artill Usage des A à feu S. 2	54	**Bemerkung zu den sardinischen Versuchen.**
Ist bey der nischen Art rie angeno men.	Nicht bemerkt	Einige Kugeln waren in Trauben geschnürt, andere ohne alles Arrangement, in blechernen Büchsen. Beide Arten leisteten gleiche Wirkung. Nahm man keine Vorschläge aufs Pulver, so war der Effect noch geringer, als hier angegeben, und alsdann hatten sich mehrere Kugeln in einem Körper vereint. Auf 250 Schritt erhielt man, wenn man 2 Kartätschbüchsen nahm, nur etwa den Effect, den eine leistete, auf 220 Schritt aber fast doppelten. Vielleicht wäre der Effect hier nicht so gering, wenn man sich der gebräuchlichen Spiegel bedient hätte.
Bey der fr zösischen Art rie, Scheel M S. 129.	Auf 100 Schritt etwa 15 Fuß	½ Zoll mehr oder weniger elevirt, macht hier nichts. Das Terrain ist eben und hart gewesen.

§. 134.

Nach den Versuchen, welche von der österreichischen Artillerie angestellt und eben erwähnt sind, werden auf 300 Schritt von 28 Stück Kugeln 10 bis 11 in die Scheibe gebracht. Nimmt man nun an, daß die Ausbreitung der Kugeln 20 Fuß auf 100 Schritt beträgt: so ist ihre Ausbreitung hier 60 (die Versuche geben zwar 80 Fuß, allein es sind in denselben 8 Schüsse geschehen, deren Mittelpunkte sicher beträchtlich differirt haben). Hätte man also eine Fläche, welche 15 Fuß breit und 8 Fuß hoch wäre: so würde man nur den vierten Theil des Effects erhalten, und also mit jedem Schuß etwa $2\frac{2}{3}$ und mit 3 also 8 Kugeln in diese Fläche bringen.

Bey einem Versuche, der im Jahr 1784 bey unser Artillerie angestellt wurde, brachte man auf 300 Schritt von 3 Schuß 9 Stück Kugeln in eine Fläche, welche 16 Fuß breit und 9 Fuß hoch war.

In einem ebenen Terrain würde auf 900 Schritt durch den 6 und 12pfünder in eine Scheibe, 10 Fuß breit und 8 bis 9 Fuß hoch, durch 2 Schuß nur Eine Kugel gebracht werden. Wäre die Scheibe aber nur 3 Fuß breit, oder wäre es ein Kavalerist: so würden 6 Schuß erfordert werden, wenn Einer treffen sollte.

Auf 600 Schritt würde man die 10 Fuß breite Scheibe mit dem 3pfünder durch 3 Schuß schon zweymal treffen.

Auf 500 Schritt wird in eine 10 Fuß breite Scheibe von dem 12pfünder, wenn er in der Ebene 112 Stück Kugeln schießt, jeder Schuß 2 bis 3 Stück in eine 10 Fuß breite Scheibe bringen.

Eben diesen Effect wird der 3pfünder auf 300 Schritt leisten, wenn er 54 Kugeln schießt.

Nimmt man eine halb so breite oder halb so hohe Fläche: so erhält man nur den halben Effect des erwähnten u. s. w.

Es läßt sich der Effect auf folgende Art, für jeden Fall ohngefehr bestimmen:

1) Die Fläche, in welcher sich die Kugeln eines Schusses befinden, erhält man ohngefehr, wenn man auf jede 100 Schritt 15 bis 24 Fuß Ausbreitung rechnet.

Auf 300 Schritt hat man also eine Fläche, welche 45 bis 72 Fuß breit ist.

2) Die Anzahl der Kugeln, welche in eine gewisse Fläche treffen können, erhält man, wenn man setzt: die Fläche auf welche eine gewisse Anzahl Kugeln in der gegebenen Distanz gekommen, verhält sich zu der kleinern Fläche, wie die Kugeln in der größern, zu denen, welche in die kleinere kommen; vorausgesetzt daß die kleine nicht über 9 Fuß hoch ist. Z. B. wie viel Kugeln treffen auf 300 Schritt in eine Fläche, die 3 Fuß breit und 6 Fuß hoch ist? Die Fläche auf der sich die Kugeln auf 300 Schritt alle verbreiten, ist, wie oben gezeigt, etwa 60 Fuß. Nach dem Versuch §. 132. treffen von 54 Kugeln

in ein 9 Fuß hohes Object 20 Stück; man hat also: 60. 9 : 3. 6. = 20 Kugeln zu der Anzahl, welche in die kleinere Fläche 6 Fuß hoch und 3 Fuß breit, treffen. Dies wären hier ⅗ oder von 5 Schüssen 3 Kugeln.

Man siehet hieraus, daß man immer noch, wenn sonst die Distanz bey dem 3pfünder nicht über 450 und bey dem 12pfünder nicht über 600 Schritt beträgt, mit den Kartätschkugeln ehender einen kleinen Gegenstand trifft, als mit den ordinairen wenn sonst das Terrain eben ist.

Siebentes Kapittel.

Wirkung des Geschützes gegen Truppen in einer gewissen Zeit und unter gewissen Umständen.

Wenn die Truppen sich nicht bewegen.

§. 136.

Man siehet, daß hier die Wirkung von der Geschwindigkeit und der Genauigkeit der Schüsse abhängt. Wird auf beträchtliche Entfernung gefeuert, so kann man etwa mit der 3pfündigen Kanone 3, und mit der 12pfündigen Kanone und der 7pfündigen Haubitze 2 Schuß in einer Minute thun.

Schießt man auf den nahen Feind mit Trauben, so kann man diese Geschwindigkeit verdoppeln. Da indeß hier eine Uebereilung auch sehr nachtheilige Folgen haben kann, so will ich annehmen: daß man mit dem 3pfünder 5, und mit dem 6pfünder 4½, mit dem 12pfünder 4, und mit der 7pfündigen Haubitze 3 Schuß in einer Minute thun kann.

Feuert man 10 Minuten mit 2 Kanonen, so kann man, wenn es auf 1200 Schritt geschiehet wenigstens 50 Schüsse thun. Da nun in dem vortheilhaftesten Fall (nach §. 98.) der 3te bis 4te Schuß treffen kann, so werden von diesen etwa 12 Schuß treffen. Alsdann ist aber vorausgesetzt, daß man die

die Distanze weiß, oder daß man die Schüsse hat genau beobachten können. Rechnet man noch den Zwischenraum zwischen die Rotten auf $\frac{1}{3}$ der Fläche, so werden doch sicher 8 Rotten weggerissen.

Effect verschiedener Kaliber, wenn sie auf Truppen auf verschiedene Distanz feuern und in einer Minute 3 Schuß thun.

§. 137.

Wie viel Rotten in 12 Min. getroffen werden können.

Distanz	vom 3pf.		vom 6pf.		vom 12 pf.		Von der 7pf. Haub. mit 1½ Pf.	
	Inf.	Cav.	Inf.	Cav.	Inf.	Cav.	Inf.	Cav.
800	13½	20	18	27	20	30	4	6
1200	6	9	8	11	10	15	2	3½
1800	3	4½	4	6	5	7½		

Kann man mit der 7pfündigen Haubitze ricochettiren, so leistet sie ohngefehr den Effect des 12pfünders, und also einen weit größern, als der 3 und 6pfünder *).

Ef=

*) Antoni hat in Usage des Armes à feu im 6ten Kapittel S. 303. ꝛc. die Wirkung der 7pfündigen Haubitze zu gering angesetzt. Er hat 1) die Schußweite um 8mal kleiner angenommen, als sie ist, und 2) nicht darauf gerechnet, daß man auf beträchtliche Distanzen mit diesem Geschütz in vielen Fällen ricochettirt. Da wo man ricochettiren kann, leistet eine 7pfün=

 dige

Effect wenn sich die Truppen bewegen.

§. 138.

Bewegt sich die Kavalerie oder Infanterie gegen die Kanonen, so dependirt der Effect zum Theil von

dige Haubitze mehr als irgend eine Kanone, wie man aus §. 116. weis. In anhaltenden Kanonaden, wo man wegen eines Thals oder anderer Hindernisse nicht ricochettiren kann, haben die Kanonen und selbst auch die 3pfündigen, wie man aus der obigen Tabelle siehet, einen Vorzug vor den 7pfündigen Haubitzen; dagegen kann man aber auch wieder mit Haubitzen Schanzen, Häuser ꝛc. wegnehmen, Dörfer und Magazine in Brand setzen, wo Kanonen gar nicht zu gebrauchen, oder doch von geringerer Wirkung sind. Ausserdem ist bey der 7pfündigen Haubitze noch der Vortheil, daß sie ausser dem Effect an sich, mehr als eine Kanone auf das Herz des Menschen wirkt; indem der Feind ihre Granate, welche die Größe einer 24pfündigen Kugel hat, siehet. Antoni sagt zwar, daß man gesehen hätte, daß oft sich die Truppen beym Anfange einer Action vor dem Kanonenfeuer gefürchtet, und am Ende, nachdem sie die geringe Gefahr wahrgenommen, es verachtet hätten. Diese Bemerkung findet aber hier keine Anwendung, indem die Gefahr hier nicht gering ist. Und ich bin überzeugt, daß der Feind, der rechts und links vor und in die Front Granaten schlagen siehet, und also allen Verlust gewissermaßen selbst bemerkt, sich auch denselben, und also auch die Gefahr, größer vorstellt, als sie ist.

von der Geschwindigkeit der Bewegung, welche man nach folgenden beurtheilen kann.

Geschwindigkeit in einer Minute.

Kavalerie	im	Galopp	600	Schritt
=	=	Trott	300	=
=	=	Schritt	150	=
Infanterie	=	Schritt	120	=

Man siehet wohl, daß sich hier der Effect des Geschützes, wenn man das, was über seine Wirkung auf verschiedene Distanzen gesagt ist, in Erwägung ziehet, wenigstens in den allgemeinen Fällen einigermaßen berechnen läßt.

Folgende Tabelle enthält die Resultate dieser Berechnung, auf ein ebenes Terrain angewendet. Man wird bey einiger Betrachtung leicht ihren Gebrauch finden. Man hat bey ihr den Effect der Trauben, wie man sehen wird, um ein beträchtliches geringer angenommen, als ihn die Erfahrung nach §. 133. ergiebt; so daß diese Angaben in dem schlechtesten Terrain statt finden. In einem sehr ebenen wird man aber fast um $\frac{1}{3}$ mehr Effect erhalten.

Ferner ist der Effect der Haubitzen hier geringer angegeben, als er in den meisten Fällen d. i. in den Fällen wo man auf Ricochette rechnen kann, seyn wird.

Bey Kartätschen-Schüssen hat man den Zwischenraum zur $\frac{1}{2}$ Fläche gerechnet.

Infan

Kaliber	Ladung	Geschwindigkeit in einer Minute		Distanz in Schritten
		Truppenschritte	Kanonschüsse	
3pfünder	Kugel	120	3	1300 bis 500
	gr. Kart.	120	6	500 bis 200
	kleine Kart.	120	6	200 bis 50
Total	—	—	—	—
6pfünder	Kugeln	120	2½	1400 bis 600
	große Kart.	120	5	600 bis 300
	kl. Kart.	120	5	300 bis 200
	kl. Kart.	120	5	200 bis 50
Total	—	—	—	—
12pfünder	Kugeln	120	2	1500 bis 700
	große Kart.	120	4	700 bis 400
	kl. Kart.	120	4	400 bis 200
	kl. Kart.	120	4	200 bis 50
Total	—	—	—	—
7pf. Haubitze	Granaten	120	2	1200 bis 400
	gr. Kart.	120	3	400 bis 200
	kl. Kart.	120	4	200 bis 0
Total	—	—	—	—

t e r i e.

Zeit in welcher d. Truppen die Distanz paßiren Minut.	Anzahl der Schüsse		Kugeln die treffen			Leute die bleib. wenn man den Zwischenraum zur ½ Fläche rechnet	Wie viel eine Kugel trifft
	Kugeln	Kartätschen	Ordin. Kugeln	Kartätsch-Kugeln			
				von jedem Schuß	Summa		Mann
$6\frac{2}{3}$	20	—	$6\frac{2}{3}$	—	—	20	3
$2\frac{1}{2}$	—	15	—	7	105	$52\frac{1}{2}$	1
1	—	6	—	24	144	72	1
—	—	—	—	—	—	$144\frac{1}{2}$	—
$6\frac{2}{3}$	$16\frac{2}{3}$	—	6	—	—	18	3
$2\frac{1}{2}$	—	$12\frac{1}{2}$	—	7	88	66	$1\frac{1}{2}$
$\frac{4}{5}$	—	4	—	14	56	42	$1\frac{1}{2}$
1	—	5	—	24	120	90	$1\frac{1}{2}$
—	—	—	—	—	—	216	—
$6\frac{2}{3}$	$13\frac{1}{3}$	—	$4\frac{1}{2}$	—	—	$13\frac{1}{2}$	3
$2\frac{1}{2}$	—	10	—	7	70	70	2
$1\frac{2}{3}$	—	7	—	14	98	98	2
1	—	4	—	24	96	96	2
—	—	—	—	—	—	$277\frac{1}{2}$	—
$6\frac{2}{3}$	$13\frac{1}{3}$	—	2	—	—	6	3
$1\frac{2}{7}$	—	5	—	10	50	25	1
$1\frac{2}{3}$	—	5	—	25	125	$62\frac{1}{2}$	1
—	—	—	—	—	—	$93\frac{1}{2}$	—

*) In der Bataille bey Kesselsdorf hat jedes Stück bey dem ersten Angrif 70 Mann getödtet und verwundet (wenn man nach den Sammlungen ungedruckter Nachrichten von Seite 426 bis 444 den Verlust der Bataillons, welche die Batterie das erstemal angriffen, zusammen nimmt). Da der erste Angriff repoußirt, und da dies wahrscheinlich auf 300 Schritt geschehen ist: so trifft die Tabelle hier einigermaßen zu. Denn bis zu 300 Schritt ist der Effect des 6pfünders zu 84 angeschlagen. Rechnet man noch, daß vor Kesselsdorf die Batterie anfangs gegen die preußischen Truppen rechts, und nur zuletzt bloß auf den Angriff ihr Feuer dirigirte, und daß man 1742. wahrscheinlich noch die Kartätschen nicht so vortheilhaft, als jetzt eingerichtet hatte: so wird man hier eine so vollkommene Uebereinstimmung finden, als man in dergleichen Dingen erwarten kann. In der Bataille bey Minden that die Batterie auf dem linken Flügel, nach dem was der verstorbene Graf von Bückeburg der sie commandirte, von ihren Effect behauptet hat, noch mehr als die Tabelle hier ergiebt. Die französischen Grenadiere nahten sich, nur wenige ausgenommen, bis auf etwa 400 Schritt, und doch hatte jede Kanone über 100 Mann ausser Stand zu fechten gesetzt. Der französische Oberstlieutenant Maizeroy setzt (in seiner Tactique discutée) den Effect einer der erwähnten Kanonen in dieser Bataille auf etwa 80 Todte und Verwundete. Vielleicht hat in der Bataille bey Prag, bey Frankfurt, bey Krefeld, Zorndorf rc. die Artillerie an verschiedenen Orten eben den Effect, und noch einen größern geleistet. Es ist wahr, daß man nicht allemal einen solchen Effect als die Tabelle ergiebt, erhält;

§. 139.

Aus dieser Tabelle läßt sich manche Folge ziehen, hier nur einige.

1. Die Infanterie leidet beym Angriff ungleich mehr als die Kavalerie.

2.

erhält; einen Theils hat man nicht immer ebenes Terrain vor sich, und andern Theils kommen die Truppen einem Geschütz selten so nahe, als hier angenommen ist.

Die Versuche welche der verstorbene regierende Graf Wilhelm von Schaumburg-Lippe mit 1pfündigen Falconets über den Effect desselben angestellt hat, sind die einzigen, welche mir über diesen Gegenstand bekannt sind. Ihre Uebereinstimmung mit der Angabe der Tabelle hat mich überzeugt, daß man in der Artillerie durch eine Untersuchung der Natur der Sache sich oft mehr, als durch bloße Erfahrung belehren kann, und daß jene den Mangel der Versuche einigermaßen ersetzen.

Die Versuche sind im Jahr 1772, 1773, und 1774. angestellt und da ich bey denselben gegenwärtig gewesen: so kann ich davon hier eine ausführliche Nachricht geben. Das Geschütz welches man sich zu denselben bediente, bestand aus Falconets, welche 1 Pfund Eisen schossen. Hier bestand die Ladung aus einer bleyernen Kugel, die 1 Pfund 14 Loth wog, und aus 9 Loth Pulver; so daß also nur nur etwa $\frac{1}{5}$ kugelschwer Pulver nahm.

Die Scheibe auf welche die Schüsse geschahen, war 50 Fuß breit und 8 hoch. Sie befand sich 750

Schritt

2. Der Effect der ordinairen Kugeln ist beym Angriff von keinem Belang, kömmt man auf 450 Schritt, so wird der Effect der Trauben entscheidend, und auf 300 wird er mörderisch.

3.

Schritt vom Geschütz auf einem Gestell, und wurde gegen das Geschütz avancirt in jeder Minute 100 Schritt, 50 Schritt vom Geschütz blieb sie stehen und da wurde nicht mehr gefeuert. Erst von 180 Schritt an bediente man sich der Kartätschen, welche in 15 Stück 2löthigen bleyernen Kugeln bestanden. Man that gewöhnlich 12 bis 15 Kugel- und 4 Kartätschschüsse, und gute Schützen trafen mit 6 bis 10 großen und 30 bis 40 kleinen Kugeln die Scheibe. Rechnet man, daß jede große Kugel ein Rott wegnimmt, und das wegen der Zwischenräume 3 kleine nur einen Mann trafen: so wird ein Falconet hier durch die großen Kugeln 24 und durch die kleinen 25, überhaupt also 49 Mann ausser Stand zu fechten gesetzt haben. Drey dieser Kanonen welche ohngefehr so viel als ein 3pfünder kosten, würden also 147 Mann getödtet haben. In der Tabelle ist der Effect des 3pfünders nicht grösser, und gleichwol hat man in dem Versuche nur beynahe halb so lange gefeuert, als es in der Tabelle angenommen. Ferner hat man in dem Versuche zu spät mit Trauben geschossen und sich einer ausserordentlich geringen Ladung bedient; dazu kömmt noch, daß die Versuche in einem äußerst unebenen hügeligten Terrain angestellt sind. Hätten 3 dieser Falconets mit dem 3pfünder eine verhältnißmäßige Ladung, in einem bessern Terrain gehabt: so hätten sie sicher einen weit größern Effect, als der, welcher dem 3pfünder in der Tabelle zugeschrieben, geleistet.

3. Die Wirkung der Trauben verhält sich bey den verschiedenen Kalibern, beynahe wie die Schwere der ordinairen Kugeln; 1) weil man sich der schwerern ehender bedienen kann; 2) weil ihre Kugeln mehr als einen Mann tödten können, und 3) weil auf 200 Schritt die Anzahl der treffenden Kartätschkugeln sich beynahe wie die Schwere der ordinairen Kugeln verhalten.

Es ist bey allem, was über den Effect des Geschützes bisher gesagt ist, angenommen, daß man die Entfernung des Feindes weis. Da diese aber nicht bekannt ist, so scheint dies hier einige Unrichtigkeit verursachen zu können. Ziehet man aber in Erwägung, daß man auf weite Distanzen in der Ebene ricochettirt, und dadurch nach §. 101. den Effect des gewöhnlichen Elevations-Schusses auf bekannte Entfernung erhält, daß man bey den Schüssen auf stehende Objecte, wenn sie nicht über 900 bis 1200 Schritt entfernt, den Effect der Kugel beobachten und sich darnach corrigiren kann; daß ferner bey Trauben ein Irrthum in der Elevation in den meisten Terrain eben keinen Einfluß auf den Effect hat, und daß hier die Entfernung, weil das Object nun nahe ist, leicht beurtheilt werden kann: so wird man leicht erachten, daß die obigen Angaben in den gewöhnlichen Fällen auf ebenen Terrain nicht sehr viel von der Wahrheit abweichen werden.

Achtes Kapittel.

Wurfweiten und Wirkung der Haubitzen und Mortiere.

Wurfweiten der Haubitzen und Mortiere.

§. 142.

Die Wurfweiten der Mortiere sind nach der Ladung und den Erhöhungs-Graden verschieden. Eine doppelte Ladung giebt etwa eine doppelte Schußweite. Bey 45 Grad wirft der Mortier am weitesten; bey 15 und 75 halb so weit als bey 45°. Von 45° bis 0° und bis 90° nehmen die Wurfweiten auf eine gleiche Art ab. Nimmt man also 20° mehr als 45 Grad, d. i. 65°, so wirft man eben so weit als wenn man 20° weniger oder vielmehr 25° nähme. Aus der folgenden Tabelle kann man die verschiedenen Wurfweiten, bey den verschiedenen Ladungen und Elevationen der Haubitzen und Mortiere, einigermaßen übersehen. Doch wird diese Tabelle bey kleinern Kalibern eine etwas zu geringe Wurfweite geben.

Entfernung	Haubitzen		Mortiere mit cylindr. Kammern	
Schritt	Ladung bomben schwer	Elevation Grade	Ladung bomben schwer	Elevation Grade
500	$\frac{1}{16}$	4	—	—
	$\frac{1}{38}$	8	$\frac{1}{30}$	8
	$\frac{1}{73}$	15	$\frac{1}{60}$	15
	$\frac{1}{90}$	24	$\frac{1}{80}$	24
	$\frac{1}{144}$	45	$\frac{1}{120}$	15
1000	$\frac{1}{20}$,	8	—	—
	$\frac{1}{40}$	15	$\frac{1}{30}$	15
	$\frac{1}{33}$	24	$\frac{1}{40}$	24
	$\frac{1}{80}$	45	$\frac{1}{60}$	45
1800	—	—	—	—
	$\frac{1}{20}$	15	—	—
	$\frac{1}{37}$	24	$\frac{1}{20}$	24
	$\frac{1}{43}$	45	$\frac{1}{30}$	45
2600	$\frac{1}{27}$	45	$\frac{1}{22}$	45
3200	$\frac{1}{20}$	45	$\frac{1}{19}$	45
3500	—	—	$\frac{1}{17}$	45
4100	—	—	$\frac{1}{13}$	45
4400	—	—	$\frac{1}{11}$	45
5800	—	—	$\frac{1}{7}$ bis $\frac{1}{8}$	45

Wurfweiten der Haubitzen und Mortiere verschiedener Artillerien.

I. Haubitzen, 16pfündige und schwerere.

§. 143.

1. Preußische 25pfündige, deren Bombe 62 Pfund wiegt, mit cylindrischen Kammern. Die Wurfweite beträgt bey $3\frac{1}{2}$ Pfund Pulver oder etwa $\frac{1}{18}$ bombenschwerer Ladung und

5 Grad	600 Schritt	
7 —	900 —	
10 —	1200 —	
15 —	1700 —	
18 —	2000 —	12 Sec.

2. Dänische 18pfündige. Die Bombe zu 36 Pfund, mit cylindrischen Kammern. Die Wurfweite beträgt mit 2 Pfund oder $\frac{1}{18}$ bombenschwerer Ladung und

2 Grad	48 Min.	480 Schr.	die Zeit $1\frac{7}{8}$ Sec.
5 —	—	550 —	2 —
7 —	—	700 —	$3\frac{1}{4}$ —
10 —	—	1100 —	
15 —	—	1700 —	
45 —	—	2600 —	

Mit 1 Pfund 4 Loth oder $\frac{1}{32}$ bombenschwerer Ladung

2 Grad	48 Min.	300 Schr.	$1\frac{3}{4}$ Min.
5 —	—	400 —	3 —
7 —	—	500 —	$2\frac{3}{4}$ —
10 —	—	700 —	$3\frac{1}{2}$ —
15 —	—	1000 —	
30 —	—	1500 —	

Mit $\frac{1}{64}$ bombenschwerer Ladung oder 18 Loth

5 Grad	200 Schritt	
10 —	350 —	3 Sec.
15 —	600 —	$4\frac{3}{4}$ —

3. Sächsische 16pfündige, 2 Pfund Ladung

$3\frac{1}{4}$ Grad	500 Schritt
7 —	800 —
12 —	1200 —
19 —	1600 —
30 —	2000 —

4. Hannövrische 30pfündige mit cylindrischen Kammern, 1 Pfund oder $\frac{1}{81}$ bombenschwerer Ladung und 15 Grad Elevation

	Mit Flanellnen Patronen		Mit losem Pulver	
			544	Zeit 5 Sec.
	556	Zeit 5 Sec.	470	
	619		590	
	707		640	
	568		570	
	596		636	
			660	
Mitl. Dist.	609		616	
Von beyden			600	
mitl. Dist.	602		640	
			560	
			678	
			603	

2 Pfund oder $\frac{2}{81}$ oder etwa $\frac{1}{30}$ bombenschwerer Ladung und 15 Grad

	Mit Flanellnen Patronen		Mit losem Pulver	
	1280	8 Sec.	1250	8 Sec.
	1350		1238	
	1290		1280	
	1242		1150	
			1183	
Mitlere			1544	
Weiten	1290		1274	

Mit 3 Pfund Pulver oder $\frac{3}{81}$ oder $\frac{1}{20}$ bombenschwerer Ladung und 15 Grad

	Mit Flanellnen Patronen	Mit losem Pulver
	1610	1872
	1548	1740
	1672	1780
	1850	2093
Mitlere Weite	1670	1871

16pfündige mit cylindrischer Kammer, Bombe 33 Pfund.

15 Grad 20 Loth oder $\frac{1}{52}$ bombenschwerer Ladung

640
580
520
660
611
550
640
606
Mitlere Distanz 601

5. Englische 8zoller oder 23pfünder. Bombe 46 Pfund 11 Loth $3\frac{1}{2}$ Pfund Pulver, 45 Grad, 2350 Schritt.

II. Leichte Feldhaubitzen, 7 bis 10pfündige.

§. 144.

1. Englische,

$5\frac{1}{2}$zoller. Bombe wiegt $16\frac{1}{2}$ Pfund gefüllt,

$4\frac{1}{2}$ — — — $8\frac{2}{3}$ — —

$5\frac{1}{2}$ — oder 8pfünder mit 1 Pfund oder etwa $\frac{1}{16}$ bombenschwerer Ladung und 45 Gr. 1650 Schr.

$4\frac{1}{2}$ — oder 4pfünder, mit $\frac{1}{2}$ Pfund oder etwa $\frac{1}{18}$ bombenschwerer Ladung und 45 Gr. 1400 Schr.

2.

2. Französische.

Kalib.	Elevation	Fall der Bombe	Wo die Bombe liegen bleibt	Schwere des Mortiers
6zoller	6 Gr.	417 Tois.	693	500 Pf.
	10 —	600 —	725	—
	15 —	762 —	791	—
	30 —	1086 —	1086	—
	45 —	1193 —	1193	—
8zoller	45 —	600 —	600	1050

3. Dänische 10pfünder, die Bombe zu 20 Pf. mit cylindr. Kammer.

$\frac{1}{20}$ bombenschw. Ladung oder 1 Pf. 3 Gr. 300 Schr.
5— 500 —
10— 900 —
etwa $\frac{1}{13}$ bombenschw. Lad. od. $1\frac{1}{2}$— 3— 400 —
5— 800 —
10—1100 —
15—1600 —

4. Preußische 7pfündige, Bombe 14 Pfund, Ladung 2 Pf. oder $\frac{1}{7}$ bombenschwer.

600 Schritt bey 2 Grad
900 — — $3\frac{1}{4}$ —
1200 — — 5 —
1500 — — 9 —
1800 — — 12 —
2100 — — 16 — Zeit 14 Sec.
2400 — — 20 — 16 —

10pfündige Haubitze, Bombe 27 Pfund, Ladung $2\frac{1}{4}$ Pfund oder etwas mehr als $\frac{1}{9}$ bombenschwer.

600 Schritt	bey	$3\frac{1}{2}$	Grad
900	—	5	—
1200	—	$6\frac{1}{2}$	—
1500	—	8	—
1800	—	10	—
2100	—	13	—
2400	—	16	—

5. Hannövrische 7pfündige Haubitze. Bombe 15 Pf. Ladung 2 Pf. oder $\frac{1}{7}$ bis $\frac{1}{8}$ bombenschwer.

600 Schritt	bey	$1\frac{1}{2}$	Grad
700	—	2	—
890	—	3	—
1070	—	4	—
1240	—	5	—
1800	—	10	—

Mit $1\frac{1}{2}$ Pfund

400	—	1	—
590	—	2	—
770	—	3	—
940	—	4	—
1100	—	5	—
1500	—	10	—

6. Sächsische 8pfündige mit cylindrischer Kammer, $1\frac{1}{2}$ Pfund, Visirschuß 500 Schritt

$3\frac{1}{2}$ Grad		600 Schritt	
6	—	800	—
$10\frac{1}{4}$	—	1200	—
14	—	1600	—
20	—	2000	—

III. Mortiere.

§. 145.

1. Hannövrische 30pfündige, Bombe 61 Pf.
1 Pf. oder $\frac{1}{61}$ bombenschwerer Ladung,

15 Gr.	574 Schritt,	Zeit 7-9	
	470	—	
	590	—	
	790	—	
	518	—	
	514	—	
	522	—	
Mitlere Distanz	568	—	

Verkeilt 1 Pfund	15 Gr.	710	Schritt
1 —	15 —	620	—
Mitlere Distanz		665	Schritt *)

2.

*) Verkeilte Bomben werden also weiter gebracht, als andre, und man hat durchs Verkeilen ein Mittel eine Bombe, weiter zu bringen, als es bey der grösten Ladung und Elevation, wenn gewöhnlich geladen, möglich ist.

Man weis zwar nicht, wie weit das Verkeilen die Wurfweite vergrößern kann. In dem obigen Fall betrug es 100 Schritt und den 6ten Theil der ganzen Weite. Bey den Versuchen welche 1771. in Dännemark mit den 75pfündigen Mortieren gemacht sind, um die gröste Schußweite derselben zu erfahren, findet dies Verhältniß meistens statt. Es hat z. B. dieser Mortier mit 4 Pfund 22 Loth in 48 Grad verkeilt seine Bombe 2810 und ordinair geladen 2490 Schritt gebracht; jedoch ist zu Zeiten der Unterschied mehrere 100 Schritt größer und ein andermal auch wieder

2. Sächsische 48pfündige, conische Kammer.

Pfund	Loth	Grad	Schritt	Temp.
2 Pfund	12 Loth	25 Grad	800 Schritt	23 Temp.
3 —	4 —	26 —	1200 —	30 —
$3\frac{3}{4}$ —	— —	32 —	1600 —	36 —
4 —	12 —	45 —	2000 —	36 —
		32pfündige conische Kammer:		
2 —	— —	32 —	800 —	20 —
2 —	24 —	32 —	1200 —	24 —
3 —	16 —	32 —	1600 —	34 —
4 —	8 —	45 —	2000 —	34 —
		21pfündige conische Kammer:		
1 —	24 —	23 —	800 —	24 —
1 —	— —	$35\frac{1}{2}$ —	1200 —	30 —
2 —	16 —	30 —	1600 —	36 —

3. Englische,

13zoller oder 100pfünder, 9 Pf. oder $\frac{1}{22}$ bombenschwerer Ladung, 45 Gr. 2450 Schritt.

10zoller oder 45pfünder, $3\frac{1}{2}$ Pf. oder $\frac{1}{20}$ bombenschwerer Ladung, 2200 Schritt.

8zoller oder 23pfünder, 2 Pfund oder $\frac{1}{27}$ bombenschwerer Ladung, 45 Gr. 1840 Schritt.

$5\frac{1}{2}$zöller oder 8pfünder, 18 Loth oder $\frac{1}{28}$ bombenschwerer Ladung, 1400 Schritt.

$4\frac{1}{2}$zöller oder 4pfünder, 10 Loth oder $\frac{1}{27}$ bombenschwerer Ladung, 1150 Schritt.

In Gibraltar hat man mit dem 13zolligen Mortier 4880 Yards oder etwa 5780 Schritt geworfen.

4.

ganz unbeträchtlich gewesen; so daß die verkeilten Bomben also einen weit unsichern Wurf, als die nicht verkeilten gegeben.

4. Französische.

Bey der französischen Artillerie hat man 12, 10 und 8zollige Mortiere. Die 12zolligen sind zu dem Gebrauch der kurzen Distanzen bestimmt, auch behält man sie nur noch bey, um den Vorrath von 12zolligen Bomben zu gebrauchen. Die 10zolligen sind von 2 Gattungen, die erste ist zu den weitern und die 2te zu kleinern Distanzen bestimmt.

Mortier	Gewicht dess. Pf.	Kaliber des Mortiers	Kaliber der Bombe	Gewicht der Bombe	Gewicht des Pulv. wenn die Kammer voll	Wurfweite unter 45° Tois.
12 Zoll	1550	12 Z.	11 Z. 8 L.	150	$3\frac{3}{4}$ Pfund	800
10 Z. schw.	2060	10 Z. 1 L. 6 P.	10 „	100	7 —	1400
10 Z. leicht.	1620	10 „ 1 „ 6 „	10 „	100	$3\frac{3}{4}$ —	1100
				44	1 Pf. 6 L.	580

Außer diesen Mortieren hat man noch bey der französischen Artillerie die Steinmortiere, welche 1000 Pfund wiegen, eine abgekürzte konische Kammer und 15 Zoll zum Kaliber haben und mit $2\frac{1}{2}$ Pfund Pulver geladen werden können. Sie bringen die Steine nicht über 100 Toisen oder 250 Schritt.

Die ehemaligen 12zolligen Mortiere, welche 12 Pfund Ladung faßten, warfen, weil ein leerer Raum in der Kammer bleibt, in 45 Grad

mit	cyl. Kamm.	birnförmige	kegelförm.
2 Pf. Pulver	258 Toisen	300 Toisen	245 Toisen
4 — —	478 —	705 —	560 —

Diese Versuche hat Belidor gemacht, man sehe seinen Bombardier S. 27.

Mitlere Wurfweite von 4 Wurf, die 1771. im October zu la Fere gethan sind. Gewicht der Bombe 142 Pf. Ladung $3\frac{1}{4}$ Pf. (Bezout Cours de Mathem. T. IV. p. 456.)

Grad	Weite in Toisen	Zeit Secund.	Einfalls-winkel Grad
10	228	4	14
20	414	$7\frac{1}{3}$	26
30	499	$10\frac{3}{4}$	36
40	567	$14\frac{2}{3}$	48
43	523	14	50
45	514	$15\frac{1}{5}$	52
50	497	16	57
60	446	$19\frac{1}{5}$	68
70	330	22	74
75	270	22	78

Von den grösten Wurfweiten der Mortiere.

§. 146.

Die preußische 10pfündige Haubitze bringt bey 17 Grad und $2\frac{1}{4}$ Pfund, ihre 27 Pfund schwere Granate schon bis auf 2500 Schritt; in 40 Grad würde sie dieselbe bis gegen 4000 Schritt bringen.

Man hat ehedem bey der französischen Artillerie sich der 12zolligen Mortiere zu den Distanzen von 1200 Toisen bedient, man hat aber gefunden, daß sie die hier erforderliche Ladung nur eine kurze Zeit, ohne beschädigt zu werden, aushalten konnten und daher jetzt die 10zolligen oder 50pfündigen eingeführt, welche mit 7 Pfund wie erwähnt, ihre Bombe auf 1400 Toisen bringen, und 3 bis 4mal so dauerhaft, als jene sind. *)

Man

*) Die Bomben dieser 10zolligen Mortiere wiegen 100 Pfund, der Mortier 2000. Die Bombe ist 18 Linien dick, die Dicke der 12zolligen beträgt nur 16. Die neuen französischen Bomben sind also stärker, als die sonst gewöhnlichen, welches auch bey den preußischen 10pfündigen Haubitzgranaten der Fall ist. Diese wiegen 27 Pfund, statt sie nach der gewöhnlichen Einrichtung nur 21 wiegen würden. Bey der französischen Artillerie hat man 1765 u. 1766, als man bey Strasburg mit den Mortieren und Bomben viele Versuche gemacht, gefunden: daß man die stärkern Bomben weiter bringen kann, als die eben so schweren von gewöhnlicher Einrichtung; (bey einer Ladung) daß sie wegen des größern Widerstandes einen eben so großen Trichter in der Erde machen, als jene, welche mehr Pulver fassen, und daß sie endlich bey starken Ladungen des Mortiers ganz bleiben, wenn die schwächere in mehrern Stücken aus dem Mortier gehen. Es wäre nun aber noch die Frage, ob sie beym Krepiren nicht in wenigere Stücke, als die schwächern sich theilen?

Wenn die Bomben eine Größe und verschiedene Schwere haben: so gehet die leichtere wenn sonst die Erleichterung nur bis zu einem geringen Grade gehet und die Ladung nicht ausserordentlich stark ist) weiter als die schwerere. Bey 11 Pfund Ladung ist die 140 Pfund schwere 44 Toisen weiter, als die 150 Pf. schwere gebracht bey 7 Pfund 50 und bey 4½ Pfund 40 Toisen. Auch erhält man eine etwas größere Wurfweite, wenn

man

Man hat 1771. bey der dänischen Artillerie durch Versuche gefunden, daß man eine Bombe, welche 150 Pfund wiegt, nicht über 5300 Schritt bringen kann.

Mit 45 Grad und 28 Pfund 6 Loth brachte man sie durch den englischen Mörser 5320 Schritt. Mit dem dänischen Mörser mit cylindrischer Kammer erhielt man zur Wurfweite, bey

45 Grad und 20 Pfund Ladung			5040	Schritt,
bey 15	—	—	4430	—
„ 9	—	—	3515	—

Bey den starken Ladungen litten die über 7000 Pfund schweren Mörser schon durch einige Schüsse, auch blieben die Bomben nicht immer ganz.

Gebrauch der in §. 142. gegebenen Tabelle, um für jede Weite die erforderliche Ladung und Elevation anzugeben.

§. 147.

Der Gebrauch dieser Tabelle ist nicht schwer. Wollte man mit einem 30pfündigen Mortier 1000 Schritt werfen, und den Winkel von 15 Grad nehmen: so sucht man in der Tabelle 1000 Schritt und

die Kammer mit Erde füllt und auch welche um die Bombe legt. Jedoch hat man bey der französischen Artillerie gefunden, daß die Vergrösserung der Wurfweite, welche hiedurch entstehet, sehr gering ist, wenn der Mortier neu, aber bis zu 200 Toisen gehet, wenn er im Lager und in der Kammer beträchtlich gelitten hat.

und 15 Grad auf, hier findet man die Ladung zu $\frac{1}{30}$ Bombenschwer. Da die Bombe nun 60 Pfund wiegt, so ist die Ladung also 2 Pfund.

Will man die gröste Wurfweite eines gegebenen Mortiers wissen: so füllt man seine Kammer mit Pulver, um das Gewicht desselben zu haben.

Findet man 4 Pfund und beträgt das Gewicht der Bombe 80 Pfund, so ist also die gröste Ladung $\frac{1}{20}$ Bombenschwer, denn $\frac{4}{80}$ ist gleich $\frac{1}{20}$.

$\frac{1}{20}$ bombenschwere Ladung giebt aber bey 45 Grad, oder der Elevation, welche die weiteste Schußweite hervorbringt, etwa 3000 Schritt, indem $\frac{1}{15}$ bombenschwere Ladung 3200 Schritt giebt.

Man muß indes hierbey in Erwägung ziehen, daß die Wurfweite bey einer Ladung und Elevation nach der Figur der Kammer etwas verschieden ist. Belidor erzählt in seinen vermischten Werken, daß 2 Pfund bey der birnförmigen Kammer (welche hinten weiter als vorn ist) mehr als 3 Pfund bey der cylindrischen leisten *). Nach Versuchen welche 1772 bey Steinhude gemacht, wirft die cylindrische Kammer bey einem 8pfündigen Mortier mit 24 Loth so weit, als die conische mit 1 Pfund. Nur bey den cylindrischen kann man sich bequem der Kardusen bedienen.

Aus

*) Die sächsische Artillerie hat conische, die preußische, hannöversche und dänische cylindrische Kammern.

Aus einer Wurfweite die Elevation für andere bey einer gewissen Ladung zu bestimmen.

§. 148.

Wenn man bey einer gewissen Elevation einen Wurf gethan: so kann man die Wurfweiten für andere Grade bey derselben Ladung ziemlich genau finden. Denn sie verhalten sich ohngefehr, wie die in der folgenden Tabelle angegebene Zahlen der 3ten und 6ten Columne *).

Man

*) Aus der Theorie, welche hier mit der Erfahrung, soviel es zur Ausrichtung erfordert wird, übereinstimmt, folgen nachstehende Sätze:

1. **Bey gleichen Ladungen verhalten sich die Wurfweiten in der Ebene, wie die Sinusse des doppelten Erhöhungswinkels.**

Eine Bombe ist mit 15 Grad 500 Schritt geworfen, jetzt will man sie 600 Schritt werfen?

500 verhalten sich zu 600, wie der Sinus von 30 Grad, zu den Sinus des doppelten Erhöhungs-Winkels, unter welchen die Bombe auf 600 Schritt geworfen wird, Da nun der Sinus von 30 Grad 50000 beträgt, so hat man also: 500; 600 wie 50000 zu der gefundenen andern Zahl 60000, welche der Sinus des doppelten Winkels ist, mit dem man 600 Schritt erreicht. Der Sinus von 60000 ist nach den Sinus-Tabellen 36 Grad 52 Min. mithin der gesuchte Erhöhungswinkel 18 Grad 26 Min.

Man

Man schießt also bey 45 Grad doppelt so weit, als bey 15; und bis 45 Grad nimmt die Wurfweite

Man kann also, wenn man mit einem Mortier nur auf eine Distanz Versuche angestellt, für jede andere Weite die erforderlichen Elevations-Grade finden.

2. **Die Weite welche eine Bombe, die mit 45 Grad geworfen wird, erreicht, ist gleich dem Quadrat der Secunden, welche sie im Fluge zubringt, multiplicirt mit 16 Fuß.**

a) Eine Bombe bringt 10 Secunden im Fluge zu, welche Weite erreicht sie? Das Quadrat von 10 Fuß ist 100; 100 mult. mit 16 giebt 1600 Fuß oder 100 Calenb. Ruthen oder 600 Schritt.

b) Die Wurfweite bey 45 Grad beträgt 1600 Fuß, wie lange ist die Bombe im Fluge?

$$16 : 1600 = 1 : \frac{1600}{16} = X^2,\; X^2 = 100$$

100 giebt die Quadratwurzel 10, welche die gesuchten Secunden also anzeigt.

3. **Die Zeiten welche die Bomben in der Luft zubringen, verhalten sich bey verschiedenen Graden und einer Ladung wie die Sinus der Elevations-Winkel.**

Eine Bombe unter 40 Grad geworfen, hat 20 Secunden im Fluge zugebracht, wie lange wird bey dieser Ladung eine andere, unter 30 Grad geworfen, in der Bewegung seyn?

Sin. 40 Gr. : Sin. 30 Gr. = 20 : X
" 64278 " " 50000 " = 20 : X
X = 15 Secunden.

Aus

weite zu. Von da nimmt sie bis 0° ab. Wenn man die Wurfweite bey 15° 1 setzt: so ist sie $1\frac{1}{4}$ bey 19, $1\frac{1}{2}$ bey 24, $1\frac{3}{4}$ bey 30, und 2 bey 45°; oder wenn man 800 Schritt bey 15° wirft, so wirft man 1000 bey 19, 1200 bey 24, 1400 bey 30, und 1600 bey 45°. Da unter 15° sich die Wurfweiten ohngefehr wie die Grade verhalten: so wirft man bey $7\frac{1}{2}$° ohngefehr halb so weit, als bey 15°. Wenn man sich die erwehnten Verhältnisse bemerkt, so wird man in den meisten Fällen die folgende Tabelle, welche sie genauer anzeigt, entbehren können. Will man sich aber dieser Tabelle bedienen, so geschiehet es ohne viele Berechnung. Hat man mit 15 Grad 250 Schritt geworfen, und will darauf 500 Schritt werfen, so setzt man: 250 verhalten sich zu 500, wie die Zahl der 3ten Columme, welche neben 15 Grad stehet, zu einer 4ten Zahl, die

Aus diesem Satze lassen sich die Längen der Brandröhren berechnen, wenn die Wurfweite bekannt, wie dies vor Festungen der Fall meistens ist.

Alle diese Auflösungen finden nur dann statt, wenn die feindlichen Werke nicht um ein sehr beträchtliches höher, als unsere Batterie, liegen. Liegt die feindliche Batterie nur einige Grad höher oder niedriger: so macht dies hier nicht sehr viel, und alsdann nimmt man bey den Exempeln des ersten Satzes, so viel Grade mehr oder weniger, als die feindlichen Werke höher oder niedriger liegen. Bey Bergfestungen weiß man die grade Distanz ohnehin selten, hier muß man sich nach den ersten Würfen corrigiren.

die man hier durch die Regula de tri findet. Diese gefundene Zahl, welche hier 10000 beträgt, sucht man nun in der 3ten oder 6ten Columme auf, so geben nebenstehende Grade, die gesuchte Elevation hier 45 Grad. Man wirft also in diesem Fall mit 45 Grad 500 Schritt.

Grade.		Weite.	Grade.		Weite.
1	89	349	25	65	7660
5	85	1736	26	64	7880
6	84	2079	27	63	8090
7	83	2419	28	62	8290
8	82	2756	29	61	8480
9	81	3090	30	60	8660
10	80	3420	31	59	8829
11	79	3746	32	58	8988
12	78	4067	33	57	9135
13	77	4384	34	56	9272
14	76	4695	35	55	9397
15	75	5000	36	54	9511
16	74	5299	37	53	9613
17	73	5592	38	52	9703
18	72	5870	39	51	9781
19	71	6157	40	50	9848
20	70	6428	41	49	9903
21	69	6691	42	48	9945
22	68	6947	43	47	9976
23	67	7193	44	46	9994
24	66	7431	45	45	10000

Bey einer Elevation durch die Ladung jede verschiedene Distanz zu erreichen.

§. 149.

Das Verhältniß der Wurfweiten bey verschiedenen Ladungen ist weder durch die Theorie, noch durch Erfahrungen bestimmt; es scheint aber aus der Erfahrung zu folgen, daß sich bey mitlern Ladungen die Wurfweiten, ohngefähr wie die Ladungen selbst verhalten.

Hat man daher mit 2 Pfund unter einen gewissen Winkel 1000 Schritt geworfen, so nimmt man 4 Pfund, wenn man nun 2000 Schritt werfen will; will man aber nur 1500 Schritt werfen, so nimmt man 3 Pfund. Hat man mit $\frac{1}{40}$ bombenschwerer Ladung bey 24 Grad 1000 Schritt geworfen, und will nun 500 Schritt werfen, so nimmt man $\frac{1}{80}$ bombenschwere Ladung. Diese findet man, wenn man die zu werfende Distanz mit der Ladung bey der geworfenen Distanz multiplicirt, und das Product durch 1000 oder der Distanz, die geworfen ist, dividirt.

Bey hoher Elevation ist die Verschiedenheit der Wurfweite nicht so groß, als bey geringerer; da sich aber die Bomben bey jener sehr eingraben: so kann man sich ihrer nicht in jedem Fall bedienen; nicht gegen eine Schanze, gegen Batterien rc. Hier muß man 15 bis 25° nehmen. Bey einer geringern Erhöhung bleibt die Bombe nicht liegen, wo sie niederfällt.

Wenn man sich der großen Haubitzen oder der Mortiere im freyen Felde gegen Truppen bedient, so nimmt man eine so geringe Elevation, als es nur die Entfernung erlaubt. Ist sie nicht unter 12 Grad, so läßt man die Bombe auf etwa 150 Schritt vor der Front aufschlagen; alsdenn ricochettirt sie bis in dieselbe.

Muß man wegen der Entfernung, dem Geschütz mehr als 12 Grad zum Elevations-Winkel geben: so sucht man die Bombe bis zwischen die Truppen zu bringen, wo man alsdenn von dem Krepiren den meisten Effect erwarten muß.

Wahrscheinlichkeit des Treffens mit Haubitzen und Mortieren.

§. 150.

Die Erfahrung hat gelehrt, daß auf 1000 Schritt bey 25° Elevation, die Hälfte der Haubitz-Granaten und der Bomben in einem Rectangel der 25 Schritt breit und 50 lang ist, gebracht werden können *). Ist der Rectangel nach dem man wirft,

*) Eine große Menge Versuche von denen ich die Protocolle in Händen und zum Theil selbst geführt habe, zeigen: 1) daß auf 800 Schritt die Hälfte der Anzahl der Bomben gewöhnlich nicht über 10 Schritt, und die ganze Anzahl nicht über 50 Schritt von der Directions-Linie fällt. 2) daß die gröste Differenz der Würfe bey einer Ladung und Elevation sich bis auf höchstens 200 Schritt beläuft, daß aber doch die Hälft

wirft, aber nur 12 Schritt breit und 25 lang, ist er also nur $\frac{1}{4}$ so groß, als oben; so kömmt etwa nur $\frac{1}{2}$

Hälfte der Anzahl in einem Raum von 50 Schritt fällt. 3) daß man unter 25 und höhern Graden auf 800 Schritt die Hälfte der ganzen Anzahl in einem Rectangel der 50 Schritt lang und 25 Schritt breit ist, bringen kann, und daß man bey einer Elevation von 15 und wenigern Graden nicht ganz den obigen Effect erhält, so daß man zu Zeiten nur $\frac{1}{3}$ der ganzen Anzahl in den erwähnten Rectangel bringt.

Nach den Versuchen die zu la Fere (Bezout Cours de Mathematique T. IV. S. 456.) mit einem Mortier der eine 142 Pfund schwere Bombe geworfen, angestellt, ist die Differenz der Wurfweiten zwischen 77 und 160. Schritt gefallen. Unsere Differenzen sind um ein geringes größer, wir haben aber auch kleinerer Mortiere und alter Bomben, die einen sehr verschiedenen Spielraum hatten, uns bedient; so daß wir mit unsern neuen wenigstens die Genauigkeit welche in den französischen Versuchen herrscht, erhalten werden. Wenn der General Virgin (La defense des places, mise en equilibre avec les attaques savantes et fourieuses d'aujour d'hui S. 60.) erzählt, daß die schwedischen Bombardiere, Bombe auf Bombe in einem Raum von 3 bis 4 Toisen d. i. von $7\frac{1}{2}$ bis 10 Schritt bringen können: so ist dies ein Druckfehler, oder Zufall bey wenigen Würfen gewesen. Ich bin Augenzeuge gewesen, daß man auf 1000 Schritt 10 Würfe hintereinander in einem 30 Schritt langen und 15 Schritt breiten Rectangel gebracht hat, und daß einandermal

unter

$\frac{1}{8}$ der ganzen Anzahl der geworfenen Bomben in denselben.

Es ist also die Abweichung zur Seite auf eine beträchtliche Distanz allemal kleiner, als die Differenz der Wurfweiten, und man erhält den grösten Effect alsdenn, wenn man sich in der Verlängerung der grösten Länge der Fläche, die man bewerfen will, setzt. Wenn man Verschanzungen bewirft, so setzt man sich also in die Verlängerung der längsten Linien, gegen Bastione in die Verlängerung der Facen, gegen Redouten und Waffenplätze in die Verlänlängerung der Diagonallinie derselben ꝛc.

§. 151.

Es kömmt bey der Wirkung der Mortiere und Haubitzen auf verschiedene Nebendinge an, die sich nicht wohl in Anschlag bringen lassen. Ist das Wetter helle, stehet man auf einer Anhöhe und eine beträchtliche Zeit im Feuer, so daß man den Effect, den Fall der Granate oder Bombe, allemal siehet, und daß man also nach und nach die rechte Richtung und Elevation finden kann: so ist der Effect ohne Zweifel größer, als in entgegengesetzten Fällen.

Ferner hat man bemerkt, daß große Kaliber bey einer Elevation und Ladung nicht so große Verschiedenheiten der Wurfweiten, als kleinere geben.

Das-

unter den nemlichen Umständen nicht die Hälfte in diesen Raum kam. Hier ist, wie bey den Würfeln, das Ohngefähr mit im Spiel.

Damit man aber ohngefehr die Anzahl der Bomben weiß, die in einer gewissen Zeit in ein Werk gebracht werden können: so habe ich hier eine Tabelle auf verschiedene Fälle berechnet *).

Kaliber	Grade	Entfernung in Schritten	Wenn das Object ein Rectangel, dessen Seiten 25 und 50	100 und 25	150 und 50	Wenn das Object ein Quadrat, dessen Seiten 25	50	100	200	Anzahl d. Bomben, die in einer Stunde aus einem Geschütz geworfen werden können.
			Schritt, so trift von der Anzahl der geworfenen Bomben							
Mortier	45	500	2/3	1	1	1/3	3/4	1	1	30
30pfünder	45	1000	1/2	3/4	1	1/4	2/3	1	1	25
—	45	1500	1/3	2/3	5/6	1/6	1/2	5/6	1	20
—	45	2000	1/5	1/2	2/3	1/10	1/3	2/3	1	20
—	15	500	1/2	3/4	1	1/4	1/3	5/6	1	25
—	15	1000	1/3	1/3	11/18	1/6	2/9	3/4	1	20
Haubitzen	30	500	1/2	3/4	1	1/4	1/2	5/6	1	60
7pfündige	30	1000	1/3	2/3	11/18	1/6	2/9	3/4	1	40
—	30	1500	1/4	1/2	2/3	1/8	1/3	2/3	2/3	30
—	30	2000	1/7	1/3	1/2	1/14	1/5	1/2	2/3	20
—	10	500	1/3	2/3	4/5	1/6	2/5	3/4	1	60
—	10	1000	1/4	1/2	2/3	1/8	1/5	2/5	5/6	40
—	10	1500	1/6	1/3	1/2	1/12	1/4	1/2	2/3	30
—	10	2000	1/10	1/4	1/3	1/20	1/6	1/3	1/2	25

Auf

*) Ich setze dabey voraus, daß sich das Treffen auf einer Distanz bey kleinen Flächen, wie die Flächen selbst verhält (wie dies auch aus dem vorhergehenden folgt) daß sich das Treffen auf verschiedene Distanzen aber verkehrt, wie die Distanzen selbst verhält; indem die Seitenabweichung mit der Distanz zunimmt, und die Differenzen der Wurfweiten in den verschiedenen Entfernungen einander fast gleich sind.

Auf den Wallgang einer 100 Schritt langen und 30 Fuß breiten Face, kommen also unter 15° Elevation, in einer Entfernung von 1000 Schritt von 3 Bomben 2, in einem Waffenplatz der 50 Schritt zur Seite hat, $\frac{3}{8}$ oder von 8 Stück 3.

Man hat bey der Bestimmung der treffenden Bomben, in der obigen Tabelle die Distanz als bekannt vorausgesetzt. Ist sie dies nicht, so kann man diesen Effect nur erst dann erwarten, wenn man durch verschiedene Würfe die rechte Elevation gefunden hat. Ist dies aber wegen der Entfernung und andern Ursachen ohnmöglich, so wird man auch nur zufällig einigen Effect erhalten. Diejenigen welche auf diese Dinge bey dem Gebrauch des Geschützes nicht Rücksicht nehmen, und nach dem Effect den es auf nahe Distanzen leistet, schließen, ohne daß sie die Fläche des Objects erwägen, stellen sich denselben größer vor, als er ist *).

Wir-

*) Bey Burkersdorf feurten die Preussen mit 45 Haubitzen eine Zeitlang, ohne daß eine Granate in die Redoute kam, die zuletzt ihr einziges Object war; sie war aber klein und gegen 3000 Schritt entfernt. Der Major von Tempelhof erzählt in seiner Geschichte des 7jährigen Krieges 2r Th. S. 68. daß in der Belagerung von Schweidnitz nach einer Batterie mehr als 270 Bomben geworfen sind, ohne daß ein Geschütz demontirt und ein Mann beschädigt ist.

Wirkung der Bomben die getroffen.

§. 152.

Giebt man der Bombe eine geringe Ladung, (bey kleinen 1 und bey sehr großen ½ so viel Loth als die Bombe Pfunde wiegt) so werden gewöhnlich einige Stücke nur wenige Schritt weggeworfen, andere 50 bis 100, und andere, wenn sie zumal groß sind, 200 bis 300 Schritt. Dies ist unterdeß die beste Ladung, und zu Zeiten zerspringt die Bombe bey dieser in 20 bis 30 Stücken, die auf etwa 100 Schritt geworfen werden, statt sie bey einer stärkern Ladung in 3 bis 4 oder höchstens in 10 zerspringt, welche erst auf 400 und oft bis 800 Schritt liegen bleiben. Eine Bombe von beträchtlicher Größe, ruinirt allein eine Schießscharte, denn gewöhnlich fällt sie 2 bis 3 Fuß tief, und wirft die Erde um sich, wie eine Mine. Auf jeden Fall läßt sich ihre Wirkung nicht bestimmen. In der Belagerung von Cassel von 1761. warfen 6 Bomben in der Lunette nach der Mitte der Attaque zu, ein Merlon übern Haufen, ecrassirten viele Pallisaden, bleßirten 2 Kanoniere, eben so viel Arbeiter, ausser denen, welche nur geringe Wunden bekamen (Journal de la defense de Cassel p. M. le Comte de Broglie.) In der Belagerung von Namur 1746. (La defense des places par Virgin S. 62.) wurden durch eine Bombe, die, ehe sie an die Erde kam, crepirte, mehr als 30 Mann sehr übel zugerichtet und verschiedene getödtet. Es kömmt hier auf die Aufmerksamkeit und Geschicklichkeit der Bombardiere an. Sind die Brandröhren so eingerichtet, daß die Bombe ehe sie niederfällt, in einer nicht zu großen Höhe crepirt: so ist der Effect gegen Menschen gewiß 10mal größer, als in dem Fall, da dies auf der Erde geschiehet *).

Der Major von Tempelhof sagt, daß 10 Bomben (wahrscheinlich von mitlern Kaliber etwa 30 Pfund) sicher ein Merlon und also 2 Schießscharten übern Haufen werfen. Nimmt man eine Batterie von 8 Kanonen, welche grade vor dem Mortier, mit dem man wirft, liegt: so hat man einen Gegenstand 50 Schritt breit, und 7 Schritt lang, wenn man blos die Brustwehr zum Object nimmt. Da nun auf jedes Merlon 10 Bomben gerechnet werden, so werden also hier 70 treffende Schüsse erfordert. Denn aus §. 151. folgt, daß man einen Gegenstand wie der obige, mit der 7ten Bombe trift, so daß also hier überhaupt 490 Würfe erfordert würden. Da hier zugleich 70 Würfe die Kanonen treffen, so würde diese Batterie gänzlich ruinirt werden. Bey der Hälfte der Würfe oder bey 245 würde auf jedes Merlon und Bettung zusammengenommen nur 10, und bey $122\frac{1}{2}$ Würfen, auf jedes Merlon und Bettung 5 Bomben kommen. Es ist wahrscheinlich daß das Geschütz dieser Batterie bey 122 Würfen wenigstens auf einige Zeit zum Theil ausser Activität gesetzt wird.

Es scheint hieraus zu folgen, daß 4 Mortiere eine Batterie zum Theil, 8 aber sie gänzlich unthä-thig

*) Virgin erzählt in seinem angeführten Werke S. 60. daß ein schwedischer Capitain die Bomben so habe werfen können, daß sie mehrmal nach einander eben über der Erde crepirt wären.

tig machen, und 16 sie in einem Tage ruiniren können. Ist die Batterie in der Verlängerung unserer Direction nur 500 Schritt entfernt, so erhält man fast den doppelten Effect. Ist man aber 700 bis 1000 Schritt in diesem Fall von ihr entfernt, so gewinnt man durch diese Lage nichts. Gegen eine Fläche oder ein Werk, das hinten und zur Seite eine Brustwehr hat, ist der Effect größer als in den angegebenen Fällen, wie man von selbst leicht einsiehet. In ein Werk das 50 Schritt zur Seite hat, kömmt $\frac{2}{3}$ der ganzen Anzahl. Wirft man daher auf dieses Werk 150 Bomben, so kommen 100 in dasselbe; und also in jedes Quadrat das 5 Schritt zur Seite hat, eine *).

Ein Dorf, Haus ꝛc. in Brand zu stecken.

§. 153.

Ein Dorf wird gewöhnlich bald in Brand gesetzt; wenn eine Bombe oder Granate in einem Hause liegen bleibt, so zündet die Brandröhre oder doch das Pulver, wenn sie crepirt die brennbaren Materien die geschwind Feuer fassen, und sich um derselben befinden. Wenn die Häuser weit von einander stehen und nicht mit Stroh angefüllet sind, so kann man hier seine Absicht oft erst durch viele Würfe er-

*) Die Erfahrung hat gelehrt, daß in geschlossenen Werken die Bomben ausserordentlich gefürchtet werden. In der Belagerung von Cassel trieben einige Bomben fast jedesmal die Besatzung aus der Warburger Redoute, so gut sie dieselbe auch sonst vertheidigte.

erreichen. Hat man aber alsdann mehrere Haubitzen und mehrere Stunden zur Bewerfung: so wird man bald seinen Zweck erreichen, oder es müste das Ohngefehr den Artilleristen sehr abgeneigt seyn. Eine Stadt wird auf diese Art, wenn die Bürger Ackerbau treiben, eben so geschwind in Brand gesetzt, als ein Dorf, in dem die Häuser gewöhnlich separirt sind. In der Stadt trift fast jede Bombe in ein Haus. Düsseldorf und Minden kamen durch Bomben, ohne daß man es wollte, in Brand. Da die Bomben nur solche brennbare Materien anzünden, die leicht Feuer fangen, und diese, zumal in einem Orte der mit einem Angrif bedrohet wird, oft weggeschafft werden: so hat man zu diesen die Brandkugeln, die ein ausserordentliches Feuer geben, und jeden brennbaren Gegenstand in Brand setzen können. Mit Brandkugeln kann man ein Dorf oder eine Stadt in den meisten Fällen mit einigen Mortieren oder Haubitzen bald in Brand setzen; nur dürfen die Objecte nicht zu klein seyn, denn über 600 Schritt ist ein 20 Fuß langer Gegenstand, und über 1000 Schritt ein doppelt so großer nicht leicht mit den Brandkugeln zu treffen. Diese können wegen ihrer geringen Schwere und der Unregelmäßigkeit ihres Körpers mit keiner Genauigkeit geworfen werden. Die Differenz der Wurfweite und die Abweichung zur Seite ist bey ihnen 2mal so groß, als bey den Bomben. Man kann daher annehmen, daß nur $\frac{1}{3}$ bis $\frac{1}{4}$ so viel Brandkugeln, als Bomben nach §. 151. in die angenommene Fläche treffen. Kann man daher einem Gebäude sich nur 1000

Schritt nähern, so wird es nur zufällig geschehen, daß man es in Brand setzet, und auf 1500 Schritt wird es ein bloßes Ohngefähr seyn.

Mit kleinen Haubitzen kann man noch weniger ausrichten. Ein Dorf, ein Magazin, ein großer Gegenstand kann aber von ihnen vielleicht bald getroffen werden; indeß ist immer der Effect ungewiß, zumal wenn die Brandkugeln durch ein Steindach oder andern etwas harten Gegenstand durchdringen müssen. Hier sind die Granaten in den meisten Fällen den Brandkugeln vorzuziehen.

Man kann sich zu allen diesen auch der glüenden Kugeln bedienen, die wenn sie stark roth sind, und in einem trockenen Holze, in Stroh und dergleichen brennbaren Materien stecken bleiben, ohnfehlbar zünden. Wenn man gegen leere Häuser feuert, so gehört schon ein glückliches Ohngefehr dazu, daß eine Kugel eben da sitzen bleibt, wo sie zünden kann. Man gebe in diesem Fall dem Geschütz eine schwächere Ladung, damit die Kugel ehender stecken bleibe.

Wenn man auf feindliche Munition schießt, auf Heu und Stroh-Magazine; so sind die glüenden Kugeln den Bomben und Brandkugeln vorzuziehen, Denn man trift mit den erstern nach §. 99. einen großen Gegenstand fast beständig, statt es mit den letztern selten geschiehet.

Fünf-

Fünfter Abschnitt.

Gebrauch der Artillerie im freyen Felde.

Erstes Kapittel.

Marsch.

1) Anordnung an sich.

§. 154.

Die Artillerie hat entweder ihre eigene Colonne, oder jede Batterie ist vor der Brigade, bey der sie abgetheilt ist. Wenn man angegriffen werden kann, oder selbst angreifen will: so ist das Geschütz insgemein vor der Brigade bey der es in der Schlachtordnung stehet, und hat einen Theil der Munitions-Wagen bey sich. Die andern folgen in der Kolonne in der sich das Geschütz zu dem sie gehören, befindet.

In der Nähe des Feindes ist es beynahe nothwendig, daß jede oder immer 2 Kanonen einen Munitionswagen hinter sich, oder Munition auf der Protze oder in der Lafete haben. Auf Märschen weit vom Feinde ist die Anordnung willkührlich.

Man

Man giebt der Artillerie die besten Wege, und wo es das Terrain erlaubt, läßt man in mehr Reihen neben einander fahren. Harte unebene Wege werden von ihr mit weniger Beschwerlichkeit, als morastige und weiche paßirt.

Das schwerste Geschütz ist das vorderste, wenn nicht besondre Ursachen eine größere Geschwindigkeit, als die mit welcher sich dieses bewegt, erfordern. Ist das leichteste Geschütz vorne, so bleibt das schwere zurück, und muß schon ausgefahrne, verdorbene Wege paßiren.

Es sey nun, daß das leichtere oder das schwerere vorne ist: so wird in jedem Fall erfordert, daß die Tete gleichförmig sich bewege; daß sie, wenn Berge oder schlechte Wege paßirt werden, etwas anhalte, und daß die File oder der Zug beständig geschlossen sey. Wird hierauf nicht strenge gehalten: so müssen die letzten Fuhrwerke sich oft ausserordentlich geschwind bewegen, und dann Halt machen; dadurch werden die Pferde ruinirt und die Räder zerbrochen, ohne daß man von der Stelle kömmt.

Man macht es zu einer strengen Regel, daß die Artilleristen bey dem Geschütze nach einer gewissen Ordnung vertheilt sind.

Der Commandeur befindet sich mit ein Paar Unterofficieren vor dem Zuge, und bestimmt durch letztere der ersten Kanone den Weg der am besten zu seyn scheint. Die Commandeure der einzelnen Kanonen sehen dahin, daß ihre Kanone diesen, so lange

lange er nicht ganz ausgefahren, folge. Bey jedem Geschütz ist ein Mann vor den Pferden, der die Schlaglöcher dem Knecht anzeigt, damit er vor denselben sich nicht zu geschwind bewege; andre sind bey dem Geschütz, um am Berge, wo es schwer gehet, oder wo es umfallen könnte, selbst Hand anzulegen.

2. Länge des Geschützes.

Eine 12pfündige Kanone ist bis an den Hinterschwengel 16 Fuß, eine 6pfündige 14, eine 3pfündige und eine 30pfündige Haubitze 12, ein Munitionswagen 16, und ein Munitions-Karren, oder ein Pferd mit den Strängen 11 Fuß lang. Eine 12pfündige Kanone mit 12 Pferden bespannt, ist 30 Schritt lang, eine 6pfündige mit 6 Pferden 18, eine 3pfündige mit 4 Pferden 13, eine 7pfündige mit 4 Pferden 12, eine 30pfündige Haubitze mit 8 Pferden 21, ein Munitionswagen mit 6 Pferden 18, ein Munitionskarren mit 3 Pferden 12 Schritt lang. Eine Batterie von 10 Stück 6pfündigen Kanonen und eben so vielen Munitionswagen erfordert im Zuge also 360 Schritt; und ein Artillerie-Park von 50 Stück erfordert mit seinem Zubehör im Marsch 2500 bis 3000 Schritt, wenn er nur Einen Zug ausmacht.

3) Geschwindigkeit.

Wenn beym Geschütz die Last auf jedes Pferd nicht über 250 bis 300 Pfund beträgt: so kann es, wenn die Pferde im guten Stande, und nicht fatiguirt sind, in guten Terrain ½ Meile in ½ Stunde, 1 Meile in 1½ Stunden, 2 in 4, und 4 in 10 Stunden zurücklegen. Doch wird hierzu erfordert, daß die Last nicht über 1500 Pfund schwer sey. Unsre 3 und 6pfünder können also diese Geschwindigkeit leisten. 2400 Pfund können, wenn auch ein jedes Pferd nicht über 300 Pfund zu ziehen hat, dennoch nicht mit jener Geschwindigkeit bewegt werden. Wenn die Wege nicht gut sind, wenn das Terrain das man paßirt Ackerland ist: so wird gewöhnlich bey der obigen Bespannung in 10 Stunden nicht mehr als 3 Meilen; und wenn auf jedes Pferd 350 Pfund gerechnet werden, nicht mehr als 2 Meilen zurückgelegt.

Die Zeit in der eine oder mehr Artillerie-Brigaden oder Batterien ein Defilee oder eine Brücke paßiren, läßt sich aus ihrer Geschwindigkeit leicht bestimmen. Hat man ihre Länge nach der obigen Methode zu 1000 Schritt gefunden, und bewegt sich der Wagen in dem Defilee, wie ordinair, in jeder Minute 100 Schritt, so werden 10 Minuten dazu erfordert.

4) Besondere Vorfälle im Marsch.

Man richtet sich bey einem Marsch auf die besondern Vorfälle, die ihn aufhalten können, bein.

Man versiehet sich mit Tauen, Flaschenscheiben oder Rollen, Hebebäumen und Winden. Wird ein Geschütz feste gefahren; so weichet das andre ihm

ihm aus, damit dadurch nicht der ganze Zug aufgehalten wird.

Zerbricht man ein Rad oder eine Lafete in einem Defilee, so wird alles zur Seite geschmissen, wenn keine andere geschwinde Mittel es fortzubringen übrig sind. Ein jeder commandirender Officier muß zum voraus dahin sehen, daß die Artillerie in solcher Verfassung ist, daß sie, den Beschwerlichkeiten des Terrains, und den eintretenden Vorfällen, die sie aufhalten könnten, so gut als möglich, auszuweichen im Stande sey. Wenn dieses erst alsdann geschiehet, wenn der Vorfall da ist: so fehlet es an Hülfsmitteln. Wird eine größere Geschwindigkeit erfordert, als die Umstände erlauben: so läßt man einen Theil des Geschützes oder der Munition zurück oder langsamer nachkommen, während man mit dem andern durch Vorspann, den man von den erstern nimmt, die Bestimmung zu erreichen sucht.

Zweytes Kapittel.
Placirung des Geschützes.

Placirung in Rücksicht der Beschaffenheit des Terrains oder der Natur des Bodens.

§. 155.

Ein etwas harter Boden, Weiden, Wiesenwachs ꝛc. begünstigen den Effect des Geschützes; wie man aus §. 97. 101. 130. weiß.

Wenn vor dem Geschütz sich ein ebener Boden bis auf 800 Schritt befindet: so ist der Effect der Trauben gewiß in manchen Fällen um die Hälfte größer, als auf weichem Feldlande, hügelichter Heide ꝛc. Auf einem ebenen Boden kann man noch auf 1200 bis 1500 Schritt durch die Ricochette nach §. 101. sich einen größern Effect versprechen, als auf 1000 bis 1200 Schritt in hügelichtem und unebenen Terrain, mit der zur Entfernung passenden Elevation. Auf einem sehr hügelichten oder morastigen, oder mit Gräben durchschnittenen Boden, kann man über 1200 Schritt gar keinen geschwinden Effect von dem Geschütz erwarten.

Vor Bergen litten einige hannöversche Kanonen, die auf Feldlande standen, in dem die Furchen mit ihrer Front parallel liefen, fast nichts, weil

weil die Kugeln im Lande stecken blieben, oder mit einem solchen großen Winkel in die Höhe giengen, daß sie niemand beschädigen konnten. Andere, die nicht diese Vortheile des Terrains genossen, hatten einen beträchtlichen Verlust.

Placirung in Rücksicht der Erhöhung und Vertiefung des Terrains.

§. 156.

Auf ein erhöhetes Terrain, daß sich auf 600 bis 1000 Schritt sanft nach den Feind hin senkt, ist das Geschütz in den meisten Fällen vortheilhafter als auf jedes andere placirt. Hat eine Kanone ein wellenförmiges Terrain, kleine Berge, Aufwürfe rc. vor sich, so verliert sie viel von dem Effect, den sie in der Ebene leistet, wenn sie auch so hoch stehet, daß sie das ganze Terrain dominirt.

Hat man einen sanften Abhang vor sich, oder befindet man sich in einer Ebene: so erhält man den rasirenden Schuß, und kann auch zugleich den Feind immer im Feuer haben.

Man hat bey Prag und Kesselsdorf gesehen, was die Artillerie vermag, wenn sie auf einer sanften Anhöhe stehet. Die Nachtheile der Placirung auf hohen Bergen werden in der Folge weiter auseinandergesetzt werden.

Im Plan VI. N. III. ist ein wellenförmiges Terrain im Durchschnitt gezeichnet; man siehet aus der Zeichnung, daß wenigstens die halbe Anzahl der

Kartätschkugeln in den Hügeln stecken bleibt, und daß in b, a und c der Angreifende zum Theil bedeckt stehet.

Sind von 500 Schritt bis an die Kanonen solche Erhöhungen und Vertiefungen: so ist ein Geschütz in Absicht der Vertheidigung gegen einen Angriff schlecht placirt, und nach Beschaffenheit der Höhen und Vertiefungen von geringem Effect.

Placirung in Rücksicht der Gegenstände vor der Front.

§. 157.

1) Es ist meistens gefährlich, wenn man solche Gegenstände nahe vor der Front hat, die eine kleine Bewegung rechts oder links oder vorwärts verhindern können.

Man muß hier bedenken, daß die Truppen eine andre Stellung bekommen können, daß der Feind rechts oder links angreifen, und daß man also die Front zu verändern gezwungen werden kann. Kann man auf Bergen sich nicht so stellen, daß man diese Vortheile geniesset: so muß man im voraus rechts und links der Natur helfen, sich Plätze ebenen 2c.

2) Hinter Hecken, Wassergräben, Hölzung, Häusern, morastigen Oertern, Defilees 2c. setzt man sich auf 300 bis 600 Schritt.

Es ist hier die Absicht, den Feind durch entscheidende Wirkung in Unordnung zu bringen, damit alsdann unsre Truppen ihn durch einen Angriff

gänz-

gänzlich übern Haufen werfen, oder damit er ohne diesen aufgehalten würde. Eine starke Batterie wird auf 800 oder wenigstens auf 600 Schritt jedem Feinde den Durchgang eines Defilees, wenn sie dasselbe der Länge nach im Schuß hat, fast unmöglich machen.

Wenige Kanonen werden dies aber erst können, wenn sie auf den Traubenschuß, auf 3 bis 400 Schritt nahe vor demselben stehen. Es ist vortheilhaft, weiter hinter den obengenannten Gegenständen zu stehen. Man setzt sich alsdann dem feindlichen Geschütz, daß den Durchgang favorisiren will, weniger aus. Hat man aber wenig Geschütz, sind die Gegenstände leicht zu paßiren, hat man nicht hinlängliche Truppen, die über den Feind herfallen und die geringste Unordnung gleich benutzen können: so werden diese Gegenstände paßirt, ohne daß auf dieser Distanz das Geschütz dem Feinde wesentlichen Nachtheil verursachen kann.

Placirung in Rücksicht der Deckung des Geschützes.

§. 158.

Kleine Hügel, vorzüglich Vertiefungen und Gräben muß man sich zur Deckung bedienen. Hat man einige Stunden Zeit, so schneidet man sich ein; man gräbt sich da, wo die Kanone stehen soll, bis $1\frac{1}{2}$ Fuß ein, und wirft die Erde nach dem Feinde zu; so daß die Kanone, wenn sie in dem Graben stehet, über den Aufwurf reicht.

Setzt man sich in einer kleinen Vertiefung, so daß das Geschütz noch eben hervorreicht, so ist man bis auf die Hälfte gedeckt. Man erhält diese Vortheile in den meisten Fällen, wenn man das Terrain vorher kennt, und der Natur etwas mit der Schaufel hilft; da wo die Kanonen stehen, den Abhang absticht x. Diejenigen, welche sich die Bahn der Kugel als eine grade Linie vorstellen, denken vielleicht, daß bey nicht ganz ebenem Terrain der Feind sich oft unserm eingeschnittenen Geschütz entziehen könnte. Dieser Einwurf fällt aber weg, sobald man nur in Erwägung ziehet, daß die Kugel bey dem Visirschuß sich schon bis 15 Fuß erhebt, und mit einem Winkel von 2 Grad der Erde nähert, daß es hier nichts macht, ob man einige Fuß höher oder niedriger als der Feind stehet, daß selbst das Terrain, in dem sich der Feind befindet, wenn es so ist, daß die Kugeln noch darauf ricochettiren, durch sanfte Wellen dem Effect der Schüsse nicht sehr nachtheilig seyn kann. Man stellt die Haubitzen und Mortiere zu Zeiten selbst an Oerter, wo man den Feind nicht sehen kann. Wollte man den Feind in c, Plan VI. N.2. aus a beschiessen, so steckte man einen Stab a und einen andern b in der Verlängerung von a c, und setze sich hinter a b ehier in e x.

Es versteht sich von selbst, daß man hier den Aufschlag der Granate beobachtet, und sich darnach in der Richtung corrigirt. Hat man die richtige Seitenrichtung, so bemerkt man sich, wenn man Bettungen hat, den Stand der Lafete, und alsdenn bringt man sie wieder

der auf den alten Platz, und giebt dem Geschütz die erforderliche Elevation. Man muß hier in Erwägung ziehen, daß bey 10 Grad die Bombe auf 200 Schritt 80 bis 90 Fuß, und bey 8 Grad auf 50 Schritt 18 Fuß über der Horizontal-Linie des Geschützes ist. Die Haubitze stehet in f 12 Fuß tiefer als die Höhe d, welche 40 Schritt Abhang hat. Die in i sich befindenden Haubitzen stehen ohngefehr 8 Fuß niedriger, als die 150 Schritt entfernte Anhöhe g, und schiessen unter 3 Graden. Man kann immer, wenn man nicht unter 1 Grad schießt, 300 Schritt hinter einer Höhe, 6 Fuß niedriger, als die Höhe selbst ist, stehen. *) Vor Festungen und Verschanzungen kann man, besonders bey den Mortieren, von dieser Art das Geschütz zu decken, häufiger als im Felde Gebrauch machen. Man wirft es in Vertiefungen, hinter Anhöhen, 50 bis 100 Schritt hinter starke Mauren ꝛc.

Man

*) In der Folge wird man noch einen andern nicht seltenen Fall sehen, wo man gegen den Feind, den man nicht siehet, agirt.

Tielk's Grundsatz in seinen **Beyträgen zur Kriegskunst und Geschichte des Krieges** 1r Th. S. 79. daß man von der Mündung des Stücks, das Object, das man treffen will, muß sehen können, gilt also nur von genauen Schüssen. In der Bataille bey Krefeld sah man auf unserm rechten Flügel den Feind, der sich in Büschen befand, nicht eher bis er retirirte.

Man siehet hier nicht allein auf die Sicherheit des Geschützes selbst, sondern auch auf die der Munitionswagen. Dies ist ein wesentlicher Umstand, den man nie aus den Augen lassen darf.

In der Affaire bey Corbach gieng den Franzosen durch eine Kugel, die einen Munitionswagen traf, und durch das Anschlagen an Eisen oder Steine zündete, ein großer Theil der Munition verlohren, und dies hätte unter andern Umständen von großen Folgen seyn können. Wäre dies auch nicht, so muß man doch Leute und Pferde, die im Kriege so viel werth sind, zu schonen suchen.

Placirung des Geschützes zur Vertheidigung eines Defilees.

§. 159.

Man setzt sich wie erwähnt in den meisten Fällen 300 Schritt hinters Defilee. Bestehet das Defilee in einem Damme, oder einer Brücke, und will man sich, wie gewöhnlich, vor dasselbe setzen, so hat man sich nicht vortheilhaft placirt.

Der Feind greift hier von vorne zu und von beyden Seiten an, und wenn nur einzelne Männer von ihm durchdringen, so ist das Geschütz ausser Activität gesetzt.

Setzt man sich ins Defilee, so ist man, wenn man sich vorn an dasselbe placirt, noch von vorne und von beyden Seiten dem feindlichen Feuer ausgesetzt. Dies concentrirt sich hier, statt unsers auseinander gehet, und es wird in manchen Fällen selbst

selbst das feindliche Infanterie-Feuer, das Artillerie-Feuer in Defileen zum Schweigen bringen können. Man siehet hieraus, daß es am vortheilhaftesten ist, wenn man sich hinter dasselbe auf eine solche Weite setzt, wo die Trauben noch eine entscheidende Wirkung leisten, und wo zugleich nicht das feindliche Infanterie-Feuer von der andern Seite des Defilees, unser Geschütz erreichen kann.

Hinter eine 50 Schritt lange Brücke, setzt man sich auf 250, und hinter einen 100 Schritt langen Damm auf 200 Schritt.

Diese Stellung hat Vortheile für andern, aber dennoch wieder ihre Ausnahmen.

Sind die Flanken der Artillerie nicht hinlänglich gedeckt, stehet die Artillerie nicht zwischen der Infanterie: so können einige Trupps Kavalerie, die einzeln debouchiren, die Artillerie im Rücken nehmen, und sie ausser Activität setzen. Verschiedene die keine richtige Begriffe von der Wirkung der Trauben haben, glauben vielleicht, daß in dieser Distanz der Kavalerie das Debouchiren ohnmöglich wäre, diese ziehen aber nicht in Erwägung, daß hier nur von einzelnen Trupps die Rede ist. In der Bataille bey **Freyberg** hat man einen Beweis von dem gesehen was ich hier gesagt habe. Eine Batterie lag vor einem Damm zwischen 2 Teichen, der nach dem **Pittelwald** führte, durch welchen die Preussen ihren Hauptangriff dirigirten, auf einer Anhöhe etwa 400 bis 500 Schritt von demselben rückwärts. Sie war rechts und links von der Armee separirt, und hatte gar keine oder doch nur eine kleine Bedeckung. Die Preussen die diesen Damm entdeckten, passirten mit der Kavalerie denselben in voller Carriere; und obwol dieselbe anfangs etwas litte, so nahmen doch die paßirten Trupps die Batterie in Rücken und setzten sie ausser Activität; so daß nun die andere den Damm paßirte, und den Theil der Armee, welcher vor Freyberg stand, in die Flanke nehmen konnte.

Eine gut placirte und gedeckte Artillerie, kann zur Besetzung eines Defilees, einer Armee die wichtigsten Dienste leisten; davon hat man viel Beyspiele, und würde noch mehrere haben, wenn man von ihr allemal den rechten Gebrauch machte. In der Bataille bey Hastenbeck, hätte man z. B. die Gegend von Hastenbeck bis an die Weser durch die Regiments-Kanonen der ersten Linie, und einer schwachen Bedeckung von Infanterie nebst einigen Eskadrons, die man doch sonst nicht brauchen konnte, hinlänglich besetzen, und die Infanterie die hier müßig stand, anderswo in der rechten feindlichen Flanke brauchen können.

Soll die Artillerie eine Gorge zwischen 2 Anhöhen, zwischen Häusern, zwischen Bergen die mit Waldung besetzt sind, vertheidigen: so ist die Sache in jedem Fall noch weit schwieriger wie oben; denn alsdann können diejenigen, die sie angreifen, wenn sie sich in dem Defilee befindet, rechts und links in Flank kommen. Hier hängt die Placirung von den Umständen ab. Hat die Artillerie rechts und links eine hinlängliche Bedeckung von Infanterie, oder

oder ist das Defilee mit spanischen Reutern, Verhacken ꝛc. verbarricadirt: so setzt man sich auch in diesen Fällen auf 3 bis 400 Schritt hinter dasselbe.

Ist ein Defilee lang, und stehet man bis 500 und mehrere Schritte hinter demselben: so muß man sich der ordinairen Kugeln und nicht der Trauben bedienen; denn alsdann ist der Feind hier gewissermaßen in Kolonne, wenn er angreift, und der Schuß ist wegen der Nähe sicher.

Placirung des Geschützes zur Behauptung eines Dorfs.

§. 160.

Die Artillerie stehet hinter dem Dorfe, das sie vertheidigen soll, wenn das Dorf niedrig liegt und man hier gegen den sich nähernden Feind agiren kann. *)

Ist

*) Ein Freund, der die Gütigkeit gehabt hat mein Manuscript durchzusehen, hat bey diesem §. folgende Bemerkung gemacht:

Liegt ein Dorf selbst in der Linie, oder hat es unmittelbaren Zusammenhang mit derselben, so kann es nicht wohl statt finden, daß Geschütz hinter demselben placiret wird. Kann man aber dasselbe als einen vorliegenden Posten ansehen, und wird durch dessen Eroberung unsere Linie nicht gebrochen: so vertheidigt man in den mehrsten Fällen, nach Maaßgabe der Situation, wahrscheinlich die Ausgänge besser als die Eingänge mit dem Geschütz.

Ist eine gute Verschanzung vor dem Dorfe, kann man vor demselben die Truppen rechts und links vertheidigen, hat es einen Kirchhof oder andern Ort, der eine hartnäckige Vertheidigung erlaubt: so kann man sich vor oder in dasselbe stellen. Stellt man sich ausserdem vor dasselbe, so benutzet man das Dorf auf keine Art.

Die Artillerie die links vor Hastenbeck stand, wurde weggenommen, und einige Kanonen vor den hohlen Wegen hinter Hastenbeck verwehrten den Franzosen das debouchiren durch dasselbe.

In Bergen hielten sich die Franzosen zwar. Dies beweiset aber nichts gegen das, was ich sage. Der Ort war stark besetzt, mit einer Mauer umgeben, und auf eine gewisse Art verschanzt und zur Vertheidigung geschickt; überdies erwarteten die Alliirten nicht ihr schweres Geschütz, und griffen es an, ehe der Ort auf eine nachdrückliche Art beschossen war.

In der Bataille bey Minden musten die Franzosen Hahlen verlassen, obgleich die Truppen, die es angriffen, weit schwächer waren, als die, welche es besetzt hatten. Einige hannöverische Regiments-Kanonen welche hinter Laffeld standen, machten den Franzosen das debouchiren durch dieses Dorf unmöglich. Vielleicht wäre diese Bataille nicht verlohren, wenn man sich nur auf die Vertheidigung der Ausgänge eingeschränkt hätte.

Stehet das Geschütz 350 bis 450 Schritt hinter dem Dorfe, kann es die Straßen und Ausfahrten

ten bestreichen: so leiden die Truppen, die das Dorf paßiren, so viel in demselben, daß die Unordnung die ohnehin hier nicht zu vermeiden ist, allgemein wird, und daß alsdann an keinen Aufmarsch in Kartätschfeuer zu denken ist.

Placirung des Geschützes auf Bergen.

§. 161.

Stehet man auf Bergen, und erwartet man einen Angriff: so placirt man die Kanonen so, daß man den Fuß desselben beschiessen kann. Man rückt weiter herunter, wenn es der Abhang erfordert, und man sucht sich so zu stellen, daß der Feind von unsern Geschütz an bis auf 200 bis 300 Schritt den Traubenschüssen beym Angriff ausgesetzt ist.

Es versteht sich hier von selbst, daß man bey diesen Vortheilen den Gebrauch auf größere Entfernungen nicht ganz aus den Augen setzen darf, zumal wenn man den Feind irgendwo, wo er noch in Kolonnen seyn muß, im Schuß haben kann; wenn man Anhöhen davon beschiesset, auf denen die feindliche Artillerie den Angriff des Feindes unterstützet rc. Es ist schwer, es einem Berge anzusehen, ob man auf ihn den Fuß noch beschiessen kann, ob nemlich der Abhang einen Winkel von etwa 10 Grad von der Horizontal-Linie, die den Punct auf den man sich befindet, durchschneidet, macht; und gleichwol muß man dies doch können, weil man das Geschütz gewöhnlich nicht unter diesen

Win-

Winkel richten kann; weil ein allzugroßer Depressionswinkel keinen geschwinden Gebrauch des Geschützes erlaubt, indem die Patronen nicht am Boden bleiben, und das Geschütz allemal wieder hervorgebracht werden muß, und sich auch selten so beträchtlich unter der Horizontal-Linie richten läßt.

Wenn man auf einem Berge stehet, und 6 Fuß vom Auge einen Zollstab, der 1 Fuß lang ist, so halten läßt, daß man über ihn die Grenze des Horizonts siehet, so fällt die Sehe-Linie des untern Endes dahin, wo man noch mit den Kanonen hinschiessen kann.

Tab. VI. N. 3. ist A der Mann, d e der Zollstab, B A die Sehelinie nach dem Horizont, und A C die untere. Von B bis C ist also alles im Schuß, von A bis C bleibt aber ein Raum, in dem der Feind vor dem Geschütz, wenn man auch mit Trauben schießt, sicher ist. Man glaubt vielleicht, daß Trauben hier einen großen Unterschied machen, weil sie sich unten ausbreiten. Wenn man aber bedenkt, daß dies mit einem Winkel von 2 Grad geschiehet, so siehet man, daß nahe oder auf 100 bis 200 Schritt beynahe eben das von Kartätschschüssen gilt, was oben von Kugelschüssen gesagt ist.

Placirung des Geschützes in Rücksicht de Vertheilung der verschiedenen Kaliber, der Stärke der Batterien und ihrer Entfernungen.

§. 162.

1) Man placirt die größten Kaliber an die schwächsten Oerter, wo sie auf große Entfernung von 1500 bis 2500 Schritt Nutzen schaffen können, wo sie gar nicht oder doch wenig ihren Standort zu verändern brauchen.

Greift man an, so stehen die schwersten Kaliber bey den Theilen, die sich am wenigsten zu bewegen brauchen, und die leichtern bey den Angreifenden.

Will man den Angriff erwarten, so stehen die 12pfünder auf den Flügeln, oder wenn die Armee einen Winkel in der Front hat, auf dem Winkel.

Denjenigen, die nicht den Unterschied der Wirkung der verschiedenen Kaliber nach §. 126. in Betracht ziehen, scheint es vielleicht von keinen wesentlichen Nutzen zu seyn, daß man bey der Vertheilung des Geschützes so sehr auf die Verschiedenheit der Kaliber Rücksicht nimmt. Auf 1000 Schritt hat der 12pfünder keine merklich größere Wirkung als der 6pfünder, aber auf 600 und 2500 übertrift er ihn beinahe um das doppelte.

2) Beym Angriff, wo den Batterien nicht gewisse Plätze bestimmt sind, und im durchschnittenen Terrain, zumal wenn eine Batterie gegen

Truppen agirt, giebt man bey die schwerern Stücke, wenn es der Zustand des Parks erlaubt, einige von kleinern Kalibern. Sie dienen zur Besetzung der Zugänge auf den Flanken, und werden dahin detachirt, wo sie den Feind in Flank nehmen können. Alsdann wird die Batterie nie geschwächt, und die Wirkung der feindlichen Artillerie vertheilt. Hat ein Park keine 3 oder 4pfünder, so kann man bey dem Angriff sie von den Bataillonen der Reserve, oder der 2ten Linie, oder von denen, welche wahrscheinlich nicht ins Feuer kommen, nehmen *).

3) Eine Batterie muß in vielen Fällen nicht unter 8 Stück stark seyn. Wenn man aber einen gewissen Punct angreifen oder vertheidigen

*) Maizeroy will in seiner Tactique discutée, daß man meistens die Regiments-Kanonen zusammen nehmen soll. Man siehet aber leicht ein, daß dies, wenn man mit dem Feinde stehendes Fußes ficht rc. gefährlich seyn würde. Sind die Batterien wie gewöhnlich 1200 Schritt von einander, so kann eine angreifende Kavalerie in der Mitte zweyer nicht mit den Trauben von denselben erreicht werden, und ihre Wirkung durch Kugeln ist hier unbeträchtlich. Haben die Bataillons keine Regiments-Kanonen, so werden sie in der Wirkung des Feuers, wie man aus §. 178. weis, bis beynahe aufs doppelte verlohren haben. Ueberdies wird ein Bataillon das Zutrauen zu seinem Feuer durch die Abnahme der Regiments-Kanonen verlieren; ein Umstand der gewiß wichtig ist.

gen will: so theilt man eine Batterie von 6 Stükken in 2, und eine von 9 in 3 kleinere, die gemeinschaftlich gegen einen Punct agiren.

Eine Batterie muß für sich etwas bewirken können. 8 Stück können in einer Batterie, durch die Wirkung, die sie in einer kurzen Zeit leisten, die gegenseitigen Truppen in Unordnung oder zum Rückzuge bringen; statt daß sie in 2 oder drey Batterien 600 bis 700 Schritt von einander, bey eben dem Effect, ohne allen Erfolg agiren. Nicht die Summa des Effects, sondern der plötzlich auf einen Punct vereinigte, decontenancirt die Truppen, und bringt sie in Unordnung und zum Rückzuge. Da wo man aber eine starke Artillerie beym Angriffe gegen sich hat, und wo das Terrain beschwerlich zu passiren ist, würde Eine starke Batterie mehr, als mehrere kleinere sich exponiren; nicht immer die Vortheile des Terrains geniessen können, und langsam sich bewegen müssen. Hier muß man also seine Batterie theilen, und dann mit allen Stücken gegen einen Punct agiren; so vereint man die Vortheile der starken und schwachen Batterien *).

Wenn eine Linie Infanterie, Kavalerie gegen sich hat, so kann, wenn sich jene defensiv verhält, oft eine Vertheilung vortheilhaft seyn. Denn, wenn die

*) Man siehet hieraus, daß der Satz nicht allgemein statt findet, welcher im **Versuch des Gebrauchs der Artillerie im Felde** S. 68. gegeben ist, daß eine große Batterie mehr Effect als 2 kleine, jener in der Anzahl der Stücke gleich, leiste.

die Batterien 900 bis 1200 Schritt von einander sind: so kann zwischen ihnen die Kavalerie durchbrechen, indem sie alsdenn wenig von ihren Trauben zu befürchten hat.

4) Die Entfernungen der Batterien von einander dürfen nicht über 8 bis 900 Schritt betragen, wenn man den Angriff des Feindes erwartet.

Bey weitern Entfernungen würde er in der Mitte unsrer Batterie durchdringen können, ohne daß er die Wirkung unsers Geschützes nachdrücklich empfände.

Placirung der Reserve.

§. 163.

Ein jedes Korps, oder eine jede Armee muß eine Reserve-Artillerie haben.

Man kann hierzu, wenn es die übrigen Umstände erlauben, sich des leichten Geschützes bedienen. Denn dies kann geschwinder, als das andre, an jeden Ort, wo es erfordert wird, gebracht werden.

Da man sowol beym Angriff, als auch da, wo man angegriffen wird, erst nach und nach die schwachen Stellen der Position und das Vorhaben des Feindes rc. entdeckt: so ist es von ausserordentlichen Nutzen, daß man hierzu noch Geschütz zurück behalte, wenn es auch hier oder da gewissermaßen mangelte. Repartirt man es alle und bringt es nachher von den Oertern, wo man es allenfalls entbehren kann, an andere: so decontenancirt man uns-

unsere Truppen, macht den gegenüber stehenden Feind muthig, und verliert die Zeit, die hier so theuer ist. Man muß überhaupt unter Reserve nicht einen Theil der Artillerie, der nicht zur Thätigkeit kömmt, verstehen; sondern einen Theil der gebraucht wird, wo er in der Bataille am nützlichsten seyn kann.

Placirung der Munitionswagens und der Protzen.

§. 164.

Wenn in der Nähe der Batterien an einem Orte die Munitionswagen gedeckt vor dem feindlichen Geschütz stehen können: so placirt man die Hälfte in denselben. Die andre Hälfte bleibt hinter der Batterie bey den Protzen, so daß diese etwa 25 und jene 50 Schritt hinter dem Schwanze der Kanonen etwas seitwärts sich befinden; damit die feindlichen Kugeln nicht die Batterie und die Munitionswagen zugleich treffen.

Der Zwischenraum von einem Wagen zu dem andern beträgt 25 bis 30 Schritt, wenn es sonst der Raum zuläßt, und die Bequemlichkeit nicht zu sehr dadurch leidet. Stehen sie ganz nahe zusammen, so kann man sie durch einen Funken Feuer vom Anschlagen einer feindlichen Kugel oder durch die Brandröhren einer Haubitz-Granate alle verlieren. Das Regimentsgeschütz braucht im Anfange gar keine Karren in der Nähe zu haben, weil die

Munitionskasten auf der Protze, die Munition, die anfangs erfordert wird, enthalten.

Die Conservation der Munition ist eine wichtige Sache; ihr Verlust schlägt den Muth des gemeinen Mannes, wenn er auch an sich unbeträchtlich ist. Die Wagen und Pferde verursachen überdies in der Nähe der Batterie Unordnungen, die sowohl den Truppen als der Batterie beschwerlich fallen können. Es würde eine große Nachläßigkeit seyn, wenn man die Protzkasten nicht mit andrer Munition anfüllte, sobald man die darin befindlichen verbraucht hätte; oder wenn man die verbrauchte Munition erst dann ersetzte, wann man gar keine mehr hätte, und dadurch im Feuer unterbrochen würde; oder wenn man die gedeckten Munitionswagen hinter Defilees, die impracticabel werden könnten, setzte. *)

*) Vielleicht kann man in manchen Fällen die Munitionswagen auf eine beträchtliche Entfernung bedeckt stellen, und die Munition auf der Protze, indem man ein paar Kasten auf die Arme befestigt, herzuführen. Es dürfte dies freylich nicht an solchen Oertern seyn, wo die Batterie von Truppen bestürmt wird; denn hier würde ein Mangel an Munition gefährlich seyn.

Drit-

Drittes Kapittel.

Marsch in der Nähe des Feindes und Auffahren.

1. Allgemeine Vorsichten.

§. 165.

1) In der Nähe des Feindes füllt man die Taschen mit Schüssen, und legt sie in die Lafete, setzt die Lunten in Brand, und hält sich zum Abprotzen bereit.

2) Wenn Artillerie detaschirt ist, wenn sie in Gehölzen und Büschen marschirt, und nur vor und hinter sich, oder wenige Bedeckung zur Seite hat: so marschirt von 2 oder 3 Kanonen ein Unterofficier mit 3 bis 4 Mann 100 bis 200 Schritt zur Seite, vertheilt da seine Mannschaft, und schießt, sobald feindliche Partheyen sich nähern, auf dieselben, und wenn sie dennoch näher kommen: so ziehet er sich nach seinen Kanonen zurück, wo alsdenn bey jeder Kanone die Mannschaft ihr Gewehr zum Schuß bereit hält. Macht der Feind an irgend einem Orte Miene mit einer Parthey in den Zug zu fallen: so nimmt man 1 oder 2 leichte Kanonen aus demselben, und avancirt mit ihnen neben dem Trupp abgeprotzt und mit Trauben geladen, und nun schießt man erst dann auf den größten Haufen, wenn er sich bis auf 300 bis 500 Schritt nähert.

3. Wenn die Batterien bey ihren Brigaden sind, und der Feind sich vorwärts befindet: so verkürzen jene, sobald die Kolonnen aufrücken, ihre File, indem alsdann die Herstellung der Front geschwind geschehen kann. Es fahren hier 2 Kanonen nebeneinander, und die Munitionswagen rechts und links neben den Kanonen. Hat man nur die nöthigste Munition bey dem Geschütz, und die andre hinter der Kolonne, so wird die Absicht hier um so bequemer erreicht werden.

Sobald die Kolonnen Halt machen, rücken die Kanonen etwa 30 bis 50 Schritt vor das Allignement, wenn rechts deployrt wird, nach der linken Seite. Die Munitionswagen bleiben 40 bis 60 Schritt hinter ihnen, damit nichts der Richtung der Linie hinderlich ist. Die Batterien, welche in der Mitte der Kolonne sind, verkürzen ebenfalls ihre File, indem sie zu 2 oder 3 nebeneinander auffahren, und verhalten sich, wenn sie auf das Allignement kommen, wie die vordersten.

4. Marschirt die Armee Treffenweise dem Feinde zur Seite: so würden die Batterien große Intervallen verursachen, wenn sie Eine File ausmachen wollten. Hier machen sie 2 oder 3 Filen aus, und ihre Munitionswagen befinden sich zwischen beyden Treffen neben ihnen.

Beobachtungen ehe man auffährt.

§. 165.

Wenn man nicht den Feind das debouchiren, Auffahren ꝛc. beschwerlich machen kann: so so fährt man das Geschütz nicht eher auf, bis der Feind sich bis auf 1200 Schritt genähert hat, man masquirt es gänzlich, oder um sicherer den Feind zu hintergehen, den grösten Theil desselben, bis dahin; es sey, das hierzu das Terrain oder die Truppen Gelegenheit geben.

Alsdann bricht es, wenn man den Feind entscheidend begegnen kann, plötzlich hervor, und macht das lebhafteste Feuer. Dies ist dem Feinde etwas unerwartetes, es macht ihn daher bestürzt; denn ein Verlust, auf den man gefaßt ist, wirkt nicht so aufs Gemüth, als ein plötzlicher unvorhergesehener. Die masquirte Artillerie behält ihre ganze Wirksamkeit, indem sie nicht das gegenseitige Feuer auf sich ziehet; und auch dadurch vergiebt sie wenig; denn nach §. 138. ist ein Geschütz erst auf 1200 Schritt von beträchtlicher, und auf 600 von entscheidender Wirkung, wenn der Feind, wie hier vorausgesetzt wird, sich beweget. Weiß der Feind, wo unsre Artillerie ist, so kann er darnach seine Maaßregeln treffen, es sey, daß er sich defensiv verhält, oder gegen sie eine größere Anzahl Geschütz auffähret.

Beobachtung beym Auffahren.

§. 166.

1) **Wenn die Kanonen hinter einander auf den Platz, wo aufgefahren werden soll, kommen: so fährt die 2te neben die 1ste, die 3te neben die 2te ꝛc. entweder rechts oder links, nachdem es befohlen.**

Eine jede andre Methode würde mehr Zeit erfordern, wie eine kurze Betrachtung bald lehret.

2) **Wenn es anders möglich ist, so muß man nicht im feindlichen Kanonen-Feuer abprotzen.**

Kann es nicht hinter Anhöhen oder andern Gegenständen, die es masquiren, geschehen: so protzt man, wenn das Terrain nicht zu uneben ist, noch ausser dem feindlichen Kanonenschuß ab, und hängt alsdann bey dem 6pfünder 2, und bey dem 12pfünder 3 Pferde vor die Kanone an eine Kette, die um die Axe geschlagen ist, und verfährt nach §. 83.

Ist man aber durchaus gezwungen, im Feuer der feindlichen Artillerie abzuprotzen: so giebt man den Befehl, daß nicht ehender umgewendet wird, bis abgeprotzet; denn man hat bemerkt, daß bey dem Umwenden mit aufgeprotzten Kanonen, durch die feindlichen Kanonenkugeln und die getroffenen Pferde Unordnungen entstehen, die von wichtigen Folgen seyn können.

3) **Man setzt die Kanonen wenn es der Raum nicht anders verstattet 10, sonst aber 20 und mehrere Schritte voneinander.**

Ohne eine Entfernung von 10 Schritt kann man das Geschütz nicht gehörig behandeln.

Wenn man in der Nähe der feindlichen Batterien auffährt, wenn eine anhaltende Kanonade zu erwarten ist, und wenn man eine starke feindliche Batterie gegen sich hat: so ist es vortheilhafter, daß man

man das Geschütz einer Batterie weiter, als 10 Schritt auseinander setzt.

Gesetzt, eine Batterie von 4 Kanonen nimmt einmal 40, und das andremal 80 Schritt Front ein: so werden da in jedem Fall keine Kugel nach der Seite vorbeygehet, wenn nur einigermaßen gut gezielt wird, bey 80 Schritt Front die feindlichen Kugeln den Effect halb haben, den sie bey 40 Schritt ganz leisten. Denn nimmt man an, daß bey 40 Schritt Front, der Zwischenraum die Hälfte der Front beträgt, so wird er bey 80 Schritt, $\frac{1}{4}$ erselben ausmachen. Es kann also von den Kugeln im ersten Fall die 2te, und im andern die 4te treffen. Setzt man die Kanone mehr als 10 Schritt von einander: so hat man auch den Vortheil, daß man bey der Bedienung einander weniger hinderlich ist.

Man kann oft die Kanonen einer Batterie bis auf eine gewisse Anzahl vereinzeln; einige auf einer Anhöhe, einige rechts am Abhange, andre links, nachdem es das Terrain, die Stellung des Feindes ꝛc. verlangt, setzen.

Diese Vertheilung schadet auf keine Art den vereinigten Effect; denn die vertheilten Kanonen können ihr Feuer concentriren, ohne daß ein Nachtheil dabey eintreten kann.

Es ist nie gut, daß Kanonen übereinander wegschiessen, in diesem Fall stellen sie dem Feind hohe Objecte dar, die, wie man aus §. 98. weiß, leichter als jede andere getroffen werden können.

Vier-

Viertes Kapittel.

Beobachtungen in Actionen.

Anfang des Schiessens.

§. 167.

1) Die Batterien fahren in der Ebene, wenn die Kanonade ihren Anfang nehmen soll, so auf; daß sie etwa 30 bis 80 Schritt vor der Linie stehen, damit sie rechts und links, nachdem es die Umstände erfordern, feuern können.

2) Gegen Kolonnen und stehende Truppen feuern sie in der Ebene auf 2000, im unebenen Terrain auf 1500, jedesmal aber auf 1200 Schritt; weil hier schon beynahe die 3te und auf 900 mehr als die Hälfte der Kugeln treffen *).

Auf

*) Die Schriftsteller, welche den wirksamen Gebrauch der Artillerie auf 300 bis 600 Schritt einschränken, irren sich, oder ihre Regeln sind wenigstens nicht allgemein. Tielke sagt in seinen erwähnten Beyträgen im 1sten Theil, S. 81. der Gegenstand muß vor mein Geschütz, und zwar für den Kernschuß nicht zu weit seyn, denn Bogenschüsse sind ungewiß. Nach seinen Feld-Ingenieur ist der Kernschuß des 4pfünders etwa 300 Schritt, des 12pfünders etwa 400. Nach Tielke würde man also erst

etwa

Auf 1200 Schritt kann man also in jedem Terrain, schon in kurzer Zeit, zumal wenn sich die gegenseitigen Truppen nicht bewegen, einen beträchtlichen Effect hervorbringen §. 137. Auf den über 1500 Schritt entfernten Feind feuert man nicht, es sey denn, daß der Feind auf uns feuere, oder in Kolonne sich befinde; wo man im ersten Fall gegen die Artillerie, und im zweyten gegen die Truppen agirt.

Schießt man ohne beträchtliche Wirkung, so benimmt man dadurch dem Feinde die Furcht für unser Artilleriefeuer, und unseren Truppen das Zutrauen zu demselben.

Bey den Schüssen über 1200 Schritt kann man sich in einer Ebene nach §. 101. der Ricochettschüsse mit voller Ladung bedienen.

Diese schlagen hier in die Munitionswagens oder Pferde, wenn sie nicht die Batterie selbst treffen. Hat der Feind sich noch nicht formiret, so feuert man auf seine Kolonnen, so lebhaft als es nur möglich ist.

3) Wenn man auf der Stelle sich angreifen lassen muß, und sich in Schanzen oder Posten befindet, so macht man sich sobald als möglich ist, die Entfernung der Gegenstände, der Büsche

etwa auf 350 Schritt mit guter Wirkung an zu feuern fangen. Nach dem **Versuch über den Gebrauch des Geschützes im Felde** ꝛc. S. 50. sind die Schüsse auf 1200 bis 1300 Schritt ungewiß, auf 600 bis 650 ziemlich, und auf 300 sicher wirksam.

sche, Bäume, Hügel ꝛc. die der angreifende Feind paßiren muß, bekannt. Alsdann weiß man beständig die Entfernung desselben, und also immer dem Geschütz die schickliche Elevation zu geben. Es ist ohne Zweifel oft von vielem Nutzen, wenn sich der Batteriecommandant die Gegend, in der er agiren soll, oder wenigstens das Terrain vor der Front, wenn es die Umstände erlauben, bekannt macht. Alsdann kann er die Vortheile, welche dasselbe an die Hand giebt, beym Avanciren, oder in den verschiedenen Stellungen oder Bewegungen der beyderseitigen Truppen gehörig benutzen.

Der Commandeur einer Batterie muß in vielen Fällen die Bewegung, welche die Truppen der Wahrscheinlichkeit nach, machen werden, die Bewegung und Stellung, in welche die Batterie beym Fortgange der Affaire kömmt, vorauszusehen sich bemühen, und vorläufig dazu die Anordnung treffen. Nicht selten wird auch der gesetzteste Mann, bey einem nicht vorhergesehenen Vorfall übereilt, und verliert dann die Entschlossenheit und scharfe Beurtheilung, die ihm sonst eigen ist. Wann der Infanterist nicht die Folge der Exercice weiß, so exercirt er schlecht; man muß aus diesem Grunde auch die Leute von dem was mit einiger Geschwindigkeit geschehen muß, avertiren, und die Anordnung mit der es geschehen soll, vorher treffen.

4) Man muß nie anfangen zu feuren, ehe alles dazu in Bereitschaft ist, damit man, sobald man anfängt, etwas entscheidendes ausrichte,

richten könne, und damit man durch eine plötzliche Wirkung dem Feinde den Muth benehme.

Gewöhnlich zieht man das feindliche Feuer auf sich, sobald man zu agiren anfängt. Kann man ihm dann nicht widerstehen: so leidet man, ohne daß man etwas ausrichtet.

Man braucht selbst seinen Leuten die Gefahr nicht ganz zu verschweigen. Ein unerwarteter Verlust decontenancirt sonst destomehr. Wenn der Officier nie seine Ruhe verlieret, sich immer gleich bleibt, den Leuten Beschäftigung giebt, den Unordnungen abhilft, und keine Ordnung zu erhalten sucht, die nicht zu erhalten ist: so werden unsre Leute mit Muth alles ausrichten, was man von ihnen fordert, auch wenn ihnen die Gefahr bekannt ist.

Bedienung des Geschützes.

§. 168.

1) Das Feuern selbst geschiehet jedesmal abwechselnd, wenn nicht gegen Mauern oder Gebäude von Holz, geschlossen wird.

Sind 5 Kanonen bey einander, und kann man in jeder Minute dreymal feuern: so würde also von 4 zu 4 Secunden ein Schuß auf die feindliche Batterie kommen. Es werden also in keinem Augenblick die Kanoniere derselben mit völliger Ueberlegung ihr Geschütz richten und bedienen können.

2) Man muß allemal den Aufschlag der Kugel oder Bombe beobachten, und sich darnach

nach in der Richtung corrigiren. Wenn die Hälfte der Anzahl Kugeln oder Bomben vor dem Feind aufschlagen, so hat man eine gute Richtung. Da die Differenz der Schußweiten 200 bis 250 Schritt, und die der Wurfweite 150 ausmacht, so kann es bey der besten Richtung leicht geschehen, daß 3 bis 4 Schuß oder Wurf, gleich anfänglich überhin gehen, oder vor dem Feinde, bey der schicklichsten Richtung in die Erde schlagen. Man muß daher, wenn man nicht sehr viel fehlt, sich erst nach 4 bis 6 Schüssen corrigiren.

Wirft man Bomben in ein 100 und in ein 50 Schritt langes Werk: so wird beynahe beym ersten $\frac{1}{6}$, und beym zweyten $\frac{1}{3}$ der ganzen Anzahl unter einer guten Elevation vor dasselbe fallen. Man bemerke jedesmal bey den Mortieren, wenn ihre Stühle auf Bettungen stehen, durch einen Strich mit dem Säbel den Stand derselben, alsdann kann man, wenn man die rechte Richtung gefunden, geschwind zum Wurf kommen, wenn der Stuhl wieder auf den bemerkten Platz gebracht wird.

Viele Artilleristen ziehen nicht die unvermeidliche Differenz der Würfe in Betracht, und corrigiren sich jedesmal, wenn eine oder 2 Bomben zu kurz oder zu weit fallen, verfehlen bey einer beständigen Veränderung die rechte Richtung, oder verändern dieselbe, wenn sie sie auch gefunden haben.

Stehet der Feind hinter einer sanften Anhöhe; so richtet man auf dieselbe, und corrigirt sich so lange in der Richtung, bis die meisten Kugeln über

sie

sie hinschlagen, alsdann beobachtet man rechts oder links ihre Wirkung, so viel als möglich, und corrigirt sich darnach in der Richtung.

3) Stehet man in einer Schanze oder auf einem Posten, in dem man in der Nacht angegriffen werden kann: so richtet man die Kanonen in den Horizontalschuß, stellt die Richt-Maschine fest, damit man unter dieser Richtung beym Angriff mit Trauben schiessen kann. Stehet man auf Bettungen: so nagelt man, wenn eine gewisse Richtung erfordert wird, starke eichene Latten an das Rad und an den Schwanz der Lafete; alsdann wird ohne weitere Richtung, nach jedem Schuß das Geschütz wieder gerichtet seyn, wenn die Lafete an die Latte gebracht ist.

Auf gleiche Art verfährt man bey Mortieren.

Beobachtung in Actionen in Rücksicht des feindlichen Feuers.

§. 169.

1) Wenn man stärkere Batterien gegen sich hat: so fährt man nicht alles Geschütz zugleich auf, sondern man behält einiges masquirt, und braucht es erst, wenn man den Feind angreift, oder wenn man angegriffen wird.

2) Aus Oertern, gegen die das feindliche Artilleriefeuer von vorzüglicher Wirkung gegen unsere Truppen seyn kann, muß man nur im höch-

höchsten Nothfall feuern. Denn der Feind wird sonst auf unser Geschütz feuern, und zugleich unsere Truppen treffen. In den Fällen wo wir den Feind aufhalten wollen, wo er uns überlegen ist, muß man auf ihn von den Oertern feuern, wo uns sein Artilleriefeuer nicht sehr schaden kann.

In der Bataille bey Hastenbeck zog man durch eine Batterie auf den linken Flügel, die nichts ausrichtete, und nichts ausrichten konnte, unsern Grenadiers das entsetzlichste Artilleriefeuer zu. Bey Minden zogen einige Regiments-Kanonen in der Mitte das Feuer einer starken Batterie auf sich, und die Kavalerie würde viel dadurch gelitten haben, wenn der Graf von Bückeburg nicht die Regiments-Kanonen hätte zurück bringen lassen.

Beobachtungen in Actionen in Rücksicht des Orts der Linie, in den sich die Batterie befindet.

§. 170.

Die Batterie, die vor den Intervallen der Infanterie und Kavalerie, also auf den Flügeln der Infanterie stehen, richten in den meisten Fällen ihr Feuer auf die Kavalerie. Ist diese geschlagen: so ist insgemein die Sache entschieden. Wird unsere Kavalerie geworfen: so schwenkt sich die Batterie etwas, damit die Kavalerie, welche die unsrige verfolgt, en Flank genommen werde. Wird die feindliche Kavalerie geworfen: so richtet unsre Artillerie auf die feindlichen Batterien, und avan-

avancirt mit einem wechselseitigen Feuer gegen dieselbe, damit sie nicht durch ¼ Schwenkung unsre Kavalerie in Flank nehmen.

2) Die Artillerie der zweyten Linie muß ebenfalls, so wie die von der ersten, die Kavalerie souteniren, wenn sie geschlagen ist, und durch ein oblikes Feuer die feindliche oblik beschiessen, oder, wenn es die Umstände erlauben, durch ¼ Schwenkung sie en Flank nehmen, und dadurch die Flanke der Infanterie decken.

Zu allen diesen Vorfällen muß man sich im voraus bereit halten; weil diese Bewegungen und dies Feuer in der grösten Geschwindigkeit executirt werden müssen.

3) Die Batterien in der Mitte vereinigen ihr Feuer auf einen Punct, wenn sie nicht gezwungen sind, gegen die Truppen zu agiren, von denen man beym Angriff etwas zu befürchten hat, oder gegen die, welche man selbst angreifen will.

Hat man z. B. rechts oder links Infanterie, gegen welche feindliche Kavalerie avancirt: so muß man auf die Kavalerie schießen und nicht gegen die feindlichen Batterien. Diese sind insgemein so weit entfernt, daß ihr Effect von geringer Wirkung ist; und wird unsre Infanterie geschlagen: so ist die Sache in jedem Fall zu unserm Nachtheil entschieden.

4) Oft verändert man das Emplacement einer Batterie, zumal, wenn man offensiv agirt,

und der Angriff nicht sogleich ausgeführt werden kann.

Vielleicht hätten die Franzosen die Bataille bey Vellinghausen nicht verlohren, wenn sie einen Theil ihres Geschützes von ihren linken Flügel, nach dem rechten gezogen. Dies hätten sie ohne Gefahr thun können, vielleicht ohne daß es die Alliirten bemerkten.

Wenn das Geschütz an seinen neuen Bestimmungs-Ort ankömmt: so marschirt es hinter der Linie erst auf, protzet ab, und gehet dann en Front bis zu seinen neuen Emplacement.

5) Befindet man sich in der Ebene: so kann man, oft rechts oder links durch oblike Schüsse auf eine entscheidende Art wirksam seyn.

In unebenen Terrain muß man aber mehr auf den graden Schuß halten.

Wenn man die feindliche Linie oblik beschießt: so schlagen die Kugeln vor der Linie auf, und zuletzt, wann sie kurze Ricochette machen, in dieselbe. In diesem Fall leisten die schrägen Schüsse an sich mehr Effect, als die graden §. 101. und decontenanciren überdies noch mehr, als diese, die Truppen.

Ist aber das Terrain uneben, so daß man auf das ricochettiren der Kugeln nicht rechnen kann: so ist es besser gradeaus zu schiessen. Will man, wenn man 600 Schritt von der feindlichen Linie grade entfernt ist, sie so schräg beschiessen, daß man 4 bis 5 Mann treffen kann; so wird dadurch die Schuß-

weite

weite doppelt so groß, also 1200 Schritt. Nun treffen aber auf 600 Schritt von 12 Schuß 8, statt auf 1200 von 12 nur 3 treffen. Man hat also hier Vortheile bey dem geraden Schuß.

Geschwindigkeit der Schüsse und Munitions-Vorrath.

§. 171.

Wenn man durch das Feuer nichts wesentliches entscheiden kann, wenn man nicht angegriffen wird, oder selbst angreift, alsdann muß man sehr ökonomisch mit der Munition umgehen. Man muß sie nicht verschiessen, wenn man noch Lagen vor sich hat, wo man sie vortheilhafter, als in der gegenwärtigen brauchen kann. Man muß die Zeit, welche man im Feuer der Wahrscheinlichkeit nach stehen, und die Zeit in der man andre Munition erhalten kann (wenn dies der Fall ist) in Erwägung ziehen, und darnach die Geschwindigkeit der Schüsse einrichten; in jedem Fall aber 4 bis 6 Kartätschschüsse gegen den einbrechenden Feind zurückbehalten.

Wer die Munition ohne Effect verschießt, und hernach Mangel daran leidet, der handelt eben so unverantwortlich, als der, der das Geschütz aus Mangel an Muth dann verläßt, wann es entscheidende Wirkung leisten könnte. Viele Officiere, vorzüglich die von der Infanterie und Kavalerie, ziehen

 nicht

nicht in Erwägung, daß man in einer Minute 5 Schuß und in 6, 30 verschießt *).

Gewöhnliches Avanciren und Feuern.

§. 172.

1) Haben sich unsere Truppen formirt, avanciren sie gegen den Feind: so setzen sich die Batterien abgeprotzt, mit ihnen in Bewegung. Hat man soviel Leute, daß sie die Kanonen ziehen können: so bedient man sich nicht der Pferde, weil diese im Vor- und Zurückbringen leicht Unordnungen und Verzögerungen verursachen können.

Hat man aber nicht die nach §. 80. erforderlichen Leute zum Ziehen, oder will man auf beträchtliche Distanzen vorrücken: so kann man der Pferde nicht entbehren, und alsdann verfährt man nach §. 83.

2) Sobald man in das Feuer der feindlichen Artillerie kömmt, oder auf 1200 Schritt sich dem Feinde genähert hat, suchen die Batterien einen Vorsprung vor den Truppen zu erhalten. Die Bewegung geschiehet im Trott, bis die Batterie etwa 100 Schritt vor der Linie ist; hier fängt sie an, gröstentheils auf die feindlichen Truppen auf einen Punkt zu feuern, etwa

*) Guibert erzählt von der Geschwindigkeit des unzweckmäßigen Feuers Beyspiele, und mir sind von unsrer Seite mehrere Fälle bekannt, wo man die Munition fast unnütz verschoß, und hernach Mangel daran litt.

etwa 3 bis 4mal, oder vielmehr so lange, bis die Linie sie wieder eingeholt hat. Darauf setzt sie sich wieder in Bewegung, bis sie den obigen Vorsprung hat, und verhält sich wie oben. Wird das feindliche Artillerie-Feuer sehr wirksam gegen die Batterie: so feuern mehrere Kanonen als oben auf die Artillerie.

3) Auf diese Art nähert man sich dem Feinde bis auf 400 Schritt, wo man alsdann stehen bleibt, bis die Truppen neben der Batterie sind. Ist der Verlust der Batterie so groß, daß er entscheidend werden kann: so feuert man mit keinen oder nur mit wenigen Kanonen auf die feindliche Infanterie, im entgegengesetzten Fall aber auf die Batterie. Wenn unsere Truppen durch einen augenblicklichen Angriff die Affaire entscheiden müssen: so wird man in den meisten Fällen am besten thun, wenn man mehr auf Truppen, als auf Artillerie feuert. Denn sobald man nahe kömmt, ist das Kartätsch-Feuer gegen die Truppen von solcher Wirkung, daß sie denselben mit dem Angriff der Infanterie verbunden nicht widerstehen werden; und bewegen sich diese erst: so sind die feindlichen Batterien auch zum Rückzuge gezwungen *). Wir haben hiervon ein Beyspiel in der Bataille bey Krefeld gehabt. Un-

*) In den militärischen Schriftstellern findet man über die Frage, ob man auf die Truppen oder die Artillerie feuern solle? viele Widersprüche, die ohne Zweifel dadurch entstanden, daß sie nicht genug die Lage der Sache erwogen. Guibert will in Essais general de

Unsre Artillerie folgte hier diesem Grundsatze; sie rückte gleich dem Feind bis auf den Traubenschuß nahe, und feuerte beständig auf die Truppen, und trieb sie zurück. Die französische Artillerie schoß, wie Puget im Versuch des Gebrauchs der Artillerie, S. 16. erzählt, beständig auf unser Geschütz, richtete aber nichts dadurch aus, und muste seinen Truppen, die sich zurückzogen, folgen.

So wie die Batterie dem Feinde näher gekommen ist, hat sie immer einen kleinern Vorsprung genommen, und befindet sie sich, auf 400 Schritt wie erwähnt, in der Intervalle, avancirt mit der Infanterie, und feuert, so wie diese, abwechselnd.

Besondere Fälle beym Avanciren und dem Feuer während demselben.

§. 173.

1) Bleibt man, nachdem man sich auf eine gewisse Weite dem Feinde genähert hat, im Feuer stehen, ohne daß unsere Truppen den Feind angreifen: so feuert man nur alsdann auf die Truppen, wenn durch eine andre Bewegung, durch Unterstützung die wir erhalten, oder durch unsern Angriff, der Feind wahrscheinlich bald zum Rückzuge genöthiget werden wird.

Ist

de Tactique S. 152. daß man immer auf Batterien, und Tielke in seinen angeführten Beyträgen, daß man nur auf Truppen, die entschlossen angreifen, sonst aber nur auf Batterien feuern soll.

Ist von beyden Seiten die Artillerie zahlreich, und sind nur gewisse Stellen auf die unser Angriff geführet werden kann: so muß man sein Augenmerk auf die feindliche Artillerie richten, und diese zum Schweigen zu bringen suchen; insbesondre die, welche unserm vortheilhaftesten Angriff am beschwerlichsten fallen könnte.

Selten wird man indes hier seine Absicht erreichen, wenn man sich nicht bis auf den Traubenschuß genähert oder die feindliche Artillerie in Flank nehmen kann.

2) Bleibt man in der Ebene im Feuer nahe vor dem Feinde stehen, und befinden sich hier Regiments-Kanonen und Batterien von Park-Geschütze neben einander: so feuern die ersten auf die Truppen, und die 2ten auf die feindlichen Batterien, wenn die Fälle von Nr. 1. nicht statt finden.

3) Stehet die feindliche Artillerie, wie unsere bey Tonhausen, durch einen Aufwurf oder eine Landwehre bedeckt: so richtet man beym Angriff das Feuer auf die Linie rechts oder links, und zwar auf den Punct auf den unsere Truppen durchdringen können. Es wäre hier wider die Vernunft, wenn man sich mit der Artillerie, die gegen die Wirkung unsrer gedeckt ist, einlassen wollte. Will man die Schanzen vor dem Angriff beschiessen: so befolgt man §. 115. Hat man ein zahlreiches Geschütz: so richten vor dem Angriff einige Batterien ihr Feuer auf die Schan-

zen, und andre auf die Truppen. Hier muß man Rücksicht auf die Disposition des Ganzen nehmen *).

Abwechselndes Feuer mit verschiedenen Abtheilungen beym Avanciren.

§. 174.

Man kann, wenn man gezwungen wird §. 173 N. 1 gegen die feindliche Artillerie zu agiren, eine Batterie von 8 Kanonen in 2 theilen, und die eine feuern lassen, während die andre sich bewegt; alsdenn erhält die feindliche Artillerie ein unaufhörliches Feuer, und hat keine Zwischenzeit, in der sie ohne alle Gefahr gegen uns agiren kann. Wenn aber die Artillerie Truppen ohne Batterien vor sich hat: so ist diese Abwechselung in manchen Fällen nicht vortheilhaft; hier wird ein plötzlich vereinigter Effect zuweilen von vorzüglicher Wirkung seyn.

Das Regimentsgeschütz verhält sich wie die Batterien, nur mit dem Unterschiede, daß die Regiments-Kanonen, der verschiedenen Intervallen im Feuer und Vorrücken allemal, so wie oben die getheilten Batterien, einander ablösen. Wenn man eine sich in der Ebene befindliche Infanterie in Flank oder im Rücken angreift, wenn man sich bey dem angreifenden Theil befindet, wo in kurzer Zeit die Sa-

*) Was das Mechanische des Angriffs der Schanzen und Verschanzungen betrifft, wird der Theil, der von der Verschanzungskunst handelt, enthalten.

Sache decidirt seyn muß; wenn unsre Artillerie ein gutes Emplacement in der Nähe des Feindes siehet: so ist das abwechselnde Feuer, bevor der Feind retirirt, oft von keinem sonderlichen Nutzen. Denn nähert man sich mit allem Geschütz bis auf 300 oder 400 Schritt dem Feind, und fängt ein heftiges Kartätschfeuer an.

2) Wenn feindliche Infanterie vortheilhaft postirt stehet, etwa nahe vor der Front ein kurzes Defilee, einen kleinen Fluß, eine morastige Nähe ꝛc. hat: so stellt man die Kanonen einer Batterie 30 Schritt von einander, numerirt sie, läßt die graden Nummern feuern, während man mit den ungraden 40 Schritt vorrückt. Sobald diese Halt machen, fangen sie an zu feuern, und die ungraden rücken bis 40 Schritt vor die graden und feuern; dann bewegen sich jene, und so wechselsweise.

Avanciren wenn der Feind retirirt.

§. 175.

Wenn die feindliche Infanterie wanket, so verfolgt sie die Artillerie mit einem abwechselnden Feuer.

Sie sucht hier, soviel möglich ist, ihre Wirkung zu verdoppeln, damit die Unordnung des Feindes in diesem glücklichen Zeitpunkt allgemein werde. Ist die Artillerie über 500 bis 600 Schritt vom Feinde: so schießt sie mit Kugeln. Diese schlagen durch den Feind, und ricochettiren noch vor ihn, er er glaubt alsdenn immer noch mehr ins Feuer zu kommen. Ueberdies sind hier die Kugeln wegen der größern Tiefe der Kolonnen den Trauben vorzuziehen *).

Da die Artillerie sich in einer Ebene geschwinder, als die Infanterie, bewegen kann: so kann sie hier, wenn sie von Kavalerie gedeckt wird, die Infanterie einholen, und ihr, da wo diese hohle Wege rc. paßiren muß, große Niederlage, oder doch wenigstens Unordnungen verursachen.

Beobachtungen wenn man stehendes Fußes ficht.

§. 176.

1) Hat man Batterien gegen sich, welche unsere Truppen aufhalten, und greift der Feind nicht an: so feuert man auf die gegenseitige Artillerie.

Denn in diesem Fall wird die Sache für uns zum Theil entschieden seyn, wenn diese einen Theil ihrer Wirksamkeit verlohren hat; und ohne dies wer-

*) Tielke will in seinen Beyträgen 1sten Th. S. 87. daß man bey dem retiriren über den Feind hinhalte, damit die Kugeln vor ihm einschlagen, und er sich fürchte, noch mehr ins Feuer zu kommen. Da aber die Kugeln die den Feind treffen, auch in diesen Fall vor ihm aufschlagen, so handelt man ohne Zweifel der Absicht gemäßer, wenn man dies zu erhalten sucht.

werden unsere nichts ausrichten können, oder doch wenigstens leiden. Man muß indeß hier die Lage der Sache unterscheiden. Befinden sich keine Hindernisse zwischen den Truppen und dem Feinde; hat man zumal feindliche Kavalerie gegen sich: so feuert ein Theil gegen diese, und ein andrer gegen die Artillerie. Dies thaten unsre Batterien bey Minden auf dem rechten Flügel und in der Mitte; dadurch litt die Kavalerie ungemein, wurde zum Chok gezwungen, den sie ohne diesgewiß besser ausgeführt hätte.

2) Greift die feindliche Infanterie an: so feuert man auf die Artillerie bis auf 400 Schritt, alsdann aber auf die Truppen.

Denn über 400 Schritt war die Artillerie, nachher aber die Truppen der gefährlichste Gegenstand. Würde man beständig auf die Artillerie feuern: so würden die Truppen mit unsern gleiche Vortheile haben. Und wenn die feindliche Artillerie auf unsere Infanterie feuerte, so würde sie durch jene nun leicht übern Haufen geworfen werden; wie die Infanterie auf dem linken Flügel der französischen Armee bey Krefeld §. 172. N. 3. Wollte man aber beständig auf Truppen feuern: so würde die feindliche Artillerie ihre ganze Wirksamkeit unsern Truppen empfinden lassen, so daß sie bey dem Angriff der Truppen nicht den gehörigen Widerstand mehr leisten könnten.

3) Beym Angriff der feindlichen Kavalerie feuert man, wenn sie formirt ist, nie über 1200 Schritt.

Schritt. Sobald man aber angefangen hat, wird mit der grösten Lebhaftigkeit gefeuert, so daß man die Vortheile des späten und heftigen Feuers erhält, und dabey dennoch eine beträchtliche Wirkung an sich hervorbringt *).

Beobachtung bey starken Verlust 2c.

§. 177.

1) Leidet eine Batterie so sehr, daß die Kanonen nicht gehörig mehr bedienet werden: so bringt man einige aus dem Feuer und vertheilt die Mannschaft bey den andern. Dies geschiehet jedoch nur in den Fällen, wo man in einem heftigen Kanonenfeuer des Feindes steht, und noch avancirt. Ausserdem würde man besser thun, wenn man langsamer feuerte; weil man durch das Zurückbringen unsere Leute decontenancirt, und den Feind encouragirt.

2)

*) Verschiedene Artillerie-Officiere geben die Regel: man solle beym Anrücken des Feindes die Kugel vor ihn aufschlagen lassen. Man würde aber, wenn man sie befolgte, keine eigentliche Wirkung leisten; denn es ist aus §. 100. bekannt, daß der erste Sprung der Kugel 5 bis 600 Schritt groß, und so hoch ist, daß sie meistens 20 Schritt vom Aufschlage keinen Mann trift. Folgt man hingegen §. 168. so schlagen fast die Hälfte der Kugeln vor dem Feind auf, und es treffen dennoch so viele in denselben, als es die Natur der Sache zuläßt. Der Feind leidet also hier, und glaubt zugleich noch mehr ins Feuer zu kommen.

2) Sobald von einer Lafete ein Rad entzwey geschossen: so versiehet man sie mit einem andern, mit einem Karren- oder Protzrad. Wenn keines passend ist: so bindet man nach §. 89. einen Baum unter die Axe. Gehet dies aber auch nicht, und ist die Lafete ganz beschädiget: so transportirt man die 3pfündige Kanone auf der Protze, wie §. 89. zeigt.

3) Bleiben so viel Pferde, daß es am Ende daran fehlt: so nimmt man sie von den Munitionskarren oder Wagen. Muß man diese im Stich lassen: so legt man brennende Lunten in dieselben, so daß man sich, ehe die Munition Feuer fängt, entfernen kann.

Beobachtung bey der Retirade.

§. 178.

1) Wenn unsre Linie anfängt sich zurück zu ziehen; wenn ein Angriff irgendwo so heftig wird, daß unsre Truppen ihm nicht widerstehen können: so müssen die Batterien die ganze Gewalt ihres Feuers dem Feinde fühlen lassen, und erst dann ihren Platz verlassen, wenn sie auf demselben den Truppen keinen größern Vortheil verschaffen können, als ihre eigene Erhaltung.

Es ist schwer, diesen Augenblick in manchen Fällen zu bestimmen; und der Commandeur einer Batterie muß sehr aufmerksam auf das seyn, was in der Linie, in der er sich befindet, vorgehet. Ziehet sie sich zurück: so muß er ihr folgen; ein anders ist es aber, wenn hier oder da ein Bataillon in Unordnung kömmt oder sich aufwickelt rc. In solchen Fällen wendet die Artillerie alles an, den Fehler gut zu machen, und den Feind, der davon profitiren will, zurückzuhalten.

2) **Wird der Zweck nicht erhalten; bleibt am Ende keine Zeit zur Retirade mit dem Geschütz übrig: so entfernt man sich, indem der Feind die Kanonen erreicht hat, mit dem Ladezeuge so geschwind als möglich.**

Es ist keine Schande mit dem Geschütz in feindliche Hände zu fallen; aber ein anders ist es, wenn man es zur unrechten Zeit verläßt.

3) **Man wird in den meisten Fällen mit einem abwechselnden Feuer sich en Front zurückziehen können.**

Bey dieser Bewegung wird ein 20 bis 30 Fuß langes Seil um den Protzkettenring geschlagen, und an den Protznagel gehängt, so daß durch die Bewegung der Protze das Geschütz, nachdem es erfordert wird, zurückgebracht werden kann, ohne daß aufgeprotzt wird.

4) **Nie muß das Feuer der ganzen Batterie zugleich cessiren.** Man schickt erst hier die meisten Munitionswagen weg, und darauf läßt man die Kanonen nach und nach aufbrechen, so daß zuletzt immer wenigere im Feuer sind.

Verhalten bey dem Uebergang eines Flusses, und der Verhinderung desselben.

§. 179.

1) Die Artillerie, welche den Uebergang eines Flusses favorisiren soll, feuert auf die gegenseitige, so lange sie noch nicht selbst übergegangen ist.

Durch das Feuern gegen die Truppen, würde hier nichts entschieden werden; wenn diese auch noch so sehr litten, weil die Artillerie fast allein den Uebergang aufhalten kann.

2) Ein Theil des gegenseitigen Geschützes schießt auf die Truppen, welche übergehen wollen; der andre sucht aber die Batterien en Flank zu nehmen. Denn da es zu vermuthen ist, daß die gegenseitige Armee mehr Geschütz, als diese hat: so würde diese durch ein bloßes Artilleriegefecht nichts ausrichten. Sie widersetzt sich daher der Artillerie so viel sie kann, hat aber beständig hier ihr Augenmerk auf die Hauptsache d. i. auf den Uebergang selbst. Plan VI. Nr. 4. schiessen die Batterien a und b auf die Brücke, f aber auf die Batterien. Die Batterie e richtet ihr Feuer auf die Batterien a und b, welche den Uebergang verhindern wollen. Wenn es die Anzahl des Geschützes in f erlaubt: so setzt man einige Piecen in g welche e in Flank nehmen

Fünftes Kapittel.

Beyspiele von der Vertheilung und dem Gebrauch der Artillerie im freyem Felde.

Erstes Beyspiel.

§. 180.

Nach dem schon anderwärts angeführten Gründen setze man die stärksten Kaliber an die schwächsten Oerter, und die schwächsten dahin, wo sie am meisten bewegt werden müssen. Da nun die Flügel insgemein die schwächsten Oerter sind, und zugleich auch die meiste Bewegung erfordern: so wird die Anordnung verschieden seyn, je nachdem man das 1ste oder 2te Princip befolgt. Es läßt sich zwar keines von beyden wegen der Lage des Terrains und der übrigen Umstände gänzlich ausführen; die Anwendung dieser Principien, können aber demohngeachtet hier die Begriffe erweitern und klarer machen.

Ich will hier annehmen, daß bey einer Armee Pl. VI. N. 1. die Artillerie so vertheilt ist, daß die schwersten Kaliber auf den schwächsten Stellen sich befinden. Es würden demnach die 12pfünder auf den Flügeln, und die 6pfünder in der Mitte sich befinden. Die Batterien a und a, haben

ben also 12pfünder, die Batterien b, b und b schwere 6pfünder; und wenn noch mehrere Batterien da sind, als hier f, f und f: so bestehen sie aus leichten 6pfündern. Da die Haubitzen gegen die Kavalerie vorzüglich wirksam sind: so placirt man sie hier neben a und a, und in e und e.

Da bey dieser Anordnung eine Ebene und keine besondre Bewegungen vorausgesetzt werden: so finden hier die Regeln, welche über das Verhalten in der Action gegeben sind, ohne Ausnahme statt. Ist die Artillerie so vertheilt, daß die leichtesten Kaliber auf den Flügeln sich befinden: so bestehet a, a aus 6pfündern und leichten Haubitzen, b b und b aus 12pfündern und schweren Haubitzen, eben so e und e aus leichten 6pfündern oder Haubitzen, und wenn sonst noch Batterien im 2ten Treffen sind: so bestehen sie aus mittlern Kalibern. Die Reserve bestehet hier aus leichten Haubitzen und 6pfündern, und befindet sich hinter den Flügeln in h, weil bey dieser Anordnung schon mehr Bewegung, und also eine schleunigere Hülfe der Artillerie erfordert wird.

Zweytes Beyspiel.

a) Vertheilung des Geschützes.

§. 181.

Im Plan VII. N. 1. ist B B eine Position, in der der Feldherr der Armee B aus verschiedenen Ursachen von der gegenseitigen Armee A wünscht angegriffen zu werden. Die Armee B campirt weiter rückwärts, und sobald die gegenseitige sich in Bewegung zum Angriff setzt: gehet ihr jene entgegen, und occupirt mit der Avantgarde den Posten e, der augenblicklich mit einer 3′ hohen Brustwehr versehen wird. Der Feldherr der Armee A hat so, wie der von B sein Augenmerk auf diesen Posten gerichtet, und da der erste hierin seinen Zweck nicht erreicht: so beschließt er auf diesen Punct seinen Hauptangriff zu dirigiren. Hier ist nun die Frage, wie die Artillerie bey beyden Armeen in dieser Voraussetzung vertheilt und gebraucht würde. Wenn man, wie es im vorhergehenden zur Regel angenommen, von 1000 zu 1000 Schritt eine Batterie hat: so würden etwa jede 5 Bataillons oder 10 Eskadrons des ersten Treffens Eine bekommen, dies würden hier ohngefehr 6 Batterien, e, f, g, h, i und k geben. Da die schwersten Stücke auf die Oerter kommen, die am schwächsten sind, und wo sie sich am wenigsten zu bewegen haben: so würden sie hier in e kommen. Die Batterie k ist zwar auch an dem Flügel, und ist also an einem schwachen Orte. Da sie aber wahrscheinlich verschiedenen Bewegungen unterworfen ist: so setzt man hier eine Reserve in s, und eine andre kleinere in r. Diese letzte deckt die linke Flanke des Postens e, und macht dem Feinde, wenn er ihn auch erobert hätte, das weitere Vordringen unmöglich.

Die Armee A A ist, so wie die Armee B B, in verschiedene 1000 Schritt von einander entfernte Batterien vertheilt; doch so, daß sie auf dem linken Flügel ihr schwerstes Geschütz, und auf dem rechten das zum Manoevriren schickliche hat, das hier,

weil

weil man den Posten e angreifen will, durch die meisten leichten Haubitzen verstärkt ist.

b) Gebrauch der Artillerie der Armee *A. A.*

Der Befehlshaber der Artillerie des rechten Flügels der Armee A A, läßt, nachdem er das Terrain auf dem der Feind stehet, nebst den Posten e, soviel es sich thun läßt, recognoscirt hat und Befehl zum Angriff erhält, das Geschütz 20 Schritt eines von den andern auffahren. Hierdurch vermindert er den Effect des feindlichen Feuers, das in diesem Fall, weil der Feind halb bedeckt stehet, um soviel fürchterlicher ist. Darauf rückt er einige 100 Schritt vor die Infanterie, so daß alle Kugeln, welche in die Linie der Artillerie treffen, nachdem sie auf die Erde geschlagen, über die Infanterie weggehen. Sobald die Truppen zum Angriff anrücken, avancirt die Artillerie c. Während die ungraden Nummern 60 bis 100 Schritt vorrücken, feuern die graden, und so abwechselnd.

Nachdem sie sich auf diese Art auf 4 bis 500 Schritt genähert, fängt sie an mit Kartätschen zu feuern, bis die Infanterie, welche den Posten mit gefälltem Bajonet angreifen will, sie eingeholt hat.

Das dem zur Unterstützung dieses Angriffs detachirten Korps Infanterie p, gegebene Geschütz, welches aus 3 oder 6pfündern bestehet, spart sein Feuer bis auf diesen Augenblick, wo der Angriff entscheidend wird. Es schießt alsdann auf die Truppen, damit diese die Contenance verlieren, und

 den

den Angriff von vorne nicht so nachdrücklich, als es sonst geschehen würde, widerstehen können. Würden sie eher zu agiren anfangen: so würde man die Reserve des linken Flügels der Armee B gegen sie auffahren lassen, und der Effect würde überdies alsdann nicht so unerwartet seyn, und daher nicht so sehr, wie jetzt, die Truppen ausser Fassung bringen. Sobald die angreifende Infanterie die Kanonen c paßiret: so ziehen sich diese mehr nach der Mitte nach l, und agiren hier gegen die Truppen, welche zur Unterstützung des Postens e etwa heranrücken. Sie avanciren mit der nunmehro heranrückenden Linie. Während das Feuer der Artillerie c, aufs heftigste gegen den Posten e agirt, richtet die Artillerie d das ihrige auf f. Sie avancirt mit jener in gleicher Linie, und feuert auf die Batterie f, bis die Truppen den Angriff gegen e anfangen und in diesem Augenblick fängt sie an, mit Kartätschen gegen die Truppen neben f und den Posten e zu schiessen. Die Batterien a und b agiren gegen die ihnen entgegengesetzte Artillerie: bringen sie diese zum Schweigen, so wird es den feindlichen Truppen schwer werden, etwas entscheidendes auszurichten. Sollte die Kavalerie b und d einen Angriff auf die gegenüberstehende Infanterie tentiren: so richtet b und d ihr Feuer auf g, h, i. Da es sich hier kreuzet: so wird die mit dem Angriff bedrohete Infanterie zugleich mit leiden.

Reussirt die Kavalerie nicht in ihrem Angriff, avancirt die feindliche Infanterie und Kavalerie: so agiren die Batterien a b und d nicht mehr gegen

die

die Artillerie, sondern gegen die Truppen; denn in diesem Fall suchen sie den Angriff derselben soviel als möglich, unwirksam zu machen.

c) Gebrauch der Artillerie der Armee *B. B.*

Die Artillerie in e richtet, so lange die Truppen nicht zum Angriff avanciren, ihr Feuer auf die feindliche Artillerie. Sie kann es ihr gleich thun; einen theils, weil jene nicht gedeckt ist, andern theils, weil sie etwas hoch stehet, und von den vor ihr aufschlagenden Kugeln nichts zu befürchten hat. Sie spart indeß ihr Feuer gegen den Angriff der Truppen, weil die gegenseitige Artillerie hier so leicht nicht die Sache wird entscheiden können. Sobald jene auf 6 bis 700 Schritt sich nähern, fängt sie an mit Trauben zu schiessen. Die Artillerie f menagirt ihr Feuer, denn das gegenseitige ist ihr überlegen. Sie würde, wenn sie dagegen agirte, sich dasselbe nur zuziehen, und dadurch den Truppen um f und denen des Postens e nachtheilig seyn. Aus dieser Ursache agirt sie, sobald es das Terrain zuläßt, gegen die Artillerie und die Truppen, die den Posten e angreifen; es sey denn, daß sie selbst angegriffen würde.

In dem Fall feuerte sie gegen die Truppen, die sich ihr nähern. Die Batterien g, h und i feuern gegen die Truppen in d b und b a, um den Truppen i k, welche avanciren, ihr Vorhaben zu erleichtern. Sobald die Kavalerie d b gegen i avancirt, verdoppeln sie ihr Feuer auf dieselbe. Die Kanonen bey der avancirenden Infanterie i k, richten ihr

 Feuer,

Feuer, so lange sie sich noch nicht bis über 800 Schritt dem Feinde genähert, allein auf die Artillerie. Wenn sie aber anfangen Trauben zu feuern, so richten die meisten Kanonen ihr Feuer auf die Truppen. Die Haubitzen feuern beständig auf die Truppen, und nehmen solche Elevation, daß die Granate ohngefehr mit dem dritten Sprung die Truppen erreicht.

Drittes Beyspiel.

a) Geschütz der Armee *B. B.*

§. 182.

Plan VII. N. 2. ergiebt die Position, die für die Armee B B gewählt ist. Auf dem linken Flügel ist die Artillerie zwischen den Truppen vertheilt. Wollte man auf dem rechten Flügel nach eben der Regel verfahren, so würde ein großer Theil des Geschützes nicht gegen das Defilee, wo es durchaus erfordert wird, agiren können. Der Berg demselben gegenüber, wird hier daher mit einer starken Batterie von schweren Kanonen besetzt, so daß dem Feinde das Debouchiren bey d in einer gewissen Hinsicht unmöglich seyn wird. Da er unterdeß an mehrern Orten Durchgänge finden könnte: so wird hinter dem Berge eine Reserve e von leichten Kanonen placirt, die rechts oder links dem durchgedrungenen Feind entgegenrücken, oder ihren Flank nehmen kann. Diese stehet gegen die feindliche Artillerie bedeckt, damit sie gegen die vordringenden Truppen ihre ganze Wirksamkeit zu äußern im Stande ist. Die übrige Reserve befindet sich in r; hier kann

kann sie den linken Flügel, der der schwächste Theil ist, und gewissermaßen tournirt werden kann, souteniren. Die Batterien der Front empfangen den Feind, sobald er das Dorf oder den Morast paßirt, oder die Anhöhe ersteigt, mit dem heftigsten Kartätschfeuer. Sie lassen sich, so wenig als möglich, mit dem feindlichen Geschütz vorher ein; denn ihre Wirksamkeit bestehet darin, daß sie die feindlichen Truppen, welche die Höhe vor der Front ersteigen, mit einem solchen heftigen Kartätschfeuer empfangen, daß sie sich nicht mit einiger Ordnung auf der Höhe selbst formiren, und also durch unsere Truppen leicht übern Haufen geworfen werden können. Die Artillerie, welche gegen den Angriff auf der linken Flanke agiret, richtet ihr Feuer auf die feindlichen Truppen, zumal wenn die gegenseitige, nicht so zahlreich als die unsrige ist, und unsere Unterstützung, erst herbey eilen muß. Die Artillerie wird man nicht zum Schweigen bringen können; denn sie wird, wenn der Feind hier durchzudringen sucht, leicht so viel Geschütz auffahren, daß es unserm überlegen ist. Beym Regimentsgeschütz der ganzen Front kann man hier den Feind, wenn er sich auf eine gewisse Weite genähert hat, nicht sehen. Aus dieser Ursach gehet es bis aufs Ufer, also 3 bis 400 Schritt vorwärts. Hier agirt es gegen den Feind, rechts dem Dorfe. Dies ist auf keine Art gefährlich, weil der Feind nur durch gewisse Durchgänge sich nähern kann. Die Kanonen links ziehen sich, sobald sich der Feind etwa 4 bis 500 Schritt nähert, zu ihren Bataillons. Die Kavalerie kann nur durch die hohlen Wege sich der Höhe bemächtigen, und gegen diese agiren die Batterien, und dirigiren vom Anfang ihr Feuer durch dieselbe.

b) Geschütz der Armee *A A.*

Die Armee A A greift in 3 Korps die Armee BB an; das Korps C und D beschäftigt den rechten Flügel der Armee B B, das Korps E ist bestimmt auf der rechten Flanke durchzudringen, und nachdem es die Höhe gewonnen, vereinigt mit dem Korps D, den linken Flügel der Armee B übern Haufen zu werfen. Da in diesem Fall die Artillerie c auf beträchtliche Distanzen agiren wird, und eben nicht sehr ihren Standort zu verändern braucht: so bekömmt sie die schwersten Kanonen und Haubitzen. Sie schießen auf die Truppen, so lange man nicht die Absicht hat, irgendwo zu debouchiren. Ist aber dies: so feuren sie allein auf die Artillerie, die es verwehren kann.

Die Artillerie des Korps D richtet ihr Feuer auf die Artillerie des linken Flügels, um deren Feuer hieher, und von dem Korps E wegzuziehen. Sollte das Korps D zuletzt sich dem Korps E nähern, und die Anhöhe ersteigen: so richtet der größte Theil der Artillerie des erstern ihr Feuer auf die Truppen, die man eben übern Haufen werfen will. Eben so verhält sich die Artillerie des Korps E; sie nähert sich bis auf etwa 800 Schritt, ohne zu schiessen. Hier fängt sie an, mit einem abwechselnden Feuer sich bis auf 300 bis 400 Schritt den feindlichen Truppen zu nähern. Da sie zahlreich ist: so feuert etwa der vierte Theil auf

auf die feindliche Artillerie, die andern feuern auf die Truppen. Wollte man hier auf eine beträchtlichere Distanz sich mit der Artillerie einlassen: so würde dadurch die gegenseitige Armee Zeit bekommen, den leidenden Theil zu unterstützen, und überdies würde dadurch nichts entscheidendes ausgerichtet.

Einige Nachrichten von der Erleichterung und einigen andern Veränderungen der Hannöverischen Artillerie.

Diejenigen welche wissen, daß unsere Artillerie im vorigen Kriege der alliirten Armee vorzüglichen Dienst geleistet hat, und daß sie der französischen meistens überlegen gewesen ist, sehen die Veränderungen, welche in derselben vorgenommen werden, vielleicht nicht von der rechten Seite, oder verlieren sogar durch dieselben einen Grad des ehemaligen Zutrauens. Da aber das Vertrauen zu den Waffen mit und neben den man ficht, auf den Muth und also auch auf den Ausgang eines Vorgangs Einfluß hat: so glaube ich unsern Truppen nützlich zu seyn, wennich hier die obigen Veränderungen aus dem rechten Gesichtspunkte darzustellen suche.

Unsere 6pfündigen Kanonen waren bisher 27 Kaliber, die 12pfündigen 24 und die 3pfündigen 21 bis 27 lang. Die ersten wogen etwa 3400 Pfund, die zweyten 1900 auch 2000 Pfund, und die 3ten 800 oder 750.

Es hatte sich vielfältig in dem letzten Kriege gezeigt, daß dieses Geschütz wegen seiner Schwere nicht immer den Truppen folgen konnte, und in Actionen beym Avanciren und Retiriren zu Zeiten Aufenthalt verursachte, wodurch man gewisse Vortheile verlor, die von wesentlichen Nutzen hätten seyn können.

Bey diesen Nachtheilen ließ es sich wegen seiner Länge nicht geschwind laden, und der Mann, der einige Schuß den Wischkolben führte, wurde so fatiguirt, daß er seine Function nur sehr langsam verrichten konnte. Von der andern Seite hatten die meisten Officiere des Artillerie-Regiments den guten Effect des alten Geschützes gesehen, und glaubten durch Erleichterung oder Verkürzung etwas an demselben zu verlieren.

Es waren zwar an verschiedenen Oertern über die schicklichste Länge der Kanonen Versuche angestellt, allein man war nicht von ihrer Richtigkeit überzeugt, zumal da sie einander widersprachen. Ueberdies war der Gegenstand auch zu wichtig, als daß man Versuche von denen man nicht die Nebenumstände genau wuste, hier zum Grunde legen konnte.

Eine eigene Untersuchung schien dem damaligen Kommandeur und jetzigen Chef der Artillerie, dem Herrn Obersten von Trew, in dieser Lage gewissermassen nothwendig; zumal da man durch dieselbe unsere Artillerie überzeugen konnte, daß keine Veränderung getroffen werden sollte, wodurch das Geschütz etwas von seiner Wirksamkeit verlieren könnte. Er that daher den Vorschlag, eine 3, 6 und 12pfündige Kanone hierzu gießen zu lassen, welches auch sogleich geschah. Man that mit ihnen bey verschiedenen Längen in 0, 1 und 2 Grad eine beträchtliche Anzahl Schüsse, von denen die Aufschläge der Kugeln aufs genaueste beobachtet wurden.

Diese

Diese Untersuchungen zeigten, daß bey ½ kugelschwerer Ladung, eine 18 Kaliber lange Kanone eben so weit, als eine längere trägt, und daß erst bey 16 Kaliber die Schußweite etwas verliert.

Man hielt daher eine größere Länge als 18 Kaliber, bey dem 6 und 12pfünder überflüßig; dem 3pfünder aber gab man 21 Kaliber, weil alsdann der Mann, indem er den Rücken am Rade hat, noch Wischen und Ansetzen kann. Bey 18 Kaliber hätte er neben dem Rade oder zwischen der Kanone und dem Rade stehen müssen und also etwas beschwerlichers Laden gehabt, auch nicht so sicher in der Hitze der Action den Schuß wahrgenommen und also durch einen Irrthum unglücklich seyn können.

Die geringe Länge und die Auslassung der überflüßigen Zierrathen, würden die neuen Kanonen schon an sich um ein beträchtliches leichter gemacht haben, man gab ihnen aber überdies noch eine etwas geringere Metallstärke, so daß sie jedoch hinten noch fast Kaliberdick geblieben sind. Bey dieser haben sie, wie die Erfahrung gezeigt hat, noch die erforderliche Stärke, denn die Untersuchungs-Kanonen sind nicht durch kugelschwere Ladung und durch die Menge der Schüsse, welche bey dem Versuch geschehen, beschädigt worden.

Der neue 12pfünder ist 1000 Pfund, und der 6pfünder 800 Pfund leichter, als die alten. Die neuen Kanonen sind also um etwa die Hälfte der ganzen Schwere der neuen leichter, als die alten, welche unter dem General Brückmann gegossen sind.

Es werden gegen die Erleichterung der Artillerie, wie gegen jede neue Sache, Einwendungen gemacht. Man sagt, eine schwere und also auch lange Kanone, hätte eine größere Schußweite als eine kürzere, weil jeder wüßte, daß eine Flinte weiter, als eine Pistole schöße.

Soll dieser Vergleich hier Anwendung finden: so muß nothwendig zwischen der Länge der Gewehre und Pistolen, und zwischen der Länge der alten und kurzen Kanonen Ein Verhältniß statt finden. Daß das Verhältniß der ersten, von dem der 2ten aber sehr verschieden ist, zeigt schon der bloße Anschein.

Der Lauf einer Flinte ist 4mal so lang, als der Lauf einer Pistole; statt daß die neuen Kanonen nur ⅓ bis ¼ der Länge der alten, kürzer als diese sind, denn die neuen sind 21 und 18 Kaliber und die alten nicht über 27 lang.

Wären die neuen Kanonen nur um den 4ten Theil so lang, als die alten (oder hätten sie vielmehr das Verhältniß der Pistolen und Flinten): so würden sie auch eine weit geringere Schußweite, als die letztern haben.

Wollte man hier einen Vergleich zwischen den Schußweiten der alten und neuen Kanonen und den der kleinen Gewehre von verschiedenen Längen treffen: so müste man die Schußweiten der alten im 7jährigen Kriege geführten Infanterie-Gewehre mit den der jetzigen kürzern vergleichen. Diese Gewehre haben ohngefehr das Verhältniß der alten und neuen Kanonen in Absicht ihrer Länge. Am meisten glaubt die Parthey der alten Kanonen, die größere Schußweite derselben durch die im Kriege gemachten Erfahrungen beweisen zu können.

Daß dieser Beweis sich auf keine gewisse Thaten gründet, ergiebt sich von selbst, weil man im Kriege keine leichte Kanonen von der jetzigen Einrichtung geführet hat. Verstehet man hier unter leichten Kanonen aber eine zu große Erleichterung, bey dem das Geschütz nicht halb kugelschwere Ladung verträgt, und unter 18 Kaliber lang ist: so mag man

man in den obigen Behauptungen nicht unrecht haben, alsdann findet sie aber keine Anwendung auf unsere jetzige Erleichterung. Ueberhaupt scheint es aber, daß die Resultate der Erfahrungen im Kriege, hier keine Rücksicht verdienen. die Distanz auf die gefeuert wird ist unbekannt, das Feuern geschiehet geschwind und mit keiner völligen Genauigkeit.

Wäre auch alles dies, so würde man doch aus diesen Erfahrungen keinen Schluß auf die Schußweite machen können, weil man über 900 Schritt selten sehen kann, ob die Kugel das Object erreicht, oder vor oder hinter demselben aufschlägt.

Ausser den Fehler der geringen Schußweite sollen die kürzern Kanonen noch diesen haben, daß sie nicht so genau, als die längern gerichtet werden können.

Wenn man bedenket, daß die längsten Büchsen noch lange nicht die Länge der neuen Kanonen haben, und doch genau gerichtet werden können: so fällt auch diese Einwendung weg.

Uebrigens kann bey Feld-Kanonen in Absicht der Seiten-Richtung, wenn man gegen Truppen schießt, kein Fehler in Betracht kommen.

Nur dann, wenn die Mitten nicht auf den Kanonen bestimmt, und man in der Bestimmung derselben, nach dem Augenmaaß jedesmal etwas fehlte, würde die erwähnte Einwendung beym Schießen gegen Schießscharten statt finden. Auf unsern neuen Kanonen ist aber die Mitte bestimmt, und es findet also dieser Vorwurf hier auf keine Art Anwendung.

Endlich saget die Parthey der alten Kanonen, das alte Geschütz habe in den letzten Kriegen guten Effect geleistet, man habe durch dasselbe mehrere Vorfälle glücklich entschieden, und habe also nicht Ursach andres Geschütz, welches noch nicht diese Probe gezeigt, an seine Stelle zu setzen.

Wenn ein Dienst einer Waffe jedesmal eine Veränderung überflüßig machte: so hätte man nicht für die Piken die Feuergewehre einführen müssen, denn auch vor Abschaffung derselben hat eine oder die andere Parthey gesiegt. Warum hat man das Deployren und mehrere neue Evolutionen und das geschwinde Feuern eingeführet? man siegte ehedem ohne alle diese Neuerungen. Aber nicht allein die Natur der Sache, sondern auch die grösten Generale reden hier für die Erleichterung des Geschützes.

Wenn bey der alliirten Armee sich Vorfälle ereignet hätten, die gezeigt, daß eine angemessene Erleichterung der Artillerie nicht zuträglich seyn könnte: so müste der Graf von Bückeburg, der die Artillerie commandirt, sie wahrgenommen haben. Das kann aber nicht seyn, sonst hätte er nicht so auf die Erleichterung der Artillerie gedrungen.

Im siebenjährigen Kriege hatte man 16, 20 und 30pfündige Haubitzen und auch nachher sind noch einige 16pfündige gegossen.

Von den 30pfündigen hat man eine gewisse Anzahl zum Bombardement der kleinen Städte beybehalten, für die ersten aber hat man eine gewisse Anzahl 7pfündige angeschafft. Da man für eine 20pfündige wenigstens 2 Stück 7pfündige, weil die Munition der erstern 3mal so schwer, als die der letztern, führen kann: so hat man hierdurch in Absicht des Bombardements der Schanzen, Häuser, Schlösser rc. nichts verloren, denn es ist wahrscheinlich, daß in diesen Fällen 2 Stück 15 Pfund schwere Bomben, etwa soviel Schaden, als eine 40pfündige, thut. Das vorzüglichste der 7pfündigen ist aber ihr Gebrauch im freyen Felde.

Felde. Sie schiessen ihre Granate im Visitschuß 600 Schritt und mit 5° Elevation bis über 1200. Ihr Kartätschschuß bestehet aus 45 Stück 6löthigen Kugeln, von denen eine beträchtliche Anzahl noch über 600 Schritt wirksam ist. Eine 7pfündige Haubitze leistet also ausser dem Dienst der Haubitze an sich, in den meisten Fällen, den Dienst einer 3pfündigen Kanone, und oft noch einen größern. Die 20pfündigen Haubitzen waren im freyen Felde fast gar nicht zu gebrauchen, sie waren beschwerlich zu laden, und da ihre stärkste Ladung, in Verhältniß des Gewichts der Bombe, doch nur sehr gering blieb: so hatten sie keinen rasirenden Schuß, und ihre Trauben keine Kraft. Man hat aus diesen Ursachen sich ihrer im siebenjährigen Kriege auch in keiner Bataille bedient. Durch diese Veränderungen hat also unsre Armee, bey Vorfällen im freyen Felde, eine gute Batterie Geschütz mehr, als ehemals, ohne daß es ihr besondre Kosten verursacht. Ausser den Veränderungen, welche man in Absicht der Einrichtung des Geschützes getroffen, hat man auch das Verhältniß der Anzahl der 12 und 6pfünder verändert. Man hat nemlich für eine gewisse Anzahl 12pfünder, eine größere Anzahl 6pfünder zu unsrer Feld-Artillerie genommen: 1) Weil ein 12pfünder fast eben sovie als 2 Stück 6pfünder bey gleicher Munition kostet. 2) Weil im freyen Felde oder vielmehr in den gewöhnlichen Vorfällen 2 Stück 6pfünder sicher mehr Wirkung als ein 12pfünder leisten, und 3) weil die 6pfünder eine größere Bewegbarkeit, als die 12pfünder haben. Zu den Niederschiessen einer Mauer, eines Verhacks 2c. hat man noch eine hinlängliche Anzahl 12pfünder beybehalten; so daß man in diesem Punct nicht Ursach hat, besorgt zu seyn.

Unsre Lafeten sind wie die Lafeten der meisten andern Mächte, bisher ziemlich stark gewesen, dein ohngeachtet haben sie nicht die erforderliche Dauerhaftigkeit gezeigt, und man hat bey nähern Untersuchungen gesehen, daß schwächere dauerhafter, als jene gewesen sind; das Fehler der Materialien sich nicht durch die Stärke ersetzen lassen. Man hat daher den neuen 12pfündigen Lafetenrädern, die Stärke von den ehemaligen 6pfündigen gegeben, die Felgen überhaupt verschmälert, und die Beschläge so eingerichtet, daß sie keine Reibung verursachen können. Den Schwanz hat man hinten mehr abgerundet, damit man ihn beym Retiriren hinter die Protze hängen kann.

Eine der wichtigsten Veränderungen der Lafeten, ist ohne Zweifel bey der Richtmaschine vorgenommen. Ehemals wurde vermittelst einer Schrauben-Spindel und eine Schraubenmutter, an der ein Haspel, gerichtet. Diese Maschine hatte bey dem 3 und 6pfünder den Nachtheil, daß wenn die Schraube beschädigt wurde, das Stück eine Zeitlang ausser Activität kam und daß man nach einiger Zeit die Mutter nur beschwerlich umdrehen konnte, so daß man sich ihrer bey dem 12pfünder gar nicht bediente. Die neue hat alle diese Unbequemlichkeit nicht, und läßt sich auch bey den 12pfündern gebrauchen. Wenn sie beschädigt werden sollte: so kann man sie in einem Augenblick von der Lafete separiren, und sich des Nothkeils, den man in dieser Absicht führt, bedienen. Dies mag genug von den Veränderungen in der Einrichtung seyn. Manche die nicht so unmittelbaren Einfluß, als die erwähnten, auf den Gebrauch im Felde haben, erwähne ich nicht, um noch einiges von der innern Güte des jetzigen Geschützes, und der Munition sagen zu können. Im Kriege, auch schon nach demselben, ist verschiedenes Geschütz in Zelle theils aus zu schlechten Metall gegossen, theils auch zu schlecht gebohrt; man war also hierin zu Veränderungen veranlasset, und etablirte nun die Stückgiesserey zu Hannover. Diese Versetzung war in mancher Hinsicht wichtig, einentheils war die Einrichtung der Ofen, der Bohrmaschinen 2c. von vorzüglichen Werth, und anderntheils war alles hier unter den Augen des Chefs der

der Artillerie. — Der Erfolg hat das, was ich hier sage, auch bestätigt; ehemals hatte ein groser Theil des Geschützes Gruppen, und nicht die erforderliche Härte, so daß es von einigen Schüssen in der Seele beschädigt wurde. Das jetzige hat an keiner Stelle die geringste Hölung, und ist in der Härte und Zähigkeit dem französischen Geschütz gleich. Man hat zwar gesehen, daß man durch die Härte dem Nachtheil des Ausbrennen des Zündlochs mehr ausgesetzt ist; man wird diesen Fehler aber durch die kupfernen Zündlöcher abhelfen. Einige Versuche haben gezeigt, daß diese die erforderliche Dauerhaftigkeit leisten. Insbesondre aber ist es nicht leicht gewesen, Kugeln ohne Nath von der bestimmter Gröse zu erhalten, und erst jetzt sind auf dem Harze Anstalten hierzu getroffen. Den Spielraum hat man auf $\frac{1}{36}$ des Kalibers gesetzt; man hat ihn nicht bey allen Kalibern zu einer gleichen Gröse genommen, weil bey grössern Kalibern die unvermeidlichen Fehler gröser, als bey kleinern sind, und weil man überdies bey jenen, wegen der glüenden Kugeln auch einen etwas grössern zu haben wünschte. Die neuen Kugeln müssen durch eine Röhre laufen, die etwas kleiner, als der Kaliber des Stücks, damit man versichert ist, daß sie nicht zu groß sind; ferner legt man sie auf eine Schablone die fast ihre Gröse hat, und wenn sie durch dieselbe fallen, so nimmt man sie nicht. Das Gewicht einer sonst gewöhnlichen Traubenkugel, welches bey dem 12pfünder etwa 15, und bey dem 6pfünder $7\frac{1}{2}$ Loth beträgt, hat man für die grössern Distanzen gelassen; für die kleinern aber will man in der Folge den 12 und 6pfünder 4lötige geben, welche auf 600 Schritt noch einen Mann und ein Pferd tödten, und bey dem 12pfünder 120, und dem 6pfünder 60 Stück Kugeln geben; statt die alten nur durchaus 25 oder 30 hatten. Hierdurch wird das Traubenfeuer ohne Zweifel bey diesen Geschützen in der Nähe weit mörderischer, als ehedem; und wenn gleich hin und wieder aus Versehen in Actionen auf beträchtliche Distanzen einmal kleine Kartätschen statt große genommen werden sollten: so will dies doch so ausserordentlich viel nicht machen. Denn von 120 Stück 4löthigen Kugeln wird bey halb kugelschwerer Ladung immer noch eine beträchtliche Anzahl auf 6 bis 800 Schritt wirksam seyn. Ohne diese Veränderung leistete in der Nähe ein 12pfünder nicht mehr als ein 3pfünder, weil sie gleiche Anzahl Kugeln hatten, und die Kugel der 3pfünder von $4\frac{1}{2}$ Loth auf 5 bis 600 Schritt, sicher noch tödtlich sind. Von den neuen Einrichtungen, die sich auf das Korps, an sich beziehen will ich nur zwey erwähnen: die Festsetzung der Manipulation des Geschützes und die Etablirung einer Artillerie-Schule.

Es hatten zwar von jeher bey der Bedienung des Geschützes, die Leute ihre gewisse Function; man hatte aber keine völlige Gleichheit hierin beobachtet, und nicht von jeden verlangt, das er in allen Functionen einige Fertigkeit besäße. Dies ist nun jetzt durch eine Art Exercier-Reglement, daß sowol die Servirung des Geschützes, als die Behandlung des Hebezeuges :c. lehrt, geschehen; so daß jede zusammengebrachte Mannschaft, sobald nur jeder eine Nummer hat, ohne weitere Anweisung, mit der grösten Geschwindigkeit, die verschiedenen Verrichtungen welche bey dem Geschütz Hebezeuge :c. vorkommen können, zu verrichten im Stande ist. Eine der wichtigsten richtungen bey der Artillerie, ist noch die Artillerie-Schule. Es wurde bisher ausser der Feuerwerkerey vom Regiment nur die Aufzeichnung einer Kanone und Lafete gelehrt. Jetzt wird niemand Officier, der nicht in mehrern öffentlichen Prüfungen gezeigt hat, daß er die Kenntnisse der Mathematik, Mechanik und Kriegeswissenschaften besitzt, welche dereinst ihn in seinen Verrichtungen nützen können. Die Erfahrung und die Exercice bilden nun seine Beurtheilungskraft, und machen ihn in der Folge zu einem brauchbarern Officier, als er ohne jene Kenntnisse seyn könnte.

Was

Was würden alle guten Einrichtungen helfen, alle Kosten, die das Geschütz im Kriege verursacht, wenn nicht Männer da sind, die einen guten Gebrauch davon zu machen wissen.

Nicht gut eingerichtetes Geschütz mit wenig exercirten Leuten, thut sicher unter dem Befehl eines Officiers, der sich die Vortheile des Terrains, die Fehler des Feindes zu bedienen, und jeden Vortheil zu nützen weiß; der den Vorgang des Ganzen übersiehet und auf jeden möglichen Fall bereit ist, mehr als das Beste von den besten Artilleristen bedient, wenn es ihm an einem guten Befehlshaber fehlt.

Die Artillerie-Schule von der hier die Rede ist, nahm 1782. ihren Anfang, sie bestehet aus 2 Lehrern die Officiere im Korps sind. Es werden in derselben:

1) Die Bombardiere und Unterofficiere in der practischen Geometrie und Artillerie.

2) Die Cadets und Unterofficiers welche zu Officiers bestimmt sind; und denn die jungen Officiers, in der reinen Mathematik, Mechanik und den Kriegeswissenschaften unterrichtet.

Das hier gegebene Handbuch wird bey dem Unterricht in den Kriegeswissenschaften zum Grunde gelegt, und ergiebt also das Weitere.

Der Winter ist zum theoretischen Unterricht bestimmt, im Sommer werden Gegenden aufgenommen, Schanzen tracirt, an den im Jahr 1785. bey Wülfel angefangenen Polygon und der Attaquen desselben gearbeitet, laborirt ꝛc.

Da alle Jahr die Schüler 2mal examinirt, und keine die nicht die erlangten Kenntnisse haben, avancirt werden; da sie ferner bey den Vorlesungen oft gefragt, und also beständig animirt werden; da ihnen überdies, eine ziemlich ansehnliche Bibliothek, nebst einer Model Kammer zum Gebrauch bestimmt ist:

ist: so kann es nicht fehlen, daß nicht verschiedene Subjecte sich gründliche Kenntnisse erwerben sollten. Hiervon siehet man auch schon Beweise, denn es sind schon mehrere Schüler, welche durch Unterricht, durch Vermessungen und auf andre Art die Vortheile der Schule geniessen.

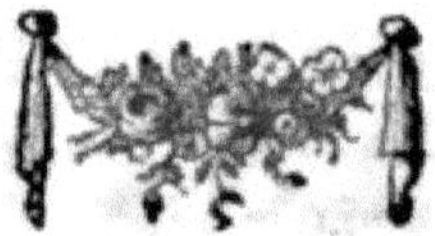

Erklärung des ersten Plans.

Kanone.

Figur 1. stellt eine Kanone im Durchschnitt dar. Den hintern Theil a b c nennt man **Stosboden** oder **Culasse**, und den vordern i l k den **Kopf** von den übrigen 3 Hauptheilen heißt a d das **Bodenstück**, oder **Bodenfeld**, d h das **Zapfenstück** oder **Zapfenfeld** und h. i. das **lange Feld** oder **Mundstück**.

Der leere Raum in der Kanone heißt **Seele** und die eingebildete Linie vom Mittelpunkt der Mündung bis zum Mittelpunkt des Bodens der Seele, hier c l, heißt **Axe der Seele**.

Mit den **Schildzapfen** liegt die Kanone in der Lafete und mit der **Traube**, c, wird sie hinten und mit den **Handhaben** oder **Delphinen**, d h Fig. 2, wird sie in der Mitte gehoben.

Die Verzierungen an den Kanonen heißen **Friesen**, a b Fig. 2, heißen die **höchsten Friesen**, bey l k Fig. I. sind die **Kopf-Friesen**.

Mortiere.

Fig. 3. stellt einen **stehenden Mortier** dar, welcher Fig. 5. in seinem Stuhl oder in seiner Lafete liegt. In Fig. 7. siehet man einen **hängenden Mortier** in seiner Lafete. Dieser hat seine Schildzapfen in der Mitte; statt die von jenen sich am Boden, in a b, befinden.

Der inwendige leere Raum heißt bey dem Mortier, von c bis d Fig. 3, der **Kessel** und von e bis c die **Kammer**, den Theil m und n nennt man auch den **Pflug** und den Theil f und g die **Verstärkung**.

Die Ründung bey e heißt bey einigen das **Lager**.

Haubitze.

Bey der Haubitze hat man die Benennungen, welche bey dem Mortier erwähnt sind.

Fig. 4. stellt den Durchschnitt einer Haubitze dar, zwischen g und h kommen die Schildzapfen zu sitzen.

Lafeten der Kanonen.

In Fig. 6. siehet man eine Lafete mit ihrer Protze von der Seite und in Fig. 8 und 9 von oben, wo aber bey der Protze die Räder fehlen.

Die

Die Lafete Fig. 9. bestehet aus 2 Hauptstücken, wovon das eine hier durch a f bezeichnet ist. Diese heissen **Wangen, Backen** oder **Wände**. Diese Wände sind hinten durch den **Schwanz-Riegel** h, in der Mitte durch den **Ruhe-Riegel** i und vorn durch den **Stirn-Riegel** zwischen f l verbunden.

Die Wände haben in e den ersten und in b den zweiten Bruch und zwischen e f, etwa in der Mitte, das Zapfenlager worin die Schildzapfen der Kanonen liegen.

In dem Schwanz-Riegel h ist das Protzloch, vermittelst desselben und des Protznagels, a b, Fig. 6. wird die Lafete mit der Protze verbunden, d. h. aufgeprotzt. Die Lafeten-Wände liegen auf der Axe k l Fig. 9. Diese hat ihre Schenkel worauf die Räder stecken. Die Räder bestehen 1) aus der Nabe welche auf dem Schenkel steckt, 2) aus den Speichen welche, wie Halbmessers vom Zirkel die Nabe, und die Felgen des Rades verbinden. Die Felgen sind mit Schienen oder Schenen von Eisen beschlagen.

Auf dem Schwanzriegel befindet sich der Protzkettenring in h Fig. 9., durch welchen die Lafete zu mehrerer Befestigung an der Protze befestigt wird. Rechts und links bey a b und bey f und l, Fig. 9., an der Lafetenwand, sind Rinken, Krampen und Haken, in welchen man theils beym Avanciren und Retiriren Taue befestigt, theils aber das Lade- und Schanzzeug, auf dem Marsch feste macht.

Die Protze bestehet aus der Axe mit den beyden Rädern. Auf der Axe ist der Munitionskasten, der in Fig. 8. mit o p bezeichnet ist. Der Theil der Protze, h Fig. 6. auf dem der Protznagel stehet und auf dem der Schwanz der Lafete ruht, heißt, der Schemel oder Sattel.

Die Pferde ziehen an dem Schwengel n m Fig 8. und haben die Deichsel zwischen sich.

Einen Mörserstuhl oder **Block** oder **Lafete** siehet man in Fig. 5. Durch die Einschnitte e c u. b f kann dieser Stuhl vermittelst Hebel vor- und zurückgebracht werden. Auch an der Seite hat man bey einigen hervorstehende Bolzen i h.

An der hangenden Mortier-Lafete Fig. 7. siehet man solche Bolzen in e und b.

Eine Schiffs-Lafete und Casematten-Lafete siehet man in der 10ten Figur, sie bestehet aus 2 Wänden, 2 Riegeln, 2 Axen und 2 Blockrädern.

Einige Verbesserungen.

Seite 10 muß bey dem französischen 4pfünder in der Tabelle für $\frac{2}{3}$, stehen $\frac{3}{8}$. und für 1 muß stehen $1\frac{1}{3}$.

Auf eben dieser Seite muß bey dem oesterreichischen 3pfünder statt $\frac{3}{4}$, $\frac{7}{12}$, stehen 24 Loth bis 1 Pfund

In der Anmerkung muß bey dem 4pfünder statt $1\frac{1}{2}$ Pfund stehen, $1\frac{3}{4}$ Pfund oder 1 Pfund 12 Unzen.

Seite 13 Zeile 17. muß statt 5 Fuß 10 Zoll, stehen 5 Fuß 1 Zoll.

Seite 17 Z. 9 muß statt 1 Pfund stehen 2 Pfund.

S. 42 fällt in der Note das und weg.

S. 55 §. 60 Zeile 9. muß statt kleinere stehen bleierne.

S. 89 bis 95 muß in der Rechnung der Munitionswagen zu 120 Rthlr. und die Munitionskarre zu 70 Rthlr. angenommen werden.

S. 97 Z. 9. muß statt 737 stehen 137, und hernach in der Summe muß stehen 9407, und statt 106284 muß stehen 108534.

Im Resultat hat dieser Fehler keinen merklichen Einfluß.

S. 142 Zeile 10 streiche man einige weg.

S. 148 Z. 22, statt 10 muß stehen 100.

S. 153 §. 99 Zeile 21 muß das ist weg.

Seite 158 Zeile 23 muß hinter Antoni stehen: (De l'usage des armes à feu.)

S. 194 Zeile 11 statt $3\frac{1}{4}$, muß stehen $31\frac{1}{4}$.

Alphabetisches

Verzeichniß

der

resp. Herrn Subscribenten.

Se. Durchl. Prinz Ludewig von Sachsen-Coburg, Generalmajor in Herzogl. Wirtemb. Diensten.

Herr Lieutenant von Barsse.
- Oberst von der Beck.
- Lieutenant von Becke in Herzogl. Wirtemb. Diensten.
- Hauptmann Berkelmann.
- Hauptmann von Berger.
- Fähndrich von Berger.
- Oberstlieutenant von Beulwitz in Herz. Wirtemb. Dienst.
- Fahnenjunker von Beulwitz in Herz. Wirtemb. Dienst.
- Hauptmann von Biedenfeld in Herz. Wirtemb. Dienst.
- Fähndrich von Bock.
- von Borowsky, der Kriegswissenschaft beflißnen, auf der hohen Carlsschule zu Stuttgard.
- Gefr. Corporal Bothe.
- Lieutenant Breitschwert in Herzogl. Wirtemb. Diensten.
- Lieutenant von Bremer.
- Fähndrich von Buchenau in Königl. Preuß. Diensten.
- Lieutenant von Bureka in Königl. Preuß. Diensten.
- Lieutenant und General-Adj. von Buttlar in Königl. Preuß. Diensten.
- Oberst und Commendant Busmann.
- Fähndrich von dem Busche.
- Gefr. Corp. Cierow.
- Gefr. Corp. von Cramon.
- Lieutenant Crusen.
- Lieutenant Crusius.
- Fähndrich Cardes in Herzogl. Braunschw. Diensten.
- Fähndrich von Dachenhausen.
- Rittmeister von Dalwigk beym Heß. Gendarm. Regim.
- Fähndrich von Dassel.
- Oberstlieutenant von Diepenbroik.
- Fähndrich von Diezelsky in Königl. Preuß. Diensten.
- Hauptmann von Dincklage.
- Hauptmann von Dobenuck in Herz. Wirtemb. Diensten.
- Geheimte-Rath Freyherr von Ende.

Herr

Herr Hauptmann Faber in Herzogl. Wirtemb. Diensten.
- Lieutenant Faber in Herzogl. Wirtemb. Diensten.
- Lieutenant von Falkenberg.
- Lieutenant von Franquemont in Herz. Wirtemb. Dienst.
- Stückjunker Frensdorf.
- Generalmajor Friedrichs.
- Generalmajor von Georgg in Herz. Wirtemb. Diensten.
- Major Gerber.
- Lieutenant Gerber.
- Lieutenant Gerberding.
- Gesenius.
- Fähndrich von Glau in Königl. Preuß. Diensten.
- Lieutenant Glucker in Herzogl. Wirtemb. Diensten.
- Lieutenant Gragetopf.
- Lieutenant von Goetz bey der Kön. Preuß. Artillerie.
- Lieutenant Hagemann vom Ingenieurcorps.
- Fähndrich Hagemann.
- Gefr. Corp. Hahn.
- Oberstlieutenant von Hammerstein.
- Lieutenant von Hammerstein.
- Cornet von Hammerstein.
- Canonicus Harding.
- Stückjunker Heidelmann.
- Hauptmann von Heimbruch.
- Hauptmann Heinichen.
- Hauptmann von Held in Herzogl. Wirtemb. Diensten.
- Hauptmann Hilmers.
- Oberstlieutenant von Hinüber.
- Ingenieurhauptmann Hogrewe.
- Generalmajor von Holle in Herzogl. Wirtemb. Dienst.
- Hauptmann von Hombold beym Königl. Preuß. Mineurcorps.
- Lieutenant Hurtzig.
- Fahnenjunker von Hügel in Herzogl. Wirtemb. Dienst.
- Hauptmann Isenbart.
- Fähndrich Isenbart.
- Hauptmann von Kaufmann.
- Gefr. Corp. Kaufmann.
- Lieutenant Klare.
- Hauptmann Kleber in Herzogl. Wirtemb. Diensten.
- Lieutenant König. 4 Ex.
- Fähndrich von Korff.
- Major Langrehr.
- Fähndrich Langrehr.
- Oberstwachtmeister Langsdorf in Herz. Wirt. Diensten.
- Lieutenant Leiner.

Herr

Herr Oberst von Leitreuter in Herzogl. Wirtemb. Diensten.
= Buchhändler Lemke. 2 Ex.
= Oberstlieutenant von Linsingen.
= Artilleriehauptmann Lissenholz.
= Adjudant Ludewig.
= Gefr. Corp. Majus.
= Lieutenant von Maydell, sen.
= General-Lieutenant von Meding.
= Fähndrich Meister.
= Regimentsquartiermeister Meyer.
= Rittmeister und Flügeladjudant von Miller in Herzogl. Wirtemb. Diensten. 2 Ex.
= Generalmajor von Minnigerode.
= Artilleriesergeant Müller.
= Hauptmann Müller in Herzogl. Wirtemb. Diensten.
= Oberst Mutio.
= Oberst von Mylius in Herzogl. Wirtemb. Diensten.
= Hauptmann von Mylius in Herzogl. Wirtemb. Dienst.
= Hauptmann Neubauer.
= Hauptmann Nicolai.
= Lieutenant Niemeyer.
= Lieutenant von Offen.
= Fähndrich Oldenburg.
= Oberstlieutenant von Oldershausen.
= Hauptmann von Ompteda.
= Fähndrich von Pape.
= Oberstwachtmeister Pergler von Perglas, in Herzogl. Wirtemb. Diensten.
= General-Lieut. von Phull in Herzogl. Wirtemb. Dienst.
= Fähndrich Pirch in Königl. Preuß. Diensten.
= Major du Plat.
Königl. Postamt in Peine.
Herr Hauptmann Poten.
= General von Ramdohr.
= Lieutenant Ramdohr.
= Fähndrich Rath.
= Oberst von Rau in Herzogl. Würtemb. Diensten.
Regts-Bibliothek des 10ten Kaval. Regts Prinz Wallis.
Regts-Bibliothek des 1sten Bataill. vom 13ten Inf. Regt.
= Hauptm. Rösch Lehrer d. Kriegsw. auf d. Univ. zu Stuttg.
= Lieut. und Adjud. Ringler.
= Lieut. Rava in Kön. Preuß. Diensten.
= Hauptmann Rebenstock in Königl. Preuß. Diensten.
= Hauptmann Reitemeier.
= Conducteur Richard, beym Ingenieur-Corps.
= Hauptmann Ricke.

Herr Fähndrich von Robertson.
- Stückjunker Ruperti.
- Rittmeister Sander.
- Major von Saffe.
- Cadet Schäfer.
- Fähndrich Schäffer beym Ingen. Corps.
- Gefr. Corporal Schlüter.
- von Schmalensee, der Kriegs-Wissenschaft beflissen auf der hohen Carls-Schule zu Stuttgard.
- Major von Schnehen.
- Fähndrich von Salisch in Königl. preußischen Diensten.
- Hauptmaun von Schierbrandt in Kön. Preuß. Dienst.
- Lieutenant Schoure bey den K. Pr. Mineur-Corps.
- Lieut. v. Stillfried in K. Pr. Dienst.
- Hauptmann von Schilling in Herzogl. Wirt. Dienst.
- Sergeant Stockmaier.
- Fähndrich Sieghard.
- Hauptmann Schneider.
- Lieutenant Schrader.
- Lieutenant Schüßler, beym Artillerie-Regt.
- Hauptmann Schulze.
- Cadet Seweloh, bey der Artillerie.
- Lieutenant von Staden.
- Oberstlieut. Steinmann.
- Hauptmann von Strahlendorf.
- Hauptmann Stumpe, in Herzogl. Wirtemb. Diensten.
- General Major Graf von Taube.
- Major von Taube.
- Oberstwachtmeister von Wahrenbuhler, in Herzogl. Wirtemb. Diensten.
- Gefr. Corp. von Voigt.
- Major von Walthausen.
- Lieutenant Weikersreuter, in Herzogl. Wirtemb. Dienst.
- Lieut. Weinschenk.
- Rittmeister von Wenkstern.
- Hauptmann von Weddig.
- Lieut. von Wostrowsky in K. Pr. Dienst.
- Lieut. Wenzel jun.
- Lieut. Wiegmann.
- Adjudant Wilding, beym 12ten Inf. Regt.
- Lieut. von Wissel.
- Lieut. von Wolckenhaar.
- Oberst von Wolfskehl, in Herzogl. Wirtemb. Diensten.
- Oberstlieut. Zimmermann.
- Lieut. von Zinzow.

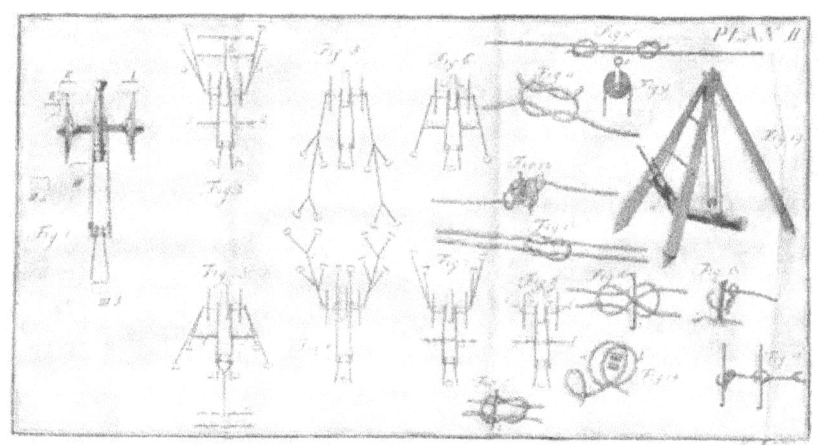

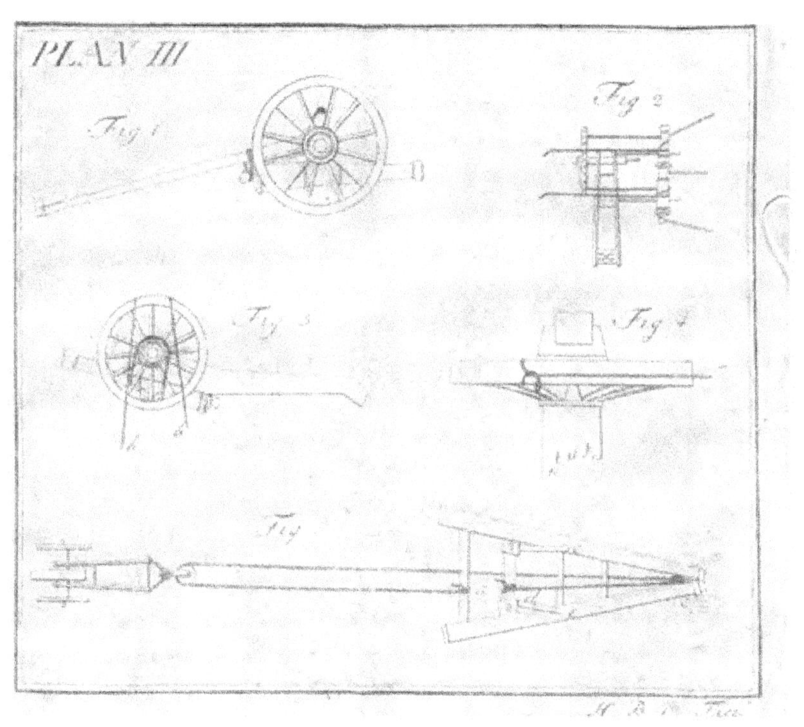
PLAN III
Fig 1
Fig 2
Fig 3
Fig 4
Fig

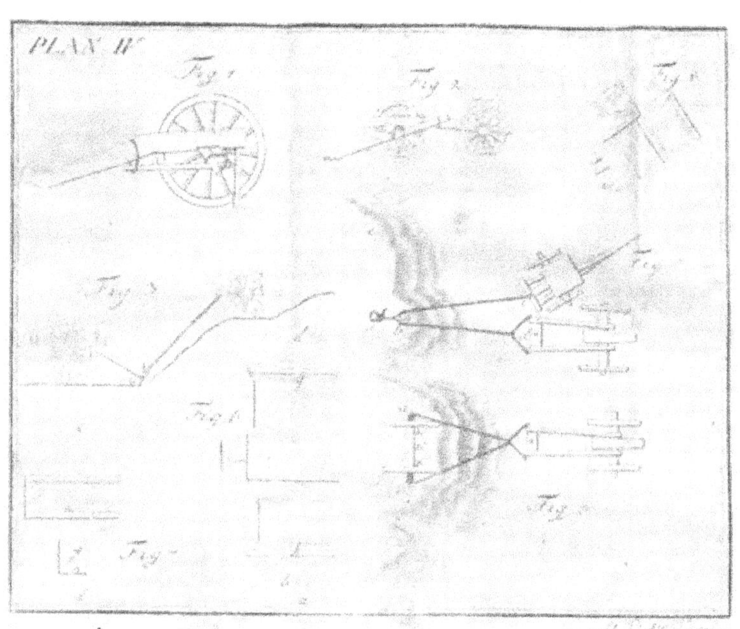

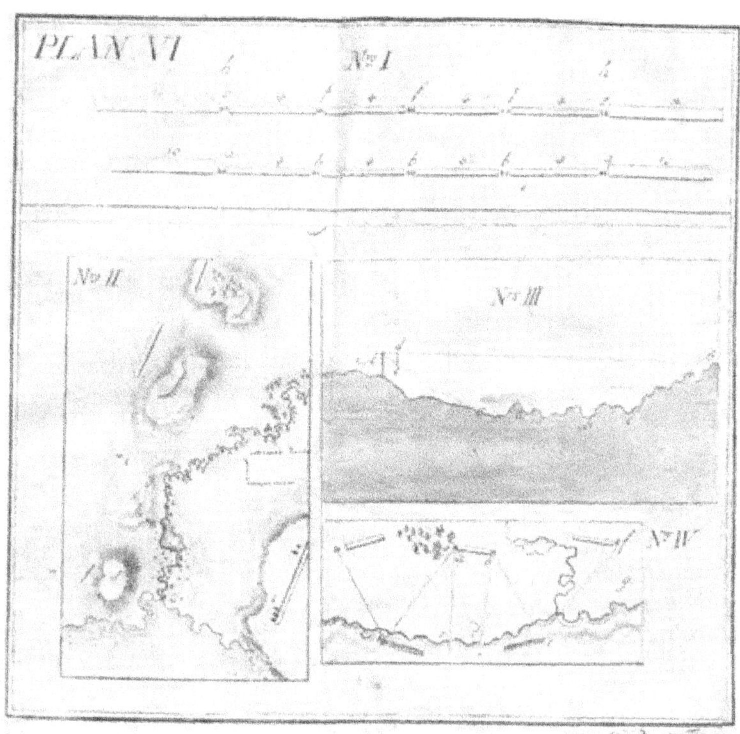
PLAN XI
Nº I
Nº II
Nº III
Nº IV

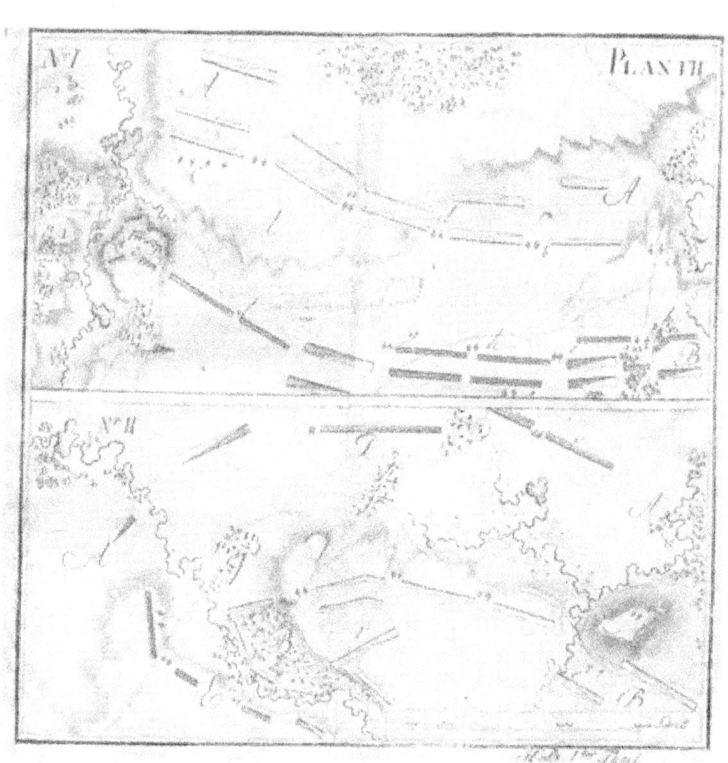
Nº I
Plan III.
Nº II

www.ingramcontent.com/pod-product-compliance
Lightning Source LLC
Chambersburg PA
CBHW032313280326
41932CB00009B/798